다문화주의
: 세계화와 혼혈

Le visage de la mondialisation

: Du multiculturalisme au métissage

Le visage de la mondialisation
: Du multiculturalisme au métissage

다문화주의
: 세계화와 혼혈

자끄 오디네(Jacques Audinet) 지음 　이산호·김휘택 옮김

경진출판
세상과 소통하는 지혜로운 책

역자 서문

세계화 시대이다. 국제화, 글로벌이라는 단어는 아직도 대학가에서 맴도는 중요한 키워드들 중 하나이다. 대학은 '글로벌 인재'를 키우라고 강요받고 있다. 교환학생 제도, 외국인 학생 수, 글로벌 기업과의 산학협력 등은 대학을 평가하는 중요한 잣대가 되었다. 이 때문에 글로벌이라는 말 앞에서 대학, 선생, 학생들은 남다른 비장한 마음이 된다. 영어는 기본이고, 제2외국어도 선택사항이 아닌 듯하다. 또 먼 오지까지 자원봉사를 떠나는 학생들도 있다. '글로벌'은 천연 자원이 부족한 이 나라가 세계로 뻗어나가는 모습을 미리 떠올리게 만들어주는 가슴 벅찬 단어이다. 또 다른 한편으로, 추구하지만 다다를 수 없는 신기루 같은 단어이기도 하다. 대학도 선생도 학생들도 가끔 고뇌에 섞인 자문을 한다. 우리도 다른 나라에서 보면 글로벌이 아닌가? 이런 질문을 던져 놓고 시쳇말로 '의문의 1패'라는 생각이 드는 것은 나쁠일까?

한때 다문화주의에 대한 논의들이 무척 활발하게 오간 적이 있었다. 지금 이 책의 번역이 기획된 것도, 중앙대학교 문화콘텐츠기술연구원이 한국연구재단으로부터 수주한 다문화콘텐츠연구사업단의 중점 연구소 사업에서 비롯된 것이었다. 학회며, 논문이며, 관련된 TV 프로그램, 영화와 드라마, 만화 등 다양한 콘텐츠들이 다문화를 이야기했다.

이 책은 세계화와 혼혈에 대해서 이야기하고 있다. 세계화와 혼혈, 다문화, 다문화주의 등은 이제 서로 인과관계를 따질 방법도 없이 서로 뒤섞이고 있다. 혼혈은 앞에서 말한 세계화, 다문화에 대한 논의의 시작점이다. 혼혈이라는 현상 때문에 세계화와 다문화, 다문화주의가 논의되기도 한다. 다문화 사회가 급속도로 진행되고 있는 한국에서, 혼혈은 더욱 복잡한 논의를 불러일으킬 것 같다. 하지만 어떤 논의든, 뭔가 뒤섞이고 혼합되고 있다는 사실은 부인할 수 없다.

이 책은 근대의 이성이 어떻게 '다른 것'과 '새로운 것'을 차별을 통해 바라보았는지 여실히 보여주고 있다. 남미에서 스페인이 자행한 일들을 기록하는 일은 어떻게 생각하면, 인류사의 매우 쓰디쓴 기억을 되살려내는 일일 것이다. 남미에서 형성된 혼혈, 오히려 혼혈이 자랑스럽다는 당사자들의 자긍심에서, 혼혈은 지구상에 예측하지 못한 새로운 지역을 구성하고, 새로운 문화를 만들며, 무한한 잠재적 가능성을 가진 흥미로운 일일지도 모른다는 생각을 한다.

그들이 겪었던 과정 자체를 잊어서는 안 될 일이다. 혼혈이 형성되는 과정에서 자행된 폭력과 차별들 말이다. 그러나 혼혈이라는 현상과 과거의 기억들을 분리할 필요는 있다. 과거의 기억 때문에 혼혈을 동정하거나, 혼혈을 차별할 어떤 것으로 계속 생각해서는 안 된다는 사실은 지금은 너무 당연해서 언급할 필요도 없을 것이다. 기억은 과거를 경계하고, 새로운 미래를 준비하게 만드는 원동력이다. 일종의 단절의 기제인 것이다. 통렬한 반성과 미래를 향한 준비는 연속적이면서도 단절적이다. 미래를 준비하는 데 반드시 반성이 필요한 것은 아니다. 하지만 반성은 미래를 더욱 알차게 채워갈 수 있도록 일종의 조언자 역할을 한다. 혼혈은 반성과 미래라는 단어들의 중간에서 그런 상대적인 필요충분조건을 만드는 역할을 하고 있는 것 같다. 적어도 이 책에서는 그렇다.

되새기기도 쑥스럽지만, 우리에게도 혼혈을 낮추어

부르는 많은 단어들이 존재했다. 실제로 저자가 "색깔의 등급"이라고 칭하는 일종의 차별의 일람표가 우리의 무의식에 자리 잡고 있는 것 같기도 하다. 하지만 그 목록 안에 있는 사람들은, 우리가 피규어 정리하듯이, 장식장 속에 그대로 고정되어 있지 않다. 그들은 서로 만난다. 다시 말해, 혼혈을 만든다. 배치할 곳이 없는 전혀 뜻밖의 존재가 바로 혼혈이다. 이 혼혈에 대해 우리는 그 가치를 평가절하하는 이름들을 붙여 왔던 것이다. 새로운 것은 무시하기 쉽다. 하지만 그 결과가 아무렇지도 않다고 해서 계속해서 그렇게 해서는 안 된다. 역설적인 것은 우리는 뭔가 섞고 함께 했을 때, 좋은 결과가 나올 수도 있다는 사실을 알고 있다는 점이다.

한국연구재단의 사업공지를 살펴보면, 그 첫 페이지에 빠지지 않고 등장하는 것이 바로 '융합'이다. 사고의 혼혈이 바로 이 '융합'이다. 정부는 사고를 뒤섞는 것이 좋은 결과를 낼 것이라고 국고까지 들여가며 장려하고 있다. 사람 사이의 일은 다를까? 혼혈은 사고뿐만 아니라 자신의 부모에게서 받은 양쪽 문화를 융합한다. 무엇인지도 모를 새로운 문화가 우리 앞에 놓이고, 우리는 그것을 위해 기꺼이 돈을 지불한다. 전적으로 한국적인 것, 전적으로 이국적인 것은 사실 성공하기 힘들다. 이

7

탈리아에서 온 피자도 한국사람 입맛에 맞게 변형되어야 살아남는 게 요즘 세상이다. K-POP은 어떤가? 힙합도 한국적인 힙합이 있고, R&B에도 한국적인 정서를 담아야 팔리는 형국이다. 또 지나치게 한국의 전통을 고집하면 안 되는…… 절충점을 정하는 것은 매우 미묘하다. YouTube, Facebook과 같은 글로벌 플랫폼으로 인해 한국의 것은 세계적인 것이 되고, 세계의 누구와도, 어떤 콘텐츠로도 서로 소통할 수 있다. 여기서 혼혈, 융합 등이 발생한다. 만약 고민만 한다면, '글로벌'이라는 말은 결코 멀리 있는 것이 아니다.

책을 읽으면서, 번역하면서, 항상 혼혈에 대해서 심각하게 고민했던 것은 아니다. 하지만 혼혈이 필요하다는 것을 절감하게 되었다. 나는 너무 폐쇄적인 사람은 아닌가, 나는 혼혈을 내 일이 아니라서 무심하거나, 나아가 아는 척하면서 평가절하 하고 있지는 않은가 하는 의문들이 계속해서 내 머리 속을 헤집었다. 오히려 관심을 갖게 된 또 다른 주제는 '정체성'에 관한 것이다. 왠지 완고해 보이는 저 단어, 순수할 것 같은 정체성을 혼혈로 어떻게 풀어볼까 하는 생각 말이다. 이렇게 공부할 의문과 주제들이 끊이지 않는 것은, 이 모든 것들이 인간에 관한 일이기 때문일 것이다. 사람의 일이라는 것이다 그렇지 않은가…… 알고 싶어지는 것. 혼혈이 뭔가 새롭고, 미래를 위한 일이라는 이 책을 관통하는 주제를 보면서, 이 궁금증이 절대 관음증과 같이 지나친 관심이 아니라는 것을 확신하게 된다.

번역을 하는 일이 딱히 즐겁고, 신나는 일은 아니다. 결과도 항상 신통치 않다. 비판도 많다. 실력에 대한 자책도 뒤따른다. 하지만 기회가 주어지는 것은 감사한 일이다. 우선 (주)글로벌콘텐츠출판그룹의 홍정표 대표님, 양정섭 이사님, 출판사의 편집과 마케팅을 담당해주시는 노경민 선생님을 비롯한 직원분들께 심심한 감사를 드린다. 매번 어렵다고 생각할 때마다, 가장 소중한 시간을 주시는 분들이시다. 공동 번역자이신 이산호 교수님께 감사드린다. 하고 싶은 일에는 '하라'고 해주시고, 했다는 일에는 '잘 했다'고 해주신다. 가끔 스승의 길이란 정말 힘든 거구나 하는 자책을 한다. 다 큰 제자의 뒷바라지가 쉬운 일은 아니실 텐데……. 지금 몸담고 있는 창의ICT 공과대학의 최영완 교수님께도 감사드린다. 인문학과 가르치는 일을 든든하게 지지해 주셔서 모든 일을 보람차게 하고 있다. 대학원을 졸업한 윤상미 학생에게도 감사의 뜻을 전하고 싶다. 일부분을 초벌 번역해 주어서 많은 도움이 되었다. 같이 일하고 있는 김무선

선생님과 우서영 조교도 음으로 양으로 도움을 주셨다.

한 권이 끝나고 나니, 다른 책을 슬쩍 꺼내보게 된다. 고통의 기억을 통해, 미래를 준비하게 된다는 이 책의 말이 떠오른다. 하지만 숨을 고를 때다. 잠시 쉬고 다시 생각해 보려고 한다. 항상 그렇지만 등판일자를 정하는 것은 내가 아니다. 등판하는 날까지, 선택받기 위해서 끊임없이 준비해야 한다.

흑석동 연구실에서

이산호·김휘택

원저자 서문

세계화(mondialisation) 시대이다. 매일 우리는 세계화의 표상을 만난다. 경제와 관련된 표상들이 그러하다. 1960년대에 세계화라는 단어는 전 세계에서 일어나고 있었던 자본의 순환과 시장들의 상호의존을 지칭하기 위해 나타났다. 경제 분야로부터 시작하여 기존의 다른 분야에도 퍼져나갔고, 그 무엇도 벗어날 수 없는 전 세계적인 현상(영미에서는 '글로벌화(globalisation)'라고 부른다)이 되었다. 기술들은 전 세계적인 것이 되고 정보, 인구이동, 폭력도 마찬가지이다. 전 세계 모든 사람들은 2001년 9월 11일부터 이 사실을 알게 되었다. 세계화는 초기에 제한된 몇몇 집단, 금융이나 산업 전문가들의 일인 것처럼 보였다. 오늘날 모든 사람들은 세계화의 영향을 받는다고 느끼고 있다. 이들은 자신이 세계화의 파트너이면서도, 자신들을 능가하는 힘을 가진 세계화의 장난감이 되는 것이 아닌가 하는 막연한 느낌도 가지고 있다.

자신이 세계화의 파트너일 때, 세계화는 자신이 활동할 거대한 지역을 말한다. 지역의 경계는 끊임없이 무너져가고 있고, 그 속에서 각자, 즉 집단과 같이 개인도 자신의 에너지를 펼쳐 보인다. 세계화를 새롭게 주도하고 있는 현상들은 국경 없는 인터넷과 정보, 세계 어디든지 갈 수 있는 여행, 다른 문화들의 발견, 학생들의 교환, 국제적인 공조와 같은 것들이다. 극단적인 개방 속에서, 개인은 자신의 조개껍질을 빠져나와 다른 인간들을 발견하고, 전혀 다른 인류 건설을 위해 일하기 시작했다. 더 나은 세상에 대한 오래된 이상(utopie), 그러나 이번에 그 꿈은 새로운 과학과 기술이라는 완전한 능력을 갖추고 있다. 분명히 세계화의 가능성 덕분에 우리는 우선 배제 없는 사회를 향해 나아가고 있다. 결국, 하나 된 지구라는 위대한 환상은 현실이다. 『지구는 평평하다(La terre est plate)』라는 최근 출간된 책1)을 보자. 이 책은 이제 베이징, 벵갈루루, 뉴욕 혹은 런던 등 세계 어디에나 있는 동일한 인간, 즉 '신인간(新人間)'을 찬양한다. 과학과 정보의 결합이 만들어낸, 이 신인간은 시간과 공간을 초월한다. 신인간은 전 지구적 커뮤니케이션의 현재 속

---

1) Tomas Frieman, *La terre est plate, une brève histoire du XXIᵉ siècle*, traduit de l'américain, Paris, Editions Saint-Simon, 2006.

에 살아간다. 굉장히 많은 일을 처리할 수 있는 능력 덕분에, 신인간은 자신의 행복과 모두의 행복을 위해 예전에는 생각도 못했던 방식으로 지구를 변모시키고 있다. 그들의 즐거움은 직접적으로 자신을 둘러싸고 있는 환경에서 멈추지 않는다. 그들은 멈추지 않고 생겨나는 무한한 자극을 통해 계속해서 새로운 즐거움을 만들어낸다. 저자는 이러한 세계화에 몇 가지 한계가 있음을 인정한다. 그리고 특히 전 세계로 퍼져 나가고 있는 이 강력하고 돌이킬 수 없는 흐름을 몰랐거나 아직 동참할 수 없어서 조금 뒤쳐진 개인들과 집단들이 있다는 것도 인정한다. 현재 진행 중인 이 거대한 혼합은 오직 이익만 가져다줄 뿐이다. 가설은 이러하다. 세계화는 인류를 살렸고, 전에 없이 인류를 발전시키고 있다.

그러나 몇 년 사이에 환상은 악몽에 자리를 양보했다. 인간은 자신들이 작동시킨 힘의 노리개가 된 듯하다. 세계화는 조절할 수 없는 것이 되었고, 세계화의 영향은 끔찍한 모습으로 드러났다. 세계화의 영향은 실업, 불법이민, 밀항, 최악의 경우는 테러라는 이름으로 나타나고 있다. 특히 테러라고 부를 수 있는 이유는 우리가 잘 알고 있다시피 테러리즘이 스스로 세계화되고 있기 때문이다. 세계화가 약속했던 것들은 숨겨 놓았던 얼굴, 즉 우리가 추구하는 최고의 세계에서도 몰아내지 못한 폭력의 얼굴을 드러냈다. 매일 우리가 화면에서 확인할 수 있는 영상들이 그 폭력을 증언한다. 주변으로 내몰린 남성들과 여성들이 있다. 그들은 경계에서 억압당하고, 비인간적인 상황에서 방황하고 있다. 사회의 외곽으로 내몰린 게토 안 사람들의 뿌리, 존엄성은 이미 내팽개쳐져 있다. 수많은 개인들이 이러한 불균형한 세계화 속에 살고 있다. 이 수많은 개인들은 아무런 보호도 받지 못하고 이 세계화의 희생양이 되었다. 세계화는 존재의 방식, 취향, 즐거움, 심지어 일상생활에서도 복장과 음식, 사랑하는 방식, 혹은 우는 방식에까지 기준을 제시하는 협박과 같다. 세계화는 전 세계에 상품의 원리를 강요했으며, 세계의 어느 지역도 인정사정없는 이윤추구의 법칙에서 벗어날 수 없을 것 같다. 자유, 민주주의, 진보라는 위대한 단어들 아래서 세계화는 지금까지 인류를 만들어낸 모든 것을 급격하게 그리고 속속들이 잠식하고 있지 않은가? 그런데 무엇인가 인간적인 것이라고 인정할 것이 아직 남아 있는가? 세계화는 수천 년간 인류의 생존을 지켜 왔던 삶의 방식과 전통을 파괴하는 동시에, 수많은 진보의 프로젝트들, 혹은 교육의 프로젝트들을 좌절시키고, 지구의 생태계도 파괴하고 있다. 다르게 말하면, 세계화는 개별 문화와 끈질기게 형성되어 온 특별한 정체성들을 부인하는 일이 아닌가? 우리는 보편주의 (universalisme)를 속임수일 뿐이라고 의심할 수 있다. 그 보편주의라는 명목으로, 인류는 세계화로부터 인류 파괴의 위협을 받고 있다.

매일 우리는 여러 시각들 사이에서 주저하고 있다. 우리는 어떤 때는 우리 앞에 열린 거대한 가능성들에 열광하기도 하는가 하면, 다음 순간에는 같은 가능성들이 언뜻 보여주는 미지의 사실 때문에 불안해하기도 한다. 그러나 세계화는 하나의 사건이라고 말할 수 있을 것이다. 왜냐하면 세계화는 우선 어떤 경제적·기술적 현상이기 때문이다. 우리는 그 이야기를 물리도록 반복해서 들었다. 경제학자들과 정치학자들의 날카로운 분석들, 경제인들이 카페에서 나누는 대화들 속의 흉흉한 혹은 유토피아적인 주술들, 오늘날 이렇게 명백해진 사실들을 피해 있기란 불가능하다. 그렇다. 세계는 변하고 있다. 그렇다. 국경은 점점 약화되고 있다. 그렇다. 교환은 점점 증대되고 있다. 그렇다. 사람들은 점점 더 많이 이동하고 있다. 최선이든 최악이든 우리는 전례 없는 변화 속에 사로잡혀 있다.

그 결과는 어떻게 될 것인가? 우리가 위에서 인용했던 『지구는 평평하다』라는 책에서, 굉장한 열정에 흥분한 작가는 그의 눈에는 되돌릴 수 없는 기술 분야에서 일어나는 세계화의 확산현상을 마음껏 설명한 후, 지구가 완전히 평평하지 않다는 것을 인정하기에 이른다. 아직 '평평하지 않은 지역'들이 존재한다고 해서, 아무도 세계화의 기술적 결정주의에서 벗어날 수는 없다. 그리고 종국에는 어떠한 역사적 결정주의도 개발도상국들의 미래뿐만 아니라 선진국의 미래도 보장할 수 없다. 그리고 다음과 같이 결론을 내린다. "이렇게 미래가 불확실한 상황에서 벗어나기 위해서는 평평한 지역과 평평하지 않은 지역이 새로운 협력 형태를 구축해야 한다."[2]

자, 그러나 이상하게도, 우리가 잊고 있는 점이 있다. 이러한 변동 속에서 인간은 어떻게 될 것인가라는 질문이 그것이다. 인간들은 작가가 명명한 평평한 지역과 평평하지 않은 지역 사이에서, 자신들의 전통으로부터 물려받은 과거와 세계화가 약속한 미래 사이에서 만신창이가 되어 버릴 위험은 없는 것인가? 다르게 말하면, 그

---

2) Thomas Friedman, *op. cit.*, p. 237.

인간들이 스스로 되뇌는 자기 삶의 방식들, 즉 그들의 정체성은 과연 어떻게 될 것인가? 모든 것이 변화하고 있을 때, 인간들은 어떻게 서로를 인정할 수 있을까? 끊임없이 변동하는 환경 속에서, 어떻게 인간들은 서로에 대한 아무런 거부나 배척 없이 자신들의 모습에 서로 자랑스러워할 수 있을 것인가? 그리고 모든 것이 변화하는 가운데, 그들의 존재 자체를 구성하는 것을 계속해서 같은 용어들로 말할 수 있을 것인가? 또한 그들은 자신의 과거, 전통, 삶의 방식, 즉 과거에 속하는 도덕들로 무엇을 만들어낼 수 있을까? 과거에 세상은 안정적이었고, 집단들을 구분하는 경계는 분명히 자리 잡고 있었다. 이런 질문은 매우 위급한 것이지만, 또 소홀이 다루어지고 있다. 우리는 이 의문을 갑자기 우리에게 쳐들어 온 변혁에서 살아남기 위해서 시간이 없다는 이유로 무시하고 있는 것이다. 인간에게 근본적으로 그리고 인간의 삶에 있어서 가장 중요한 부분에 영향을 미치고 있는 심각한 문제들을 생각하는 데 방법이 없고, 시기상조라는 이유 때문에, 인간은 붕괴와 로봇화의 위협 사이에서 자신의 운명을 받아들이는 존재로 살아간다. 실제로 인간의 존재, 정체성, 타인과의 관계가 어떻게 될 것인가를 어떻게 생각할 것인가? 이러한 사실은 매우 중요한 문

제이다. 이 문제는 기술의 발전과는 별개로 항상 현재적
인 것이지만, 사람들은 그다지 이 문제를 걱정거리로 생
각하지 않는다.

　이 중요한 문제를 연구하고, 이러한 변동 속에 자리
잡기 위해서 우리가 사용할 모든 범주들은 오늘날 다른
시간과 상황 속에서 형성된 것이다. 민족의 범주들은 한
가족, 한 부족, 한 종족, 즉 한 인종의 것이라는 개념을
포함하고 있다. 시민성의 범주들은 조국·국가·유럽과
같은 초국가적인 전체에 대한 약속의 개념을 포함하고
있다. 이러한 상징적 범주들 자체는 전통, 공동체, 변동,
교회에 밀접하게 연관되어 있다. 이 범주들은 매일 급격
히 변화하고 있으며, 문제시되고 있다. 이 범주들은 어
쩔 수 없는 세계화의 영향 아래 해체되고 점점 그 경계
가 흐려져 가고 있다. 세계화의 위협에 보다 잘 저항하
기 위해서 그 범주들이 있는 힘을 다해 다시 견고해지거
나 다시 자리 잡지 않는 한, 이런 현상은 계속될 것이다.
최근 몇 년간 우리는 세계 여러 국가가 강도 높게 자신
의 특수성을 주장하고, 국경의 폐쇄를 요구하며, 다른
집단들에 대한 한 집단의 우월성을 주창하는 것을 보았
다.[3] 그리고 이들은 민주주의 사회에서 다른 시대에나

있을 법한 싸움에 에너지를 결집하고 있다. 민주주의 사회 내에서는 시민성과 개인의 권리에 대해서 열려 있고, 되풀이되는 그리고 결코 결론이 도출될 수 없는 토론이 계속되고 있다. 이 개인의 권리에 대한 주제에는 물론, 이민자, 망명자, 난민보호권 같은 주제들도 포함되어 있다. 그리고 이 토론에는 두건 착용, 학교교육 혹은 종교 건물의 건축 같은 종교에 대한 표시와 관련한 분쟁들이 주제가 되는 경우도 있다. 그리고 대중적인 토론이 진행되면서 개인 각자는 매일 최선을 다해 적응하고 살아남으려고 노력한다. 이러한 노력은 자기 자신과 자기가 가진 것들, 즉 존재를 구성하는 퍼즐의 조각들을 위한 것이다. 개인의 사회에 대한 적응은 때로 불안정하고, 항상 고통스러운 것이다.

우리가 사용하는 범주들은 새로운 상황들을 설명하기에는 불충분하다. 사실상 이 범주들은 구별하고, 분리하고, 때로 대립하면서 새로운 상황을 설명한다. 수천 년 동안 인간들은 경계를 그으면서 자신의 정체성을 확인

---

3) 가장 명백한 예들 중 하나는 미국의 신보수주의자들의 경우이다. 유럽에서는 이태리, 오스트리아, 프랑스와 같은 여러 민주주의 국가들에서 극우 정당들에 의해서 구체화된 국가주의라는 주제가 다시 나타나고 있음을 볼 수 있다.

했다. 영토 위에, 정신 속에 그어진 선들은 우리와 타자 사이에 장벽을 만들었다. 물리적 벽이나 정신적 금기 같은 것들 말이다. 이 장벽은 같은 정체성을 공유하는 이들과 그 외부에 있는 사람들, 즉 타인들, 적들 사이에 만들어진다. 물리적·지리적·정치적·문화적 혹은 종교적 경계는 누가 누구인지 규정하고, 인간의 다양성을 정리하며, 혼돈에 빠지지 않게 해준다. 경계 없이 살기는 힘들고, 교육을 통해서 그것을 배우는 것은 너무 느리다. 그러나 동시에, 경계들은 구분하고 대립한다. 경계들은 수많은 폭력, 전쟁, 분쟁을 낳았다. 바로 이 폭력, 전쟁, 분쟁들이 인간 역사의 실체를 만드는 것 같다.

그러나 세계화 속에서 일어나는 일은 오늘날 판단할 수 없을 정도로 범람하고 있다. 몇 세기 전부터 그어진 선들은 그것을 만들거나 지키는 데 많은 대가를 치렀지만, 이제 점점 사라져 가고 있다. 짧은 시간에 다른 풍경이 그려지고 있다. 오늘날 같은 지역에 있는 사람들도 전혀 다른 역사와 전통을 지니고 있다. 뒤섞인 얼굴 모습을 통해 우리는 통일된 집단의 시대가 멀어져 가고 있음을 알 수 있다. 어느 곳에 경계를 세워야 할 것인가? 동일한 사람이 서로 다른, 심지어 대립하고, 적대관계에 있기까지 한 문화들을 이어받는다. 전통적인 경계는 이제 그 사람에게는 아무런 의미가 없다. 그 경계들이 현존하는 집단들에 아무런 의미가 없듯이 말이다. 이제 피부색, 언어, 복장, 관습들이 서로 어울리고, 뒤섞이는 것을 보기 위해서는 아무런 마을의 길이나 지나가 보면 된다. 아직까지 순수한 혈통의 마을이 있다는 말인가? '다문화주의(multiculturalisme)'라는 말은 문화의 혼합을 가리킨다. 그것은 또한 몸의 혼합도 가리킨다. 바로 이 혼합이 우리에게 길을 제시한다. 인류가 기술과 커뮤니케이션으로 서로 통합되면 될수록 신체는 피부색과 삶의 형태에 따라 점점 더 다양해진다. 어떻게 함께 살고, 또 어떻게 새로운 통합이 자리 잡으며, 어떻게 예전의 다양성이 다시 모습을 드러낼 수 있을 것인가? 이런 것이 바로 세계화의 모습이다. 혼혈은 세계화라는 인류의 모습을 잘 보여준다. 그리고 우리의 다문화 사회는 혼혈이 이루어지는 중이다.

혼혈. 이 단어가 새로운 것은 아니다. 하지만 혼혈은 잠입하듯 들어와 널리 퍼져 있다. 우리는 그것을 도처에서, 지금까지 알려지지 않았던 곳에서도 발견할 수 있다. 혼혈은 저 멀리 섬에 살고 있는 타인들의 문제가 아니라 여기에 있는 우리들의 문제이다. 혼혈은 멀리 여행에서 벌어지는 일이 아니라 우리들 문 밖에서 바로 일어나는 일이다. 우리가 살고 있는 도시의 동네는 이제 혼혈의 동네가 되었고, 음악이나 노래도 다 마찬가지다. 물론 교육과 정보 역시 그러하다. 그리고 우리는 사고의, 집단의, 삶의 방식의 혼혈을 이야기하기 시작했다.

20년 전에, 10년 전만 해도, '혼혈의(métis)' 혹은 '혼혈(métissage)'이라는 단어들은 일상 대화에서 쓰기에 어색한 단어였다. 그리고 이 단어들은 몇몇 시인의 꿈에서만 은밀히 존재하는 것이었고, 소수의 전문가들의 캐비닛에만 쌓여 있는 것이었다. 이 전문가들은 혼혈의 역사를 알고 있었고, 16세기 유럽의 확대로 발생한 아메리카 민족들에게서 일어난 대변동에 시간을 할애하고 있었다. 만약 이 단어들이 우리의 일상생활에 들어와 있다면 그것은 관련된 정확한 상황을 설명하기 위한 것이었다. 이 상황을 정의하고 있는 르 프띠 라루스(le Petit Larousse) 사전에 따르면, 혼혈은 서로 다른 인종의 교차를 가리킨다. 어느 날 길을 가다가 혼혈인들을 발견할 경우가 있다. 여행을 가거나 혹은 과거로 거슬러 올라가 보면 혼혈을 찾아볼 수 있을 것이다. 어느 선조들은 바다를 돌아다니다 뜻밖의 인척관계를 만들 수도 있다. 혹은 어떤 전사 (戰士)는 고국에 아름다운 외국여성을 데리고 돌아오기도 했다. 그러나 혼혈이라는 것은 먼 이야기였고, 다른 시대 다른 지역의 잔재일 뿐이며, 식민지 시대의 후유증이었다. 한 마디로 혼혈은 우연한 사건이었고, 우리의 많은 인척관계 중에서 극소수의 혼란일 뿐이었다.

혼혈은 문젯거리라기보다, 오히려 이국적이라서 신기한 것이다. 혼혈은 우리에게 익숙한 것이 아니기 때문에 어색하고 호기심을 자극한다. 아마도 약간은 매력적일 수도 있다. 그리고 피에르 로티(Pierre Loti)로부터 마르그리트 뒤라스(Marguerite Duras)에 이르는 문학작품들은 혼혈이라는 주제 덕분에 굉장한 성공을 거두었다. 그러나 그것은 걱정스러운 일이다. 왜냐하면 위험부담이 있기 때문이다. 우리는 미지의 것에 대해서는 전혀 모른다. 요약하면, 혼혈은 멀리서 볼 때는 괜찮지만, 감히 그것에 대해 위험을 무릅쓰지는 않는다. 하지만 단어 이전에 현실에는 이미 혼혈이 존재하고 있다. 그리고 혼혈이라는 단어가 몇 년 전부터 다시 주목을 받고 있는 것은 앞서 있었던 어떤 사실을 설명하기 위한 것이다. 혼혈이라는 단어는 먼저 널리 퍼져 있었던 것은 아니고 다루어야 할 사항이었다. 다시 말해서 다양한 기원, 언어, 삶의 방식, 피부색, 다양한 인종들의 만남, 혼합, 상호교류와 같은 것 말이다. 이러한 사항들을 사회학자들은 신중하게 상호문화적(interculturel)이라는 단어를 사용하고, 일상어에서는 인종혼합 혹은 혼혈이라고 부른다. 요약하면 혼혈이라는 단어가 널리 퍼진다는 것은 우리 사회가 인류 역사상 전혀 없었던 비율로 다수의, 다민족의, 다문화의 사회가 되었다는 사실과 사회 성원들이 그 사실을 심각하게 생각하고 있다는 징후라고밖에 할 수 없다.

이러한 혼혈의 비율에 대해 우리는 별로 준비되어 있지 않았다. 왜냐하면, '미래는 혼혈의 시대'라고 말할 수 있었던 드골(de Gaulle)과 같은 예언자가 있기는 했지만, 많은 사람들에게 혼혈은 전혀 문젯거리가 되지 않았다는 것은 인정해야 한다.[4] 그러나 이후 세계화 시대에 혼혈은 문제가 된다. 그것도 모든 사람들에게 말이다. 이제 결론은 경계와는 상관없이 내려진다. 그리고 혼혈은 여행에서뿐만 아니라, 우리가 다른 사람들과 관계를 맺는 일상생활에서 일어난다. 이때 타자, 즉 다른 사람들은 우리와 완전히 다른 사람들이다. 이들과 함께 우리의

---

4) Virgil Elizondo, *L'avenir est au métissage*, Paris, Mame-Éditions Universitaires, 1987. Préface de Léopold Sédar Senghor.

생활은 혼합되어야 하고 혼혈이 되어야 한다. 그래서 혼혈이 점점 팽창해 가고 있는 이 현실에서, 이 혼혈이라는 단어는 다시 정의되어야 한다. 이 혼혈이라는 단어는 예전에는 이국적 취향으로만 생각되었지만, 지금은 일상적인 용어가 되었다. 혼혈은 자신의 영역을 확장하고 있다. 사람들은 혼혈에 대해서 이야기한다. 비단 개인들의 혼혈뿐만 아니라, 집단, 말하는 방식과 삶의 방식, 의복, 요리, 종교의 혼혈은 이제 문화적 혼혈이라고 말할 수 있다. 이러한 확장은 정당한 것인가? 그리고 이러한 확장이 가져다준 결과는 무엇인가? 결국 혼혈이라는 단어는 처음의 의미를 넘어서서 지금의 확장된 의미로 무엇을 말하는가? 이 단어의 뜻은 어디까지 미치는가? 어떤 의미가 이 단어에 주어졌고, 이 단어로 우리는 무엇을 할 수 있는가? 게다가 혼혈이라는 단어가 그 의미를 확장하고 아주 뜻밖의 분야에게까지 침투하면서 우리에게 끼친 영향은 무엇인가? 우리는 혼혈을 그냥 지나치고 있다. 바로 그 이유 때문에 우리는 혼혈이 끼친 영향에 대해 알아보고자 한다.

몇 년 전에 출간된 한 문헌에서, 우리는 혼혈의 개념에 대한 첫 번째 탐험을 시작했었다.5) 중요한 것은 자료들의 목록을 만들고, 혼혈 연구에 대한 관심과 오늘날 이런 연구를 하는 것이 적당한가를 보여주는 것이다. 그 연구를 하고 나서부터, 많은 새로운 요소들이 나타났다. 그 요소들의 대부분은 특히 세계화에 기인한 다수의 현상들에 관한 것이고, 또 그런 현상들의 성격, 즉 폭력성에 관한 것이다. 오늘날 우리는 다시 이러한 연구를 시작하면서, 보다 심도 깊게 우리의 사고를 확장해보고자 한다. 우리는 혼혈과 그 혼혈의 영향이 우리에게 현재 세계화의 상황에 대한 이해와 대처의 열쇠를 제공해줄 것이라고 어느 때보다 확신하고 있다.

세계화와 혼혈이라는 두 단어를 다시 연구하면서, 우리는 이 두 가지 현상이 은밀히 공모하고 있다는 것을 깨닫는다. 최근에 발생한 세계화는 전 지구를 습격한 글로벌한 현상이다. 예전부터 있었던 현상, 혼혈은 인간 사회가 생겨나면서부터 있었던 오래되고 특별한 상황을 지칭한다. 이들 사이에는 어떤 관계가 있는가? 세계화현상, 그 거대한 파도가 우리 존재의 모든 것을 집어 삼켜 버렸을 때, 혼혈은 그 세계화의 길을 따랐다. 그러나

---

5) Jacques Audinet, *Le temps du métissage*, Paris, Éditions de l'Atelier, 1999.

세계화와 혼혈에는 서로 어떤 관계가 존재한다. 왜냐하면 세계화는 지구의 모든 인간이 서로 관계를 맺게 만들었고, 이 관계는 지금까지 전혀 알려지지 않았던 방식과 불균형한 힘으로 형성되었다. 혼혈은 분명히 지구의 멀리 떨어진 지점에 있는 남녀의 만남을 통해 형성된 인간의 열매를 가리킨다. 이제 세계화는 그것이 만들어낸 거대한 소용돌이 속에 모든 것을 평준화시키면서 혼혈을 흡수하고, 혼혈만이 가진 특성을 앗아갈 것인가? 아니면 이 혼혈이 새롭게 얻는 힘을 통해서 세계화에 이득을 줄 수 있는 일종의 전형으로 남게 될 것인가?

혼혈을 직접 고려하는 것은 사고방식의 거대한 변화를 시도케 할 수 있다. 유럽이 바로 이 경우에 해당한다. 유럽은 몇 세기 전부터, 즉 대발견 이후부터 자신의 국경을 넘어 팽창해 왔다. 그리고 유럽은 계속해서 헤게모니와 지배라는 용어로 자신을 규정해 왔다. 그런데 동향은 정반대로 흘러갔다. 유럽의 국경은 새로운 인구, 난민, 이민자, 밀항자들에게 개방되었다. 유럽은 그들을 받아들이는 게 중요했을 뿐만 아니라, 그들이 매우 급히 필요하였다. 만약 많은 수의 이민이 없었다면, 유럽은 그 자체로 존속할 수 없을 것이고, 삶의 수준을 유지할 수 없을 것이며, 그 전부터 유럽이 가지고 있던 역할을 지금까지 확실히 보장 받을 수 없었을 것이다. 새로운 인구가 유입되자, 유럽이 가진 정치적인, 더불어 지적·문화적 헤게모니는 끝이 났다. 유럽의 영토 위에서 일어나고 있는 정체성과 관계의 변화와 같은 새로운 현상에 대해 어떻게 말할 것인가? 요약하면 이것을 말하는 것은 유럽이 항상 해 왔던 일과 유럽을 만들어 왔던 것, 그렇지만 지난 세기들이 은폐해 왔던 것을 추적하는 일이다.

유럽은 혼혈의 땅이다. 이 주제는 이제 막 다루어지기 시작했다. 유럽은 의심할 여지없이 혼혈의 땅이다. 프랑스는 특히 다양한 민족의 도움과 교류를 통해 만들어졌다. 그러나 왜 그것을 감추고 그것을 잊어버리려고 하는가? 자기 자신과 타인의 역할, 단일성과 다양성의 역할, 유럽의 민족들을 계속해서 선동하는 출신과 정체성의 역할은 무엇인가? 혼혈을 내세우는 것은 유럽 민족들에게 현재 그들이 하고 있는 모험에 패러다임을 제공할 수 있을 것인가? 혼혈을 내세움으로써 그 민족들은 과거 그들을 불행하게 만들었던 미친 꿈에서 탈출할 수 있을 것인가? 만약 드골의 선언이 사실이라면, 어떻게 그것을 이해하고 대응할 것인가?6)

우리는 현황을 점검하는 것으로 시작할 것이다. 오늘
날 공간의 기준(1장), 시간의 기준(2장), 언어(3장)와 같은
인정받은 기준들은 어떻게 흔들리고 있으며, 세계화 속
에서 어떻게 문제시되고 있는가를 알아보는 것이다. 이
러한 기준들은 정체성에 관한 것이며, 이 정체성으로부
터 사회와 문화가 만들어졌다. 이 사실 때문에 우리는
어떻게 혼혈이 인정된 기준을 위반하는지, 어떻게 이슈
를 제공하는지, 그리고 오늘날 어떻게 부정적인 것이 긍
정적인 것이 되는지 정확히 보게 될 것이다(4장). 그 다
음, 우리는 두 가지 큰 형태의 사회조직, 즉 권위주의 사
회, 즉 제국(5장)과 민주주의 사회(6장)가 어떻게 이 기준
들을 조절하고, 정체성을 규정하고, 어쩔 수 없는 폭력
을 정리할 것인지 자세히 설명해야 한다. 미래를 위해
우리 사회 속에서 혼혈을 통해서 공간과 소속(7장)의 기

---

6) 수많은 역사에 대한 연구와 문학작품들, 이야기와 소설들이 있지만 상대적으로
혼혈에 대한 연구는 많지 않다. 혼혈에 대한 연구는 다음 저작들을 참고하길 바란
다. François Laplantine, Alexis Nouss, *Le Métissage*, Paris, Flammarion,
1997. 같은 저자들의, *Métissage, de Arcimboldo à Zombi*, Paris, Pauvert,
2001. 이들 작가들에 따르면, "우리가 알기로, 혼혈 자체에 대한 연구가 없는
것은 아마도 혼혈 현상이 대단히 다양화되고, 계속해서 꾸준히 변화해 가고 있기
때문이다."(p. 10)

준들에 대한, 언어와 상징적인 것(8장), 그리고 시간과 기억(9장)에 대한 예상을 대략 묘사해볼 수 있을 것이다. 마지막으로 사회적 관계와 인간의 '존재 전체'에 대한 생각 자체가 위에서 우리가 말한 연구들로 인해 새롭게 조명되며, 따라서 세계화라는 전대미문의 상황 가운데에서 새로운 대처 가능성이 열릴 것이다.

목 차

제1장 공간(Espace)

세계화는 모든 기준들에 대변혁을 가져 왔다. 논의를 시작할 첫 번째 기준은 바로 지리적 기준으로서 이는 공간에 관한 기준들이다. '우리는 어디에 있는가?', '그는 어디에서 왔는가?' 이러한 질문들은 타인이나 외국인을 만나면 떠오른다. 미리 생각지도 못했던 인간의 다양성을 마주했을 때 우리는 서로를 지구의 한 지점에 자리한 공간에 따라 배치한다. 우리는 사람들을 그 선조들이 오랫동안 뿌리를 내리고 살았던 출신 지역에 따라 구분한다.

그러나 정확히는 그 지역 자체가 더 이상 옛날과 같이

변할 수 없는 것은 아니다. 세계화가 진행되면서 먼 곳도 이제는 가까워졌다. 여행, 정보, 기술의 순환 때문에 세계의 구석구석까지 국경을 넘어 서로 긴밀한 관계를 맺게 되었다. 이 국경은 공간을 구분하고 있었다. 그 국경이 자국민과 외국인을 결정했다. 그런데 세계화가 진행되면서 국경은 유동적인 것이 되었다. 국경은 이제 흐려졌다. 심지어 사라졌다. 유럽의 경우가 그러하다. 그러나 또 다른 지역에서는 국경은 더욱 강화되고 있다. 새로운 장벽이 세워지고, 정보를 통해 우리는 일상적으로 억압받고 꿈의 경계를 뛰어넘지 못한 사람들의 비극적 행렬을 볼 수 있다. 일군의 사람들은 대륙과 대륙을 태평스럽게 오고 가지만, 다른 일군의 사람들은 그들이 태어난 장소에 갇혀 배척당하고, 혹은 떠돌아다닐 수밖에 없고, 조국이 없는 운명에 처해 있다. 세계화는 역설적인 것이다. 예전의 지리적 형세를 상대적으로 인정하면서도, 동시에 보다 무자비하게 새로운 지리적 형세를 그려나가고 있기 때문이다.

오늘날의 지리적 형세는 그 어느 때보다 문화와 분리할 수 없다. 이제부터 지역적 출신은 지구상에서 서로 뒤섞인다. 이제 여기저기 떠돌아다니는 일은 마치 인간의 운명과도 같다. 계속 유지되던 자연의 풍경들은 도시의 풍경으로 계속해서 변모하고 있다. 도시에서는 다른 장벽이 나타나고 있다. 즉 다른 경계가 생겨나고 있는 것이다. 그 장벽들은 물리적인 것이라기보다는 문화적인 것이다. 동네, 방리유(banlieue, 도시외곽)와 다른 새로운 지리적 형세가 생겨난다. 인간들의 지리적 형세, 즉 차이, 욕망, 혼란의 형세가 그것이다. 오늘날 인간의 대부분은 끊임없이 확장되고 있는 대도시에서 살다가 죽는다. 지리적 형세 자체가 변동하고 있다. 따라서 불가능한 일이 생긴다. 그런 지리적 형세가 고정된 상태로 유지된다든지, 영토에 대한 선호 때문에 그 안에 자신을 가둔다든지, 자신의 출신지를 자신의 유일한 정체성으로 주장하는 것과 같은 사실 말이다. 지리적 기준은 문화적 기준과 분리할 수 없다. 오늘날 이들은 서로 뒤얽혀 있다. 혼혈은 국경을 초월한다. 신체적 경계와 마찬가지로 공간적 경제도 초월해 버린다. 혼혈은 지구상의 인류가 움직이고 있음을 증언한다. 그리고 이 새로운 대대적 이동은 지리적 기준의 대변혁을 뚜렷이 보여주고 있다.

초기, 지리적 형세

예전, 학교 교과서는 삽화를 빌어 지구에는 네 개의 인종들이 살고 있다고 설명했었다. 각 인종은 각각 자신의 대륙에 살고 있다. 즉, 유럽은 백인, 아프리카는 흑인, 아시아는 황인종, 아메리카 대륙에는 붉은 인종이 살고 있다고 생각한 것이다. 그렇게 지구의 영토는 바둑판 모양으로 나뉘어져 있었고, 각각 한 인종씩 거기에 자리를 잡고 있었다. 기준은 분명했다. 몽테스키외의 예를 들면, 그는 고대인들을 연구하면서 인간사회의 행동양식과 법적 체제를 설명하기 위하여 다양한 지리적 형세의 차이를 바탕으로 한 기후, 영토의 자연, 그리고 그런 류의 여러 요소들과 관련한 차이들을 고려하였다. 그는 '다양한 기후에 따라서 사람들이 얼마나 달라지는가'와 강한 민족들이 약한 민족을 지배하는 것이 추운 기후와 더운 기후의 차이에 달려 있다고 설명했다.[1] 전통적인 지리적 분류는 우리에게 무의식적으로 계속 영향을 미치고 있다. 이 분류는 사람들이 즉각적으로 반응하도록 만들고, 교역을 논의할 때 전형이 되었다. 이미 사람들은 이 사

---

1) Montesquieu, "*De l'Esprit des Lois*, 3ᵉ partie, Livre XIV à XVIII", *Œuvres complètes*, tome II, Paris, Gallimard, Bibliothèque de la pléiade, 1951.

실이 그리 간단하지 않다는 것을 알고 있었지만 말이다. 오늘날 지리 교과서들이 미묘한 뜻을 내포하고 있고, 피부색과는 다른 방법으로 사람들의 차이를 연구한다고 해도 말이다.

특히 주거양식이나 행동방식이 그렇다. 그것은 또 다른 지리적 형세에 해당한다. 다시 말해 복식, 전통, 삶의 방식과 같은 것이 이에 해당한다. 우리가 일본인과 아프리카인, 혹은 독일인과 멕시코인을 구별할 수 있는 것은 신체적인 외모를 통해서뿐만 아니라 옷, 음식, 시간체계, 언어와 같은 것들로도 가능하다. 표현과 행동 방식을 통해 사람들을 구분할 수 있다. 각 나라는 단지 지리적 공간, 즉 바다·산·강에 의해 물리적으로 나뉘어져 있는 지구상의 지역만은 아니다. 각 나라는 하나의 영역이다. 이 영역은 수천 년 전부터 인간 집단에 의해 점유되어 왔다. 이 인간 집단들은 그 영역을 형성하고, 또한 그 영역의 영향으로 형성되었다. 이누이트(Inuits)들의 관습, 사헬(Sahel) 아프리카인들의 관습, 히말라야 산악인들의 관습, 그리고 지중해 사람들의 관습, 북유럽 사람들의 관습은 생존을 위해 고안된 것이다. 그 민족들 각각은 어떻게 자신의 환경에 적응하고, 그 환경으로부터 자신을 보호하고, 그 환경이 가진 자원들을 이용할 수 있을까 생각해야 했다. 그래서 그 집단들을 떠올리는 것은 지리적 영역을 떠올리게 되고, 뿐만 아니라 문화라는 말로 수세기 동안 형성되어 온 그들의 생존과 삶의 방식들을 떠올리게 되는 것이다. 영역의 지리적 다양성은 문화와 따로 떼어 생각할 수 없다. 인간의 다양성 때문에 그 구별이 힘들 때, 몇 가지 기준점을 찾고자 한다면, 영역의 지리적 기준들, 문화의 사회적 기준들이라는 양 측면을 고려해야 한다.

사람이 그가 태어난 땅을 알아낸다는 것은 불가능하다. 조상의 혈통이 유래한 영역 또한 마찬가지이다. 어떤 땅에 정착하면, 피부색이나 얼굴의 특징들과 같은 외모 이외에도 신체는 그 흔적을 가지게 된다. 왜냐하면 지리적 영역은 자연적 배경이 토양, 삶의 조건이기 때문이다. 각 개인의 모습을 보면, 우리는 그 이면으로 지역적 특성이 유추된다. 그것은 인도양 근처, 아메리카의 고원, 아름다운 계곡의 강 근처, 척박한 땅에서 태어난 것과 다른 문제이다. 우리가 의식적으로 인지할 수 있는 것이 외에도 우리 안에 새겨진 몸의 기억은 우리를 제한하기도 하고, 우리의 가장 소중한 유산이기도 하다. 그것을 버리려는 것은 부질없는 일이다. 어떻게 하든 그 유산은 계속 남아 있다. 사람들은 '대지의 아들(fils de la terre)'이기 때문이다. 인간은 우리에게 그것을 말해주는 신체를 가졌다. 인간의 뿌리는 몸의 형체로 보아 동·식물과 '형제관계'가 있음 알 수 있다. 인간은 그 때문에 다른 사람들로 대체할 수 없는 특수한 존재가 된다. 개인들과 집단들은 이렇게 공간 속에서의 자기 위치에 종속되어 있다. 사회관계는 지리적 차원을 포함하고 있다. 넓은 의미에서의 종족이라는 말은 정체성에 대한 지리적 다양성도 특정하고 있는 것이다. 혼혈이라는 말은 지리적 거리보다는 우선 신체적 혼합을 가리킨다. 사전들은 '종족의 혼합'에 대해서 말하고 있다. 혼혈아는 거리가 먼 지리적 지역 출신의 부모에게서 태어난 아이를 말한다. 이러한 사실을 통해 우리는 인간들이 서로 교류하고 있는 현실에서 신체의 뿌리에 대해 의식하게 된다.

그러나 지리적 기준들은 문화적 기준들 없이는 별 쓸모가 없다. 왜냐하면 한 국가는 어떤 일정한 영토를 차지하고 있기 때문이다. 그러나 각 국가에는 하나 혹은 여러 그룹의 사람들이 살고 있기도 하다. 이 그룹들의 특성은 단일한 지형학에 속하는 것은 아니다. 사실, 우리가 기준들에 대해서 연구할 때, 우리는 가끔 실수를

할 때도 있다. 우리는 망설일 수밖에 없다. 왜냐하면 만약 각자 자신 안에 자신 혹은 자신의 선조들이 도래한곳의 지리적 흔적을 가지고 있다면, 그 개인의 외모와지형학을 반드시 더 이상 결부시켜 생각할 수 없기 때문이다. 그리고 예전의 분류는 점점 사람들에게 별로 유효하지 않을 것이다. 현실은 임의적 분류 형태와는 더 이상 일치하지 않는다.

길에서 우리가 보는 남녀들 중 대부분은 딱히 어디 출신이라고 분류할 수 없다. 외적인 모습, 옷, 언어, 일상적인 행동들, 어느 것으로도 그들의 출신을 가늠할 수 없다. 이미 인정된 범주들은 너무 단순하다. 아마 희미하게 그 범주들이 가진 양상은 어떤 지역을 떠오르게 할지도 모른다. 그 사람들과 그들의 선조들은 다른 지역에서 태어났다. 그러나 이제 그들은 더 이상 그곳에서 살고있지 않다. 그들은 아마도 그들의 말투나 행동에 그 지역의 흔적이 있을지도 모르지만, 이미 오래전에 그 지역을 떠났다. 그들은 이제 지구의 대도시에 사는 시민들이다. 그들은 지구의 가장 멀리 떨어진 곳에 도달한 인구이동의 결과로 남겨진 사람들이다.

프랑스 혹은 아프리카에서 가장 멀리 떨어진 도시에

서 우리는, '오' 놀랍게도, 지구 저편에서 온 남자들, 혹은 여자들을 만나게 된다. 그리고 그들의 역사는 새로운 방식으로 끊임없는 방황을 되풀이해서 말한다. 그 방황에서 바로 인간성을 찾을 수 있다. 그래서 지형학은 결코 각 개인들을 궁극적으로 분류할 수 없지만, 그들 이전의 조상들이 지금의 이 지역에 도착하기 위해서 겪었던 역사를 분류할 수 있다. 동식물과 같이 공간뿐만 아니라 시간도 인간의 모험에 끊임없이 드러난다.

그래서 만약 사람들의 지형학과 출신지를 잊을 수 없다면, 우리의 도시들이 계속 변모해 가는 가운데 어떤 기준들을 찾으려고 하는 일도 불가능하다. 우리는 예전의 범주에 머무를 수 없다. 그리고 인종을 크게 네 가지로 분류(백인, 흑인, 황인종, 적인종)하여 묘사하는 옛날 교과서의 단순한 분류에 머물러 있을 수도 없다. 우리는 인간의 다양성을 정리하는 다른 방법을 찾아야만 한다. 우리는 지리적인 다양성을 통해 문화적 다양성을 알 수 있다.

문화적 기준들

우리의 눈앞에서 일어나고 있는 현상들을 설명하기 위해서 최근 나타난 단어들과 표현들의 목록은 놀라운 것이다. 문화, 상호문화, 다문화, 혼종 혹은 문화적 대결, 다원론, 문화적 다원성, 다문화주의와 같은 단어들의 목록은 계속해서 이어질 수도 있을 것 같다. 모든 단어들과 표현들은 어쨌든 문화라는 단어에서 유래한 것이다. 이 단어 혹은 이 단어와 관련된 단어들로 일상의 대화를 시작한다는 것은 우리 사회에서 무슨 일이 일어나고 있음을 의미한다. 그리고 특이한 방식으로 그것을 이해하려는 의지를 강조한다. 따라서 일단 우리는 그 원천이 되는 단어, 즉 문화라는 단어에서 멈춰보자. 이 단어가 대단한 의미를 가지게 되었다는 사실은 그 단어가 현실을 이해하는 특별한 방식을 표상하고 있다는 것을 말한다. 기술적인 단어로 시작한 그 단어는 일상적인 어휘 총체의 한 단어가 된 것이다. 그 단어는 경험에 새로운 발판을 제공한다. 그 단어를 명백하게 정의했을 때, 이 단어로부터 합성되고 매일 계속해서 나타나고 있는 다른 단어들이 의미하는 범위를 알 수 있게 된다.

문화라는 단어는 다양한 의미를 가지고 있다. 상황과 대화하는 사람들에 따라서 다른 의미들도 가지게 된다. 그 단어의 의미는 실제로 언어마다 다르고, 전통에 따라 뉘앙스가 더해진다. 그러나 사전적 의미와 더불어 그 단어가 함의하는 바는 호소력 혹은 거부, 매력 혹은 두려움 등 극도로 다양한 태도와 감정들을 불러일으킨다.

단어의 기본적인 의미를 살펴보았을 때, 우리가 쉽게 발견할 수 있는 문화라는 단어는, 라틴어에서 유래한 유럽의 언어들에서는 적어도 두 가지 의미를 가지고 있다. 첫 번째 의미는 이 단어가 홀로 쓰일 때 주로 발견된다. 이때는 문화라는 단어는 '정신의 발전과 관련이 있는 것'을 의미한다. 보다 넓게는 이 단어는 문명을 상기시킨다. 즉, 이 생각에 따르면, 한 민족은 교육·과학·예술의 발전에 의해 도달한 진보, 즉 그 민족이 이성과 정신의 성과에 부여한 지위를 통해 나름대로 형성된다. 우리는 스스로를 '고급문화'를 가진 민족들이라고 생각한다. 소위 '무교양의', '야만적인'이라고 하는 사람들이나 민족들에게 어떠한 배려도 없이 말이다. 이 단어는 그 의미 안에 가치판단을 포함하고 있다. 이는 문화의 고전적인 의미에 해당한다.

또 다른 하나의 의미는 최근에 생겨난 것이다. 문화라는 단어는 한 집단의 삶의 방식 전체를 가리킨다. 즉, 그 사람들을 나타내는 표상에서부터, 그들이 사용하는 도구, 그들의 풍습과 관습까지의 모든 것을 말한다. 이러한 의미에서 모든 민족들은 하나의 문화를 가지게 된다. 이렇게 되면 교양 있는 민족들과 그렇지 않은 민족들을 대립시키는 일은 발생할 수 없다. 문화라는 단어는 인간에게만 해당하는 특수한 것, 사람이 동물과 구별되고, 단지 '자연'에 속한 존재가 아니라는 것을 나타낸다.

사실 자연 상태의 인간은 순전히 지적 시각이다. 인간을 동물과 구별할 수 있는 것은 인간이 인간과 가깝다고 여기는 족속들조차도 갖지 못한 문화를 가지고 있다는 사실에 기인한다. 인간은 도구를 만들고 그것을 계속해서 발전시킨다. 인간은 말을 한다. 기호와 소리를 교환할 뿐 아니라, 그것들을 언어활동으로 조직한다. 이 언어활동은 다양한 자연어들이 되고 항상 새롭게 갱신된다. 인간이 사회적 동물이라고 말하는 것만으로는 부족하다. 많은 종류의 동물들 역시 사회 속에서 살아가고 있다. 그러나 인간을 인간성 속에서 구성하는 것은 인간이 문화를 부여받은 존재라는 것이다. "살아있는 모든 것들 중 유일하게 인간이 인공적인 산물을 가지고 있다. 언어와 도구 같은 것들을 만들어 다른 인간들과의 관계 속에서, 그리고 자신의 환경 속에서 살아가고 있다."[2]

따라서 문화는 각 인간 집단을 특별하게 보이도록 하는 것을 말한다. 이때의 특수성은 그 집단의 언어, 관습, 생활 방식, 도구를 통해서 그 집단이 공통된 인간성을 받아들이는 방식을 말한다. 그리고 이러한 사실은 집단 전체에 적용된다. 이런 의미에서 앞에서 제시한 의미와는 반대로, 문화라는 단어는 어떠한 차별도 포함하지 않는다. 그 단어는 인간 전체에 유효하다. 바로 이 의미가 20세기에 지배적인 것이 되었는데, 앵글로색슨의 세계에서는 특히 그러했고, 이는 인문과학의 영향을 받은 것이었다. 이것은 종족적 의미이다.

이러한 의미로 쓰이는, 즉 우리가 도달한 의미에서의 문화는 현실에 대한 관점의 변화를 가져온다. 그 단어로 인해 개인이든 사회든 타자에게 도달한다. 나아가, 그 개별적인 측면, 분류와 같은 것에 이르게 된다. 그 문화

---

2) Michel Leiris, *Cinq études d'ethnologie*, Paris, Denoël, 1969.

는 정체성의 가장 개인적인 곳에서 형성된다. 문화라는 단어는 그 존재가 드러날 때, 그 단어를 통해 개인과 집단을 포착할 수 있다. 그래서 역설적인 이야기지만, 문화를 떠올릴 때 동시에 한 개인과 집단의 개인적인 것과 극히 보편적인 것에 접근하게 된다. 문화라는 단어와 문화적이라는 형용사는 일상적인 대화에서 '조커'로 사용된다. 이때 그 단어로 인해 순식간에 게임과 보장된 승리를 외친 사람들은 혼란에 빠진다.

사람들이 혼혈인 상황은 지금 우리의 현실이다. 이러한 상황에서 문화라는 단어와 그 파생어들은 가장 문제가 되는 것, 즉 구분과 대립의 가장 근원에 있는 것을 포착할 수 있다는 희망을 준다. 그 지점에 대해서 우리가 흔히 듣는 말은 "그들은 같은 문화에 속하지 않아!"라는 것이다. 그러나 화해의 희망도 줄 수 있다. "미래는 상호문화의 시대이다."라는 말은 많은 상황에서 긍정의 열쇠가 된다. 그러나 만약 우리가 불확실한 상황에서 벗어나고자 한다면, 부득이하게 몇몇 확실한 사실에 따르지 않을 수 없다. 왜냐하면 문화라는 단어는 그것이 사용되는 상황에 따라 다양한 숨은 뜻을 가지기 때문이다.

사실 문화라는 단어가 일상적인 용어가 된 것은 그리 오래 되지 않는다. 어쨌든 우리가 그것을 이해하는 의미에서는 말이다. 르 그랑 라루스(Le Grand Larousse)는 19세기 말에 이 단어를 농업과 관련된 의미로만 사용했다. 이 단어는 파생된 의미를 제공하였는데, 예를 들어 이 단어를 위에서 말한 교양 있는 사람이라는 고전적인 의미로 사용하기도 하였다. 점차 이 단어는 새로운 의미를 갖게 되었다. 그 이유는 우선 민족학자들이 인종이라는 단어 대신 문화라는 단어를 쓰기 때문이다. 19세기 말, 20세기 초, 에드워드 테일러(Edward Taylor), 브로니슬로 말리노브스키(Bronislaw Malinowski), 루스 베네딕트(Ruth Benedict) 혹은 마가렛 미드(Margaret Mead) 등의 빛나는 이름의 전문가들은 앵글로색슨 인류학을 괄목할 만하게 발전시켰다. 이때 문화라는 단어는 이러한 인류학자들로부터 귀족의 작위를 받을 만큼 중요하게 쓰였다. 특히 미국 인류학파는 문화의 다양성, 각 인간 집단의 특수성과 그 존재를 구성하는 물질적이고 상징적인 요소들의 일관성을 강조했었다.

민족학자들의 연구 덕분에 문화라는 단어는 정확한 의미를 부여받았다. 이 단어는 더 이상 고전적 휴머니즘의 보편적인 인간, 이상적인 인성을 떠올리게 하지는 않는다. 이들은 좋은 교육과 지식 덕분에 '교양 있는 사람'이라고 불릴 수 있었다. 그러나 반대로 이 단어는 민족학이 밝힌 대로 인간의 다양성, 경험의 다양성, 즉 시각과 살아가는 방식의 다양성, 각 민족의 독특한 성격을 가리킨다. 그러한 성격은 존재의 방식, 세계와 가치를 표상하는 방식의 독특함에서 드러나는 것이다. 요약하면 인류학은 모든 인간 집단들의 유사성과 백인들의 규범적인 지위를 밝히는 일에 종지부를 찍었다. 서로 다른 전통이 존재하고, 서로 다른 인간이 존재한다. 한 마디로 서로 다른 문화가 존재한다. 이 문화들은 소수문화도 아니고, 무시할 수 있다거나 훼손되어 있는 것도 아니다. 인간이 다양한 방식으로 모험을 겪을 수 있고, 그 방식들은 모두 똑같이 존중받아야 한다. 인간성은 무지개와 같은 다양한 색깔의 상황과 전통으로 구성되어 있다. 이때 문화라는 단어는 적당한 가치를 가진다. 이 단어는 도구로서 인간의 다양성을 인정하고 유효하게 만드는데 기여한다.

그러나 대중적으로는 1955년 4월 18일부터 24일까지 열렸던 인도네시아 반둥회의(Conférence de Bandung)에서 그 단어의 실제적 의미가 알려졌다. 즉, 이 단어는 매혹적인 동시에 파괴적인 아우라를 갖추고 나타났다. 인도와 중국을 포함하여 29개 제3세계 국가들은 모든 형태의 식민지화에 대항하여 정치적 해방과 경제적 자치의 의지를 천명했다. 이 국가들은 서양 자본주의와 마르크스주의 소비에트 연방이라는 두 블록으로부터 독립적인 역할을 요구했다. 이러한 주장의 핵심어 중 하나가 문화라는 단어였다. 이 단어를 통해 독특한 정체성을 말할 수 있었고, 차이에 대한 권리, 인권을 주장할 수 있었다. 이 사람들에게 부(富)라는 것은 돈이나 돈 놀이를 의미하는 것이 아니라 축적된 그들의 역사와 전통을 말하는 것이었다. 얼마 후에 중국은 끔찍한 문화혁명을 겪게 되었다. 그 과정에서 나라를 근본까지 전복하는 파괴와 죽음의 대열이 있었다.

이 문화라는 단어는 권력과 정치적 혼돈이라는 의미를 담고 출현했다. 그 단어는 전 세계적으로 부유한 국가에 대항하여 가난한 국가가 사용하는 도구가 되었다. 이 단어는 세계적으로 새로운 힘의 출현을 의미했다. 이 때부터 게임은 승자·부자·권력자들에 의해서 진행되지 않았다. 정치적 소수자들뿐만 아니라 모든 소수자들이 이 게임에 참여하게 해달라고 요구했다. 민족의 상징적 특수성은 행동의 도구로 변모했다. 문화라는 단어는 정치적 가치를 갖게 되었다. 이 단어는 인간 집단 사이의 분쟁에서 무기가 되었다.

이러한 전투는 선진국 밖에서는 오래 계속되지 않았다. 제3세계에서 일어난 의식화와 문제의식은 사회 전반에 퍼져나갔다. 문화라는 단어는 우리 국가들에서 토론의 쟁점이 되었다. 칠레의 산티에고에서부터 멕시코와 파리에 이르기까지 1968년 내내 학생들은 문화혁명이라는 이름으로 데모를 진행했다. 이들은 때로 이미 구축된 질서를 비판한 것에 대해 무거운 대가를 치르기도 하였다. 축제같이 혹은 비극적으로 곳곳에서 벌어진 학생들의 데모 때문에 각국의 정부는 흔들렸다. 프랑스에서는 이 데모로 인해 드골이 정권에서 물러났고, 멕시코에서는 피비린내가 나는 억압이 자행되었다.

진정 파도와 같은 이 운동은 선진 사회의 토대 자체에 문제를 제기하게 만들었다. 왜냐하면 이는 사회적 행동에 대한 단순한 조정과는 다른 것이었기 때문이다. 그리고 의회민주주의의 전통적인 체제는 이러한 위기를 타개하는 데 불충분하다는 것이 증명되었기 때문이었다. 실제 이 운동은 단순히 각 인간의 정체성, 삶의 방식들을 재정의하는 것과 인간의 공존을 중시했다. 요약하면 제3세계에서 일어난 의문들이 선진국에서도 일어난 것이었다. 그 의문들은 선진사회의 핵심을 휩쓸었다. 그 의문들은 대학, 즉 미래를 준비하는 사상의 장에 이르렀다. 이민의 흐름을 타고 전염되던 이 의문들은 부의 조직과 권력의 행사를 문제 삼고 있었다. 이 의문들은 심각한 질문들이 제기되고 있었다. '나는 누구인가', '우리는 누구인가', 지구상의 인간들, 그리고 어떻게 함께 살아갈 것인가에 대한 질문들 말이다. 이러한 질문들은 매우 극단적인 것이었다. 그래서 인간이 겪고 있는 모험의 가장 깊은 부분을 건드리고 있었다. 즉, 이 문화라는 단어는 존재에 대한 의미를 내포하고 있다. 이 단어는 존재, 각 집단의 존재, 정체성의 다양성을 떠올리게 한다.

이렇듯 이제 문화라는 단어, 그리고 그와 함께 문화적이라는 형용사는 민족적·정치적 정체성에 대한 의미를 갖게 되었다. 이 단어가 가리키는 바는 한 인간 집단이 생존할 수 있게 하는 모든 것, 즉 정체성을 부여하는 물질적 상징적 요소 전체이다. 최근 몇 년 동안 지식인이라는 단어는 자기 자신과 세계의 이해, 특히 정체성과 다양성을 표현하는 데 적절한 핵심어가 되었다.

문화라는 단어는 또한 행동의 목표를 강조한다. 겉보기에 처음에는 아무런 영향력이 없는 무해한 단어였다. 이 단어는 단순히 타자와의 차이에 집중하는 것을 의미했다. 그러나 타인에 대한 시선은 자기 자신을 가리키고, 자기 자신과 자신의 가능성, 그리고 자신의 혼돈을 인정하도록 강요한다. 문화적 차원을 인지하는 것은 많은 대화를 하게 만든다. 그러나 그 단어는 때문에 그러한 대화가 어렵다는 것도 이해하게 된다. 누군가 다른 사람들의 시각에서 이 문화라는 단어를 사용하는 것은 각 정체성의 특수성을 인정하는 것이고 그렇게 함으로써 다양성을 인정하는 것이다. 각자 사람은 하나의 문화에 속하고, 각 문화는 다른 문화와 다르다. 그러나 동시에 모든 인간은 공통점을 보여주기도 한다. 인간들은 모두 하나의 문화를 가진다. 문화가 없는 인간성은 없다. 인간 각각은 자신의 특수한 문화 속에서 인정받는다. 그때서야 인간으로 인정받는다.

역설적인 사실이 존재한다. 자기 문화 안에서 타인을

다르다고 인정하는 것, 그리고 동시에 인간으로 그 타자를 인정하는 것은 비슷한 일이다. 유사하다는 것과 다르다는 것으로 이루어지는 이 게임은 잠재적인 폭력의 가능성을 품고 있다. 공통적인 인간성으로 인해 만남이 이루어지고 사회가 구성된다. 차이는 잠재적인 분쟁을 내포하고 있다. 이 분쟁은 배제와 차별, 인종차별이라는 이름으로 나타난다. 문화라는 단어를 사용하면서, 존재에 대한 시각과 태도, 방식도 바뀐다. 문화의 만남은 당연한 것은 아니다. 그 만남은 결코 살롱에서의 대화와 관계가 없다. 인간들의 관계는 조용한 관계가 아니다. 쉽게 관계를 조직하면 그 관계를 편하게 조정할 수 있다. 모든 만남은 조직적인 것, 정치적인 것과 관계없이 살과 피에 관계된 것이다. 이 만남은 단절 혹은 교류, 파괴와 생존 사이의 매우 위험한 과정을 거치기 시작한다. 이렇게 문화라는 단어가 인간성의 모든 영향력을 담고 있다는 것도 드러난다.

문화라는 단어를 바탕으로 최근에 만들어진 단어들은 이러한 역설을 분명히 해결하고자 한다. 그들이 말하는 것은 만남과 위험이다. 문화라는 단어로 합성된 단어들 중에서 그 의미가 실상 변화해 가고 있거나 서로 겹치는 단어들을 몇 개만 생각해보자. 우선 '상호문화의'라는 단어는 두 가지 혹은 여러 문화의 교류를 가리킨다. 이는 여행이나 교육적 만남에 대한 상호문화적 경험에 대해 이야기하는 것이다. '복수문화적인'이라는 단어는 특정한 사회에서 서로 다른 문화들의 포함관계를 나열해 놓은 사실을 가리킨다. 이와 함께 '다문화적인'이라는 단어는 같은 영토에서 다양한 문화들의 포함관계에 관련된 경험적인 다양성을 강조한다. 그리고 그들 사이의 간섭도 강조한다. 우리는 복수문화 혹은 다문화적인 사회에 살고 있다고들 말한다. 다문화주의에 대해 고민하는 것은 사회적 토론이 맡을 일이다.

문화와 근대성

실제로 다양한 의미, 문화라는 단어의 고전적인 의미와 인문과학에서 생겨난 의미는 공존하며 서로 영향을 주고 있다. 이 단어의 고전적 의미는 근대성을 내포한다. 다시 말해서 이성을 우위에 두고, 꿈이나 신화의 모호한 힘으로부터 벗어난 의미이다. 다른 한편으로 인간에 대한 과학, 특히 민족학에서 발생한 의미는, 과학이 최종적으로 비워진 시간으로 믿고 있었던 것, 보다 정확히 말하면, 특정한 집단의 관습, 관례, 신념의 특수성의 가치를 재평가하는 듯하다. 첫 번째 의미는 과거와의 단절을 함의한다. 반면에 두 번째 의미는 앞선 시대로부터 내려온 에너지가 다시 출현하고 지속되는 것을 정당하다고 인정하는 것으로 나타난다. 결국 우리는 두 번째 의미에서만 상호문화적인 것에 대해 말할 수 있다는 것에 유의해야 한다. 알다시피, 첫 번째 경우에, 문화라는 정신의 성과는 원래 보편적인 것으로 제시되기 때문이다.

이성/꿈, 현재/과거, 보편적인 것/개별적인 것에서 문화라는 단어는 경우에 따라 이 대립 쌍의, 앞 단어들을 의미하기도 하고, 뒤의 단어들을 의미하기도 한다. 그래서 상호문화를 말하는 것은, 예를 들어 문화 X와 문화 Y라는 주어진 두 문화를 관계 짓는 것이라기보다는 근대성과 각각의 문화를 연결해서 의문점을 제기하는 것에 있다. 왜냐하면 바로 이 근대성과의 관계가 한 문화를 다른 문화와의 관계를 통해 규정하는 데 기여하기 때문이다. X문화와 Y문화의 관계는 X문화와 Y문화가 제3의 용어와 맺는 관계에 달려 있다. 요약하면, 우리는 그 제3의 용어를 근대성이라고 부르기로 하겠다.

우리는 습관적으로 이 단어를 통해 문명의 변동을 지적한다. 이 문명의 변동은 계몽주의 시대로부터 유럽사회의 사고와 삶의 방식을 변모시켰다. 이 변동은 과거와의 단절에서 온다. 이는 과학과 기술이라는 지식과 행동의 새로운 형태가 나타나면서 이루어졌다. 또한 새로운 존재의 원칙을 확정하려는 변동은 인간의 이성이 가진 자율성의 변동이다. 이는 합리성을 통해 개인을 그리고 민주주의를 통해 사회를 다스리는 것을 목표로 하는 원칙이다.

지금부터 두 유형의 사회, 즉 근대 이전의 사회와 이후의 사회를 구분하는 선이 있다.

첫 번째 사회들에서 정체성은 근대성이 도래하기 이전에 존재하던 것으로 구성되어 있다. 종족, 일차 집단에의 소속, 관습과 전통, 요약하자면 가족관계 혈연관계, 이는 대개 인종이라는 단어를 떠올리게 만든다. 존재한다는 것은 우선 어떤 아버지, 어떤 가족, 어떤 부족, 어떤 민족의 '자식'으로 지칭되는 것을 말한다.

두 번째, 근대성에서 출발한 사회들은 스스로 이성과 법에 의해 정의되기를 원한다. 이 사회는 과학과 기술의 발전을 통해 보편적인 인간이 나타나게 되었다는 사실을 장려한다. 이때 인간의 권리는 새로운 정체성을 표명한다. 이 새로운 정체성은 사회 계약, 인정된 공공의 법, 시민의 관계에서 발생한다. 존재한다는 것은 그래서 자신을 스스로 한 나라의 '시민'으로 여기는 것이다. 다시 말해, 그 국가에서 의무를 부여 받고 권리를 누리는 것이다.

문화라는 단어와 상호문화 혹은 다문화와 같은 파생어들은 근대성을 받아들이는 사회 혹은 반대로 그것을 거부하는 사회에서 사용하는지에 따라 완전히 다른 의미를 갖게 된다. 사물들을 현실에서 결코 완전하게 정의한다거나 규정할 수 없다는 사실을 말할 필요가 있을까? 오늘날 지구상의 어떤 사회도 근대성으로 표명되는 사실을 피할 수는 없다. 그리고 모든 사회는 전통과 근대성이라는 두 축 사이에서 동요하고 있다. 한편에는 몸과 근본적으로 연결되어 있는 종족, 관습, 그리고 관습과 함께, 고대의 이야기, 신화, 종교, 감정이 있다. 다른 한편에는 민주주의적 관계, 국가, 국제적인 것, 법, 또한 새로움, 합리성, 과학, 진보가 있다.

아마도 우리는 쉽게 근대성의 이전과 이후가 직선으

로 이어져 왔다고 믿었던 것 같다. 그리고 우리는 그 두 시기를 쉽게 통과했다고 믿는 것 같다. 근대성 이후의 시기가 거의 자동적으로 이전의 시기를 무효화했기 때문에 말이다. 반둥(Bandung)과 특히 1960년대의 문화혁명은 서양에 대해 민중들이 행한 반항의 표명이었다. 이 서양이라는 것은 그 민중들의 눈에는 근대성을 대표하고 있었다. 실제로 우리는 그 두 시기 사이에 있다. 그 두 축의 관계들을 통과할 수 있는 모델을 찾으면서 말이다. 인간은 유토피아 사회의 가장 긍정적인 이야기들 속에서 조차도 그 두 가지를 모두 가지고 있도록 강요받고 있다. 관건은 인간의 정체성이 두 측면 사이에서 관계를 맺을 수 있는 형태들에 있다.

'다문화적'이라는 단어가 가리키는 것은 우연한 뒤섞임이 아니다. 마술같이 멀리 떨어져 있는 지점에서 선동하는 일도 아니다. 단순히 문화를 내세우면 모든 문제들이 다 해결될 것 같은 그 지점은 다양성을 확실히 정당화하고, 분쟁을 제거하며 정체성이 다양하다는 것을 인정하는 곳일 것이다. 그 지점에서는 아무런 긴장 없이 후손이 시민일 것이다. 각각의 사람들이 자신의 근원이라고 생각하는 영토에 대한 기억은 그들이 오늘날 접하고 있는 역사 속에서 조화롭게 흘러갈 것이다. 이것은 서로 분명히 존재하는 다양한 요소들을 연결하려는 것이다. 그리고 바로 이러한 상황에서 근대성은 우리가 방금 지적한 차별자로서의 역할을 한다. 인간 집단들이 처한 다양한 상황, 여정, 대립 속에서 이 연결은 새로운 가능성을 엿보게 해준다. 이 가능성이 제공되는 이유는, 이 가능성으로 인해 차이가 공존하고 활용될 수 있기 때문이다.

그러나 여기에는 장애물이 하나 있다. 바로 근대성이다. 그것을 넘어서고 난 후에야 우리는 여러 문화들의 만남에 대해 말할 수 있다. 그래서 다문화주의에 대한 문제는 몇몇 국가들과 근대성과 관련해서 빠르게 부각되고 있다. 특히 서구 선진국들에서 그러하다. 사실 다문화의 문제는 모두 같은 방식으로 나타나지는 않는다. 만약 그 문제를 고립으로 해결하는 시대에 뒤떨어진 사회나 현대 선진국의 도시사회에 관계된 것이라면 말이다. 레비-스트로스(Lévi-Strauss)는 미국의 인디언에 대한 자신의 경험을 참조한다. 그는 과도한 문화 혼합에 대해 경고한다. 왜냐하면 만남을 형성하는 것은 집단 사이의 차이 자체이기 때문이다. 그리고 그 차이는 만남 자체에 의해 위협 받는다. 그는 그것을 다음과 같이 분명히 설명한다.

무엇이든 간에 모순된 것을 다르게 설명하는 일이란 어려운 일이다. 우리는 다음과 같이 과정을 설명할 수 있다. 발전하기 위해서 인간은 협동해야 한다. 그리고 그 협력의 과정 속에서 그들은 점차적으로 자신들이 가지고 있는 것들을 동일화해 나간다. 그것들이 맨 처음 보여주는 다양성 덕분에 그들의 협력은 풍성해지고 반드시 필요한 것이 된다.[3]

그러나 여기서는 시대에 뒤떨어진 문화와 관계된 것이다. 그 문화가 지나치게 빠르게 개방되는 것은 그 문화의 사멸을 의미한다. 그리고 레비-스트로스는 하나의 문화가 생존하기 위해서 반드시 필요한 조건으로 풍부한 지리적 공간을 요구한다. 하지만 아마존 숲과 우리가 사는 거대 도시의 경우와는 다르다. 그 거대 도시에서 모순은 일상적인 일이다. 우리 사회에서 새로운 상황은 굉장히 빠르게 어떠한 과도기도 없이 계속 발생한다. 그럼에도 불구하고 지리적으로 먼 곳에서 왔으며 극히 다양한 문

---

3) Claude Lévi-Strauss, *Anthropologie structurale II*, Paris, Plon, 1973, p. 420.

화적 기원을 가진 사람들은 어쩔 수 없이 도시생활을 하는 동안 한정된 공간 안에서 공존해야 한다. 상황은 따라서 완전히 다르다. 인구는 빠르게 이동하고, 그 인구가 대도시 주변에 모여들면서 새로운 상황이 발생한다. 이 새로운 상황에서 다문화에 대한 것이 검토된다.

그 사람들은 마그렙(Maghreb) 혹은 말리에서 태어났다. 그리고 어떠한 적응기간도 없이 파리에서 살아간다. 그들은 가까운 거리에서, 건너편 계단에서 베트남 사람들, 서인도제도의 사람들, 마그렙 사람들을 만나게 된다. 그들의 아이들은 학교에서 20개국의 다른 국가 출신들의 아이들과 지내게 된다. 시장에서 그들은 유럽의 상품들, 서인도 제도의 상품들, 인도양의 제품들을 골라야 한다. 그리고 일상생활 속에서 사용하는 말들은 모두 혼합된 억양으로 발음된다. 반면에 점점 더 가까워지는 다양한 언어들에서 사용하는 단어들은 의복, 요리, 혹은 종교상 서로 교환되기에 이른다. 상황은 이러하다. 이 상황에서 우리는 습관적으로 다문화주의라는 말을 사용한다. '다(多, multi)'라는 접두어가 떠오르게 하는 것은 다양성, 즉 출신의 복수성만은 아니다. 이 접두어는 앞에서 말한 다양성으로 생겨난 그들의 교차, 팽창, 이동성, 다수성도 생각하게 만든다. 이러한 움직임에 몇몇 기준을 제공하기 위하여 차츰 다문화주의가 고려되기 시작한다.

그러나 이 새로운 상황이 복잡하다는 것을 이해해야 한다. 그 상황을 지적하기 위한 어휘들이 아직 완전히 준비되어 있지 않고, 새로운 단어들이 끊임없이 만들어지고 있다는 것은 그리 놀랄 일도 아니다. 왜냐하면 인간들을 위치시키는 것은 지리적 기준이 없어도 가능하기 때문이다. 모든 인간은 자기 안에, 자신의 몸에, 자신의 기억 속에 그들이 태어나고, 그들의 선조들이 출발한 곳의 흔적을 가지고 있다. 그래서 공간적인 기준은 더 이상 이제 충분하지 않다. 처음에는 지형학이 다양성을 규정하는 데 기여했다. 한 문화는 한 지역과 일치했다. 그리고 유럽의 국가들은 오랫동안 다 마찬가지 사정을 갖고 있다는 환상 속에서 살아갔다. 하지만 역사는 그 국가들이 요구하고 있는 통일성이 당연한 사실이 아니고 시간과 폭력의 대가로 얻어진 것임을 알려준다. 오늘날 통일성을 당연한 것이라고 생각할 수 없다. 하나의 일정한 공간에 다양한 문화들이 넘실대고 있다. 다양성은 계속해서 하나의 유일한 공간에서, 즉 도시공간에서 증폭되고 있다.

과거의 기준 역시 불충분하다. 출신이나 혈통은 사람들을 분류하는 데 더 이상 기여하지 못한다. 왜냐하면 그 사람들은 이미 그들의 조국, 태어난 곳, 선조들을 떠나왔기 때문이다. 그리고 그들이 향수병이 있든 없든 그들의 이후 삶은 이제 미래를 통해 규정된다. 같은 영토에서 다른 사람들과 만들어갈 다가올 미래에 의해서 규정되는 것이다.

하지만 인간은 문제 앞에서 혼란스러워하고 있다. 자신이 태어난 곳을 떠나 미지의 도시로 간다는 것, 즉 자신의 뿌리에서 멀어져 불확실한 환경으로 떠난다는 것은 고통 없이는 불가능한 일이다. 인간은 거기와 여기, 과거와 내일이라는 두 가지 사이에 놓이게 된다. 그에게는 계속해서 앞으로 나아가기 위해 거대한 에너지가 필요하다. 어떤 사람은 그 길에서 멈춘다는 것, 즉 자신 앞에 놓인 문제를 해결하려고 하지 않는다는 것은 놀라운 일이 아니다.

이것이 새로운 공간에서 오래된 환경을 유지하려고 하거나 부활하게 하려는 시도이다. 에너지는 집단과 종족을 재건하기 위해서 움직인다. 다시 말해 이전에 살던 공간과 시간에서처럼 함께 살기 위해 그 에너지가 움직인다. 우리가 흔히 말하는 공동체주의의 근본이 여기에 있다. 그리고 집단의 구성원들에게 그리고 다른 집단의 사람들에 대해 가지는 폭력의 근원이라고 부르는 뿌리가 여기에 있다. 이는 새로운 공간에서 과거의 기준을 강요하는 것이다. 그리고 우리는 도시의 구조에서 분리된 '게토'에 대해서 이야기한다. 그것은 같은 지역에 살고 있는 개인들과 집단들 사이의 분리를 악화시킨다. 따라서 이러한 사실은 잠재적인 폭력을 숨기고 있고 그로 인한 대응은 엄격하다. 억제된 폭력 혹은 폭발한 폭력, 침묵의 저항 혹은 '도시 외곽의 저항' 등은 항시 존재한다. 이 폭력은 어떤 마술 같은 단어, 즉 통합과 모든 다른 단어들로도 없앨 수 없다. 의미 있는 것은 어휘들이 이러한 상황을 묘사하기 위해 계속 다양해지고는 있지만, 아직 너무 부족해서 출구를 보여주지 못하다는 것이다. 왜냐하면 여기서 폭력은 한 존재의 정체성을 형성하는 곳 가장 깊숙이 뿌리 내리고 있기 때문이다. 즉, 공간, 기존의 물리적·사회적 관계, 그리고 예전에 그 관계가 형성된 방식들이 그 사실을 보여준다.

  사실은 복잡하다. 왜냐하면 우리가 보았던 것처럼 근

대성의 관계 속에서 차이들은 지리학에서 나온 차이들에 얽혀 있기 때문이다. 같은 영토에서 사람들, 집단들, 혹은 개인들이 함께 살고 있다. 이들은 몸속에 서로 다른 예의범절이 배어 있고, 그들의 기억과 상상은 다른 이들과는 멀리 떨어진 지점에서 펼쳐지며, 그들의 계획에는 수많은 언어로 된 꿈이 자리 잡고 있다. 각 사건과 상황은 불꽃놀이처럼 많은 반응들을 폭발하게 한다. 이 반응들은 지구의 대륙들만큼이나 함께 사는 이 사람들이 멀리 떨어진 세상에 살고 있다는 것을 보여준다. 근대성 자체, 그리고 근대성이 촉발시켰다고 생각되는 인권과 민주주의는 이런 움직임 속에서 얻어지는 것이다. 그리고 이것들이 애당초 공존을 보장한다거나 폭력을 근절할 수는 없다.

사실 세계화는 공간을 뒤죽박죽으로 만들어놓는다. 각자는 자신이 살고 있는 공간이 여행과 만남에 개방되어 있다는 것을 깨닫는다. 같은 영토에 타인들이 유입되는 것으로부터 영향을 받는 것 말이다. 이제부터 전 세계를 돌아다니며 번쩍이는 즐거움을 주는 상냥한 여행은 중요하지 않다. 일상에서 지구 맞은편의 공간이 불쑥 나타나는 것이 문제이다. 뒤섞임, 충돌, 분쟁이 생기는 가운데 각자는 자신의 공간이 파괴되는 것을 볼 것 같은 위협을 느끼게 되고, 자신을 잘 보호해주던 공간에 대한 향수에 계속 젖어 있게 된다. 그리고 분리와 인종차별에 대해 유혹을 받기 시작한다. 이런 공간에서 일어나는 폭력은 우리에게 큰 충격을 준다. 대도시는 고야(Goya)가 예견한 탐욕스러운 괴물처럼 느껴진다. 왜냐하면 그 도시가 인간들을 모이게 하는 이유는 그 인간을 파괴하기 위한 것이기 때문이다.

그리고 하지만…. 하지만, 인간은 자연스럽게 함께 살게 된다. 그리고 다시 공간을 만들게 된다. 그러나 무슨 공간을 말하는가? 단지 공존하는 것이 아니라 이와 더불어 서로 교류하고 건설하게 된다. 그리고 스스로 새로운 기준을 마련한다. 그러나 이러한 일은 어떻게 이루어지는가? 우리에게 일어나고 있는 일은 아마도 다른 시대보다 빠르고 강렬하다. 인간성은 오래 전부터 존재하지 않는다. 만약 그 인간성이 끊임없이 다음과 같은 영원한 질문에 새로운 해답을 찾지 않는다면 말이다. "어떻게 같은 영토에 물리적으로나 정신적으로 다른 출신의 사람들을 살 수 있게 만들까?"

출구를 열기 위해서는 지금, 여기에서 일어나고 있는 일, 서로 다르지만 유사하고, 다양한 출신지를 가진, 한 영토에서 공동의 구축을 요구 받은 사람들의 혼종에 주목해야 한다. 이러한 집단은 무기력하지 않다. 그들은 서로 간섭한다. 그들은 소리들과 색깔들을 섞고, 이와 더불어 알록달록하고 유동적인 군중 속에서 삶의 전통과 방식을 섞는다. 이러한 혼종을 통해 사람들은 서로 뒤섞인다. 그들은 혼혈 아이들을 낳는다. 이 단어는 일상적인 대화에서 새로운 쓰임새를 찾았다. 이 단어는 동떨어진 종족, 서로 다른 인종의 혼혈을 말하는 것으로, 예전의 교과서에서 쓰이는 단어를 다시 활용한 것이다. 이제 서로 다른 문화, 국가의 혼혈을 의미하게 되었다. 이러한 변화는 레비-스트로스의 우려를 샀다. 차이는 없어지지 않는다. 차이는 변형된다. 차이는 새로운 차이를 낳는다. 이 혼혈이라는 단어는 이 새로움을 강조한 것이다. 혼혈의 인간성은 단조로움의 위협을 받지 않는다. 사람들은 점점 문화적 혼혈을 말한다. 우리는 세계화 속에서 진행되고 있는 인간의 다양성을 설명하기 위해 다문화적인 것으로부터 혼혈에 이르기까지 탐색해 가야 한다.

제2장 시간

　물리적인 공간만 세계화 속에서 변모하는 것이 아니다. 사회적인 공간도 그와 같다. 다시 말해서 개인 혹은 집단, 즉 사람들 사이에 관계에 관한 것도 말이다. 정신적인 공간도 마찬가지이다. 세계화는 알 수 없는 조건과 비율로 사람들을 뒤섞어 놓았다. 그리고 사람들이 그들의 삶의 방식과 관점을 문제 삼도록 만들었다. 이 삶의 방식과 관점은 오랜 시간을 두고 만들어진 것이다. 그것들은 이야기와 지식·의복·행동에서 구체적으로 나타난다. 이를 우리는 보통 '전통'이라고 부르고, 보다 넓게는 '문화'라고 부른다. 집단의 전통은 자신의 과거와 비교하여 오늘날 이러한 사실을 확인시켜 준다. 교육을 통해서 보다 젊은 세대에게 전통과 문화가 계승된다는 것은 가치 있고 중요한 일이다. 그들의 조상이 가진 관점과 그들의 행동방식을 계승하면서 집단은 자신의 길을 계속해서 이어가길 바란다. 그러나 세계화가 시작되면서, 이 과정은 급격하게 단절된다. 왜냐하면 단순하게 말해 세계화를 통해 다른 전통들과 접촉하게 되기 때문이다. 따라서 세계화는 그 안에 전통들 간의 분쟁을 안고 있다.

다문화주의를 떠올릴 때, 세계화 속에서 다양한 전통과 그 만남을 생각하게 된다. 또한 그로 인해 발생하는 충격과 분쟁들도 떠오른다. 오늘날의 분쟁은 오래 전부터 있었다. 그리고 현재 그 분쟁은 과거에 이미 사라진 관점과 행동 방식을 따르고 있다. 대답해야 할 질문은 항상 같다: 서로 다른 모든 인간들을 어떻게 존재하게 만들 것인가? 그러나 이번에 그 차이는 그들의 지리적 기원이나 물리적 체질 때문이 아니라 역사와 전통, 즉 한 마디로 서로 다른 그들의 문화에 기인한 것이다. 여러 문화는 어떻게 공존할 수 있는가? 영토는 어떻게 다문화적 성격을 띨 수 있는가? 이러한 상황을 어떻게 관리할 수 있는가?

'다문화주의적인 것'을 생각하는 일은 오늘날 매력적이고 흥분되는 일이다. 앞서 지적했던 것처럼, 이 단어가 많은 뜻을 가지고 있지 않아서 '다문화주의적'이라는 단어는 다른 단어들에 비해 긍정적이든 부정적이든, 그에 대한 가장 많은 감정들을 지니고 있다. 한편, 다문화주의라는 단어에 대해 긍정적으로 생각하는 사람들이 있다. '다문화주의적'이라는 용어는 출구를 제시하고 이 단어를 사용하면 다 해결되는 것처럼 보인다. 우리는 그래서 더 많이 '다문화성' 혹은 '사회적 혼성'에 대해 이야기한다. 사실상 우리는 다문화주의 사회에서 살고 있다. 이러한 사실이 어떤 풍요로움이 된다. 특히 외국인들의 유입이 인구 손실을 보충해준 서양이 그렇다. 문화들의 만남과 혼종은 따라서 피할 수 없는 것이다. 이 사실 때문에 사회적 혼성이 일어났는데, 이 혼성의 결실로 모든 사람이 부유해질 수밖에 없었고, 장기적으로는 사회적 쇄신을 가져 왔다. 물론 이것이 공존과 통합의 문제점을 야기하기도 했다. 그러나 우리는 우리 사회가 이미 다문화주의적이라는 사실과 나머지도 그 결과로 일어난 일이라는 사실을 인정할 수밖에 없다. 즉 여기서 발생하는 문제들은 앞으로 자연스럽게 해결이 될 것이다.

반대로 다문화주의는 없애야 할 위험한 것으로 보는 사람들이 있다. 외국인들이 유입되는 것은 위협적인 일이다. 그리고 그것은 침공으로 느껴진다. 외국인의 유입은 환영(幻影)을 자극한다. 대침공의 환영 혹은 십자군운동의 환영과 같은 것들 말이다. 그리고 외국인의 유입으로 인해 폭동은 다시 일어난다. 외국인의 유입 때문에 사회 분열의 곤경에 빠지게 된다. 외국인이 유입되면 사람들 간의 분쟁으로 게토가 줄줄이 들어서게 된다. 일정 기간이 지나고 나면 다문화주의는 단일한 국가 혹은 단일한 국가문화의 종말을 알린다. 이제 외국인과 함께 사고와 생각의 흐름, 절대적인 필요들이 영토에 유입된다. 이러한 것들은 민주주의 국가의 시민들에게는 파괴적인 요소가 될 수 있다. 다문화주의는 사회의 정체성 자체에 대한 최악의 위협으로 지탄받는다. 미국의 정체성에 대한 헌팅턴(Huntington)의 저서는 이런 관점을 완벽히 조명하고 있다.[1] 아메리카 대륙 북부의 미국은 청교도와 앵글로색슨의 자유주의 사회로 건설되었다. 만약 이러한 가치, 행동, 같은 종교를 공유하지 않는다면 누구도 이

---

1) Samuel P. Hutington, *Qui sommes-nous? Identité nationale et choc des cultures*, Paris, Odile Jacob, 2004. J. Audinet의 이 책에 대한 비판적 분석을 볼 것. www.theologia.fr

사회로의 진입 요청을 할 수 없었다. 이 모델은 이미 주어진 것이다. 그 모델은 선택하거나 포기해야 할 것이다. 이 논쟁은 유럽에서도 유행하고 있다. 그리고 '다문화주의'라는 단어는 작가들에 따르면, 다양성에 대한 환영 혹은 세계화에 대한 개방을 가리키거나, 반대로 세계화에 대한 거부를 가리킨다. 세계화를 거부하는 평계는 세계화가 정확히 유럽사회가 오늘날까지 건설해 왔던 것을 파괴할 것이라는 데 있다. 이러한 논쟁을 키워가는 것보다는 현실이 가지고 있는 문제점을 보고 다문화적인 것에 대해 평가할 수 있게 노력하는 것이 바람직하다.

그러나 이 단어는 우선 한 영토에 여러 외국 사람들이 같이 살아간다는 것을 가리킨다. 이 사실은 오늘날 되돌릴 수 없는 것처럼 보인다. 이 현상은 다양한 사건의 영향 때문에 발생한 것이다. 16세기부터 식민지화를 통해서 유럽이 확장되면서부터 20세기 세계대전까지, 그리고 기술과 경제가 발전하기까지, 이 공존의 사실들이 오늘날 우리 사회를 이루었다. '세계화'라는 단어 자체는 1960년대에 출현했다. 이 단어가 나타난 이유는 세계화가 가져온 전 세계에 퍼진 풍요와 상호의존을 가리키기 위한 것이었다. 차츰 이 단어는 오늘날 경제적인 상호의

존뿐만 아니라 지구상의 인간들이 서로 의존하고 있는 모든 측면들, 즉 경제적인 것뿐만 아니라 사회적, 정치적, 혹은 문화적 상호의존 모두를 가리킨다. 다문화성과 세계화는 함께 짝지어나간다. 다문화주의는 세계화의 인간적 차원이다.

이러한 상황을 처해서 다음과 같은 질문에 대답하는 일이 중요하다. 에이미 것만(Amy Gutmann)은 다음과 같이 질문한다.[2] "우리의 현재인 인간의 다양성으로부터 우리는 어떤 종류의 공동체를 만들고, 그것을 지속하게 할 수 있을 것인가?" 중요한 것은 이 동거를 위해 가능한 기준들을 찾고 서로 다른 문화를 가진 사람들이 사이의 공존의 모델을 제공하는 것이다. 이 모델들은 인간 각자가 스스로 한 영토에 머무르게 되는 데 기여할 수 있다. 하나의 동일한 공간에 개인들, 서로 다른 출신, 전통, 문화를 가진 집단을 어떻게 공존하게 만들 것인가? 이런 일이 벌어지면서 공존한다는 것은 별로 신통치 못한 단어이다. 왜냐하면 모두에게 동일한 정치적 권리와 함께 사회적·문화적 환경을 제공하는 일이 중요하기 때

---

2) 에이미 것만은 Charles Taylor, *Multiculturalisme, différence et démocratie*, Paris, Aubier, 1994, préface, p. 9에 서문을 썼다.

문이다. 이 일은 사람들에게 인간다운 인간의 존재를 보장해줄 수 있다. 이러한 사실은 "어떤 문화적 맥락을 제기한다. 문화적 맥락은 그들의 존재에 대한 선택에 의미와 전망을 부여하게 된다."[3] 이러한 사실이 다문화주의의 사고와 관련된 문제점이다.

차이를 인정하는 일

이러한 생각은 우선 아메리카 대륙에서 발전했다. 미국과 캐나다에 존재하는 다양한 집단들의 평등과 소수자에 대한 '정치적으로 올바른' 자세에 관계된 토론의 형태를 통해서였다. 1992년에 출판된 『다문화주의, 차이 그리고 민주주의』에서 찰스 테일러는 이러한 토론에 의미 있는 기여를 했으며 철학적 기반을 제공했다. 테일러는 서양의 가장 큰 거대도시 중 하나인 몬트리올에서 학생들을 가르치고 있다. 그는 이 도시와 캐나다 지방도시의 상황, 특히 다른 영어권 지방과 관련한 퀘벡의 상황에 대해 정확히 밝히고 있다.

---

3) *Idem.*, p. 15.

인정(Reconnaissance)은 핵심적인 범주를 구성한다. 이 범주를 통해 테일러는 한 사회가 구축될 수 있는 가능한 모델을 만들어냈다. 인정이라는 용어는 "사람들이 저절로 가지고 있는 지각과 비슷한 어떤 것과 그들을 인간으로 정의할 수 있는 기본적인 특징들을 가리킨다."4) 개인으로서 혹은 집단으로서 우리의 정체성은 지금 여기 있다는 사실이 문제이지 인정은 중요하지 않다.

다르게 말하면, 문화의 다양성은 개인이 저절로 가지는 지각, 즉 자신에 대한 지각, 다른 것에 대한 지각을 가리킨다. 그리고 이러한 지각에 대한 수락, 다시 말해 인정은 각자가 정체성을 찾는 데 기여한다. 따라서 문화의 다양성, 다양성과 관계된 차이에 대한 지각, 정체성들이 만드는 사슬 같은 맥락이 있다. 집단의 측면과 문화의 주관적 측면은 이렇게 연결되어 있다. '인정'이라는 단어는 이렇듯 연결 축을 담당하고 있다. 우리가 다음 장에서 생각할 인간의 다양성은 그것에 대해 개인의 지각없이는 잘 진행될 수 없다. 오늘날 다양성은 인간 각자가 그것을 지각하고 느끼는 방식과 불가분의 관계이다.

---

4) Charles Taylor, *op. cit.*, p. 41.

테일러는 인정과 관련된 서양의 역사를 재고찰했다. 고대사회에서는 인정은 계층적 질서와 연결되어 있다. 개인은 특정 전체 속에서 그가 맡은 위치나 역할에 의해서 확인되고 인정받는다. 인정은 각자 자신의 속해 있는 계급에서 기인한 명예감을 통해서 표현된다. 루소는 이에 대한 과감한 전복을 선동한 것을 넘어서 제안한 사람이다. 그는 개인의 정체성은 더 이상 개인의 사회적 역할에 있지 않다고 했다. 정체성은 계층구조 안에서 한 사람의 위치를 보여주는 것이 아니다. 이제부터 개인이 정체성을 확인하는 일은 개인이 자신 안에 가지고 있는 진정성으로부터 가능하다. 명예의 시대 다음은 존엄성의 시대이다. 결론적으로 "보편주의 정치는 모든 시민들의 평등한 존엄성을 강조한다".5)

그러나 어려움이 발생한다. 보편적인 존엄성을 적용하는 일은 무엇과 관련되어 있는가? 이 존엄성은 존중과 함께한다. 보편적 이성에 대한 존중은 인간성을 구성하고 존엄성에 대한 가장 가치 있는 요소이다. 차이에 대한 존중도 마찬가지이다. 인정은 개인과 집단 사이에

---

5) Charles Taylor, *op. cit.*, p. 56.

존재하는 차이에 관심을 갖고 경의를 표하는 일이다. 왜 냐하면 이러한 관심과 경의는 공통된 인간의 정체성이 가진 특별한 측면이기 때문이다.

개인의 주관성과 문화의 다양성을 연결시키는 움직임 안에는 이중의 움직임이 존재한다. 개별문화가 가지는 특수성들 자체와 그 차이로 인해 각 문화에 더 큰 가치를 부여하는 움직임이 있다. 동시에 보편성을 열렬히 지지하면서 각 문화를 보편적인 것의 한 구성요소로 여기는 것에 더 큰 가치를 부여하는 움직임도 존재한다. 인정의 한가운데에는 따라서 보편적인 것과 개별적인 것의 충돌이 자리 잡고 있다. 이 충돌을 기존의 사회적 계층, 국가적 혹은 이데올로기적인 질서로 해결한다는 것은 더 이상 가능하지 않다. 기존 질서들은 각 개인 혹은 집단을 미리 정해진 자리에 배치한다. 더 이상 모두가 인정하는 상위 질서는 존재하지 않는다. 따라서 인류 공통의 관점에서 무엇도 한 문화가 다른 문화의 위에 있다고 주장할 수 없다. 인정의 패러독스는 다음과 같다. 인정은 개별적인 것을 주목하면서 형성되지만, 그 과정에서 인정은 보편적인 방향으로 나아간다.

이렇게 평등한 존엄성에 대한 정치와 차이에 대한 정치 사이에 긴장이 발생한다. 이 두 가지 요청은 이론에서 서로 조우한다. 그러나 그것들을 실제로 적용할 때, 모순일 수 있는 구체적인 요청이 발생한다.

평등한 존엄성의 정치로, 만들어지는 것은 보편적으로 동일한 것이라고 여겨진다. 즉, 권리와 특권에 있어서 모두가 동일한 것이다. 차이의 정치를 통해 우리에게 인정하라고 요구하는 것은 개인 혹은 집단의 유일한 정체성이다. 이것이야말로 개인 혹은 집단을 다른 집단과 구별해주는 것이다.[6]

테일러에 따르면 이것이 인정의 두 얼굴이다. 이 두 얼굴은 서로가 서로를 필요로 한다. 그 두 얼굴을 무시하거나 혼동하면 지배를 정당화하고, 진정성의 이상에 대한 배반을 정당화하는 일이다. 다문화주의의 주요한 문제는 그 두 얼굴을 연결하는 데 있다. 왜냐하면 이 두 얼굴들을 연결하는 일이 당연하지 않을 수도 있기 때문이다. 실제로 각각의 문화는 특수하고 특정한 공간에 자리 잡고 있다. 동시에 각 문화는 다른 문화와 평등하게

---

6) Charles Taylor, *op. cit.*, p. 57.

대접받을 권리가 있다. 그러나 중립적이고 외부적인 시
각이라는 것은 존재하지 않는다. 이 시각을 통해 차이를
조정할 수 있고, 분쟁을 예방할 수 있는데 말이다. 다문
화주의는 평등과 차이를 모두를 유지하고, 다문화주의
사회를 만들 수 있다는 가정에 근거하고 있다. 그리고
여기서 테일러는 신중한 태도를 취한다.

아마도 평등한 가치의 인정을 위해 비본래적이고 획일화
를 위한 요청과 종족 중심의 기준 내부에 스스로 갇히는 일
사이에 중도적인 길이 있을 것이다. 다른 문화는 존재한다.
그리고 우리는 점점 더 공존해야만 한다. 세계적인 차원에
서 그리고 우리의 개인적인 사회가 혼종이 되어 가는 가운
데에서 말이다.[7]

실제로 테일러는 다문화주의에 대한 여러 개념에 대
해서 설명하였다. 이어 마이클 왈저(Michael Walzer)는 그
것들을 체계화했다.[8] 요약하면 우리는 다문화주의를 환
영하는 사회를 생각할 수 있다. 이는 개인의 다양성으로

---

7) Charles Taylor, *op. cit.*, p. 97.
8) Michael Walzer, "Commentaire", in Charles Taylor, *op. cit.*, p. 131.

인해 가능하고, 이 개인들은 점점 공통된 새로운 문화에 스스로 융화될 것이다.

그리고 반대로 집단의 다양성을 보장하는 사회를 생각해볼 수 있다. 이 사회는 집단들이 가진 서로 다른 계획들을 용인한다. 또한 이 집단들은 그 계획으로 구체적 집단의 조건들을 창출할 수 있다. 요약하면 두 가지 큰 가능성이 존재한다. 공통된 집단적 차원이 있을 수 있다. 이때 차이는 개인이 존재하는 부분에서 나타날 수 있다. 혹은 반대로 공통된 범주 안에서 집단의 차이들이 수용되고, 그 차이들 자체로 인정될 수 있다.

첫 번째는 프랑스의 경우일 것이다. 프랑스에서는 공화국의 법과 그것에 기인한 사실상의 사회적 정체성이 모두에게 동일하다. 인정이라는 것은 영토 내에 존재하는 누구에게라도 동일한 권리를 부여하는 것이다. 그리고 모든 차이가 불평등으로, 차별로 나타나는 것이다. 관습, 삶의 방식과 같은 개별성은 개인적 선택에만 한정된다. 그리고 그 개별성은 공공의 규칙을 거스르지 않을 때 도시의 권리를 획득한다. 언어의 사용과 같은 시민적 개별성, 종교적 상징의 착용과 같은 종교적 개별성과 같은 것들이 그러하다. 각자는 그가 원하는 언

어를 말할 수 있다. 하지만 학교에서는 법정과 공공서
비스의 공식적인 언어인 프랑스어를 가르친다. 공적인
시험은 프랑스어로 치르며, 공무원의 직위를 얻기 위해
서는 프랑스어를 필수적으로 사용해야만 한다. 통합의
과정은 이렇게 이루어진다. 적어도 우리가 바라는 바대
로 이 통합을 통해 한 영토 내에 살고 있는 모든 거주자
들은 천천히 어떤 통일성 갖추게 된다. 모든 사람들은
프랑스인이다. 그 자체로 인해 개인적인 차이는 유지되
고 보장될 수 있다.

테일러에 따르면 가능한 다른 경로는 캐나다의 예를
통해서 얻을 수 있다. 이 예는 매우 독특하다. 그리고 그
캐나다를 위해서 테일러는 자신의 가설을 고안했다. 인
정은 법에 정해진 몇 가지 집단적인 요구이다. 그 예로
퀘벡은 프랑스어를 공식적으로 사용한다. 집단의 행동
에 근거한 인정을 받을 수 없어서, 그리고 국가를 구성
하는 다른 집단과 차이나는 행동 때문에, 집단의 생존은
그 자체로 위험에 처해 있다. 생존이라는 명목으로, 개
별주의의 미래라는 명목으로, 이 개별주의는 한 문화,
지금의 경우는 다문화주의의 한 모델로 정당화되어 퀘
벡 사람들이 형성하고 있는 프랑스어권 문화의 정체성

을 확인시켜 준다. 우리는 스페인어 사용과 관련하여 미국 남부에서 유사한 요구를 발견한다. 신세계는 인디언 사회의 개별주의를 인정하는 데 큰 어려움을 겪었다. 인디언 사회는 멜팅 팟에 넣고 녹일 수 없었다. 그 어느 때보다도 인디언들은 그들의 특수한 정체성을 주장했고, 그 정체성을 확보할 수 있는 집단적인 조건을 요구했다. 1999년 4월 이누이트(Inuits)들의 자치 구역인 누나부트(Nunavut)가 건설된 일은 가장 최근의 예이다. 다시 말해서 동일한 영토에 언어·관습·풍속, 어느 정도 법적 체계가 다른 집단이 공존할 수 있는 것이다. 그리고 몇 가지 측면에서 법체계의 차이로 인해, 어떤 유형의 사소한 범죄에도 이들은 법정에까지 갈 수 있다. 인정이라는 것은 개인적인 개별주의에 대한 인정만을 말하는 것이 아니다. 인정은 집단적 개별주의, 즉 한 영토 내의 개별적 문화집단의 개별주의에 대한 인정을 뜻하기도 한다.

다문화주의를 넘어서

개인들이 별 문제없이 단일한 문화의 용광로에 융화되리라던 멜팅 팟의 환상에서 벗어나는 데 매우 유익한 도움을 준다. 테일러는 다양성과 여러 문화 만들어내는 풍요로움에 정당성을 부여했다. 이와 더불어 그는 이 상황을 정치적·법적으로 관리할 수 있는 요소들도 제시했다. 논쟁은 경험상 제일 강한 집단 때문에 해결되지 않았다. 이 집단은 다른 집단들에게 생존권이 있다는 것을 부정한다. 그리고 자신의 언어·종교·관습들을 강요한다. 테일러는 자유사회에 미래의 전망을 제시하면서, 다음과 같은 양자택일의 문제가 가져 오는 딜레마를 극복해야 한다고 제안했다. 지배사회가 강요하는 폭력이냐, 아니면 공존의 방법을 제안하기 위한 위대한 보편적 박애라는 유토피아적인 이상주의 속으로 우선 피신하느냐를 선택할 때의 딜레마가 그것이다.

그러나 바로 이 지점에서 논쟁이 시작된다. 왜냐하면 테일러의 철학적 구분들이 단호하고 자극적인 만큼 실제에 제시된 이론을 적용해보는 일은 다양한 문제를 일으킨다. 특히 프랑스에서 다문화주의에 대한 토론을 프랑스와 미국의 반복되는 대담 속에서 찾아볼 수 있다. 이 토론은 서로에 대해 매력을 느끼게도 하지만, 거부감을 갖게도 한다. 미국의 다문화주의는 없애야 좋은 공포인가? 혹은 반대로 어떤 이익을 얻을 수 있는 모델인가?

그리고 왜 프랑스에서는 다문화에 대한 질문이 제기되지 않는가?

　　미국 다문화주의의 위협이 일시적으로 프랑스에서 사회 속에서 일어나는 매번 새로운 토론에서 그 위력을 발휘하고 있습니다. 우리는 그래서 미래의 폐쇄된 공동체의 위협을 받게 될 것입니다. 이 사회는 어떠한 공동체적인 가치를 공유하지 않을 거예요. 이러한 사회는 개인에게는 감옥이 될 것입니다.9)

　　정확히 말해, 저자가 보여주고 있듯이, 영토에서 다문화와 관련된 사실들은 단순하지 않다. 사람들은 참고한 이론적 모델들에 구체적인 상황들을 쉽게 적용할 수 없다. 미국보다 프랑스가 더욱 그러한 것은 아니다.10) 그래서 테일러는 다음과 같은 제안을 하고 있다.

　　아마도 프랑스사회 중심의 어떤 적은 부분을 교정할 수

---

9) Joël Roman, "Un multiculturalisme à la française", in "Le spectre du multiculturalisme américain", *Esprit*, juin 1995.

10) Michael Walzer, "Individus et communautés, les deux pluralismes", in *Esprit, id.* 참조.

있을 것이다. 다문화주의라는 주사를 몇 번 놓았을 때 말이다. 반면 미국사회는 중심에서 벗어나는 반대되는 경향 때문에 고통을 겪고 있다. 그리고 미국사회는 아마도 공화주의 전통에 너무 영향을 많이 받고 있는 것인지도 모른다.[11]

토론은 계속되고 있고 계속될 것이다. 왜냐하면 문화들이 만날 때 나타나는 실제적 양상에 주목하면서도 이론적 개념을 세심히 가다듬는 것이 중요하기 때문이다. 우리의 이야기는 이 논쟁을 계속 연장하려는 것이 아니라 다른 관점에서 다문화주의의 한계에 관심을 갖게 하려는 것이다. 사실 다문화주의에 대해 이렇게 생각해보는 일은 실제로 인정을 작동하게 하는 방법을 파악하기 위한 요소들을 제공할 수는 없다. 이러한 생각은 핵심 개념으로서 인정의 필요성을 확인시켜 준다. 거기까지가 한계이다. 테일러 자신은 최대한의 믿음을 보여주고 있다. 그는 중도(中道)를 이야기한다. 그리고 새로운 혼혈을 말하면서, 그 시도의 어려움에 대해서 언급한다. 그는 그 대화적 성격을 강조한다. 다시 말해서 새로운 혼혈이 교환을 통해서 행해진다는 것이다. 그리고 다문화에

---

11) Jöel Roman, art. cité, p. 151.

대해 생각하고 추구하는 해설자들은 만약 경직된 도식에서 탈출하고 싶다면, 인정의 구체적인 양상들을 기술하는 데 무한한 의미를 부여할 수밖에 없다. 왜냐하면 이제는 점점 더 단순한 도식에 머물 수 없을 것 같기 때문이다. 예를 들어, 그 단순한 도식은 공화주의의 평등을 공동체주의에 대립시키고, 출신과 결부된 모든 특수한 요구사항을 인종차별이라는 핑계로 거부하게 만드는 것이다. 오늘날 공화주의의 평등과 민주주의라는 이름으로 우리 시민들 중 몇몇 사람들은 더 이상 자신들의 종교 혹은 피부색 때문에 차별의 대상이 더 이상 되지 않게 해달라고 요구하지 못한다. 집단들 사이의 차이를 거부하는 일이 자동적으로 평등을 가져 오지는 못한다. 그리고 그렇게 거부하는 일은 반대로 새로운 형태의 인종차별로 나타나기도 한다.[12]

다른 한계는 인정의 목적 자체에 관련되어 있다. 이는 문화적 차이를 인정하는 일에 대한 것이다. 그러나 이 문화적 차이들은 결정적으로 고정되지 않는다. 문화적

---

12) 에릭 파생(Eric Fassin)은 이 점에 대해서 다음과 같은 책들 썼다. *De la question sociale à la question raciale*, Paris, La Découverte, 2000과 "Pourquoi et comment notre vision du monde se racialse", in *Le Monde*, 4 mars 2007 은 2005년 CRAN(Conseil Représentatif des Associations Noires)의 창설에 대해서 논하고 있다.

다양성을 통해서 드러나는 인간들 간의 차이들은 인정 과정의 핵심에 있다. 그러한 인간 자신에 고유한 표현으로서의 차이들은 인정의 대상을 구성한다. 이 차이들을, 대화 속에서 구체적으로 사람들 사이에서 벌어지는 관계의 놀이를 통해 결부시키고 마주대하고, 위험에 빠뜨리는 일은 중요하다. 그러나 위험은 변화를 받아들이는 데까지 이르게 될 것이다. 왜냐하면 인정은 인간의 상호주관성을 작동시키기 때문이다. 대화는 주체들 사이에서 일어날 수밖에 없다. 그것은 주체로서, 다시 말해 인간으로서 자신과 다른 사람이 자리매김한다는 것을 함의한다. 대화는 인간에게 일어나는 일이고 인간들이 더 많이 행하는 일이다. 대화의 부재는 인간을 '사물', 즉 물체로 축소시키고, 그 대화의 주인공들의 인간성을 파괴한다. 자신의 문화에서 타인을 인정한다는 것은, 곧 자신의 인간성을 인정하는 일이며, 상대방의 인간성을 보장해주는 일이기도 하다. 대화의 주인공 서로에게 인정의 과정은 단지 변형의 과정일 뿐일 수도 있다. 그 과정은 단어들이 겪어야 했던 수난, 즉 폭력을 넘어서는 과정이다. 이 과정은 다르게 말하면 차별을 변형시키고, 어느 정도 기간 동안에 정체성과 문화를 변모시킨다. 다시 말해 이 인정은 변화의 추동자로서의 인정이다. 이로부터 테일러의 생각을 다음과 같이 지적된 두 가지 방향으로 확대할 수 있을 것 같다. 즉, 문화의 변형과 그러한 변화가 만드는 과정이 그 방향들이다.

우선 문화들은 정태적이지 않다. 우리가 표에 배치하고 목차로 분류하는 전체들은 폐쇄적이거나 내재적이지 않다. 어떤 사실은 관찰하고 이해하는 민속지학자의 역할을 한다. 또 다른 어떤 사실은 정치적 태도 혹은 시민의 태도, 그리고 보다 폭넓게는 구체적인 상황에 둘러싸인 인간의 태도이다. 아시아, 서인도제도, 마그레브 혹은 프랑스 출신의 가족들은 파리의 한 건물에 살고 있다. 그리고 그들의 아이들은 학교에 같이 다니고 서로 이웃한 땅에서 같이 놀고 있다. 그들은 자신들의 출신으로 명명된다. 자랑스럽게 그렇게 불리기를 요구한다. 왜냐하면 그들은 베트남 사람이고, 마르티니크 사람이고, 모로코 사람이고, 브르통 사람이기 때문이다. 그러나 그가족들은 정확히 그들이 함께 살고 있는 이 장소에 도착하기 전까지 몇 년 동안은 가지고 있었던 출신으로 더이상 불릴 수 없다. 그들의 아이들은 학교의 문턱을 넘어서는 날, 타인이 되는 과정에 들어선다. 옷차림, 몸짓을 보거나 대화를 듣기만 하면 된다. 그 사람들은 예전에는 다른 어딘가에 있었지만, 지금은 여기에 있다. 그들은 그곳에도 속하고 여기에도 속한다. 그들은 반드시 겪어야 하는 새로운 상황에 놓인다. 그런 상황을 의미할 수 있는 단어가 우리에게는 없다. '다문화적'이라는 단어와 그것과 연결된 단어들은 불충분하다. 왜냐하면 그들은 이미 자신의 출신지를 떠나온 상태이다. 그들에게 다가 올 미래가 이미 그들에게 작용하고 있다. 그들은 집단의 실제적인 주변을 살펴본다. 그들은 그 주변을 변화시키는 역동성을 보여주지는 못한다. 그들은 음지에서 인정의 관계적 측면을 포기한다. 우리가 상기시키고 있는 변화를 추동하는 인정을 말이다. 요약하면 그들은 상황을 고정시키고 그것을 명명한다. 그들은 과거의 자신의 모습으로 지금의 자신의 모습을 가리키고 있다. 그 때문에 여기서 작용하는 새로움은 그들에게서 멀어질 수도 있다.

사실 끊임없이 언어는 사물들을 고정시키는 경향이 있다. 아마도 우리는, 이웃과 피부색이 다르고, 같은 종교 축제를 기념하지 않고, 우리가 이웃이 들어 보지 못한 언어를 말한다는 것을 알고 있다. 물론 우리는 가상의 문화의 표 위에서, 그 이웃이 어떤 지역으로 분류된다고 말할 수 있다. 그리고 우리는 그에게 어떤 표식을 부여할 것이다. 그 표식은 우리를 안심시킬 수도 있고, 불안하게 만들 수도 있다. 그러나 그렇게 개인이나 집단에게 붙여진 표식들은 빠르게 쓸모없어진다. 왜냐하면 그 표식들은 무엇인가를 고정시키고, 꼼짝 못하게 하고, 즉 판단하고, 결국에는 살해하기 때문이다. 언어로 인한 일상의 인종차별은 바로 이런 것이다. 그 언어적 차별은 그 출신 때문에 어떤 사람들은 게으르고, 또 어떤 사람들은 도둑이거나, 관심을 받는다고 판단하는 것이다. 사실 두 집단이 같은 영토 위에 같이 존재하게 되면, 그들은 서로 간섭하거나 서로 뒤섞이지 않을 수 없다. 아마도 우리는 마음대로 그들을 출신에 따라 계속 판단할 것이다. 그러나 그들은 국경을 넘었다는 단순한 사실 때문에 이미 다른 사람들이 되었다. 언어, 삶의 방식들, 노동, 결혼을 통해서, 테일러의 표현을 빌자면 새로운 혼혈이 탄생한다.

새로운 혼혈은 반드시 폭력을 동반한다. 우리가 강조해야 하는 변화를 추동하는 인정의 두 번째 측면은 바로 이것이다. 이 측면은 다문화성을 생각하다 보면 잘 발견할 수 없을 수도 있다. 그것은 개인들과 집단들 사이의 관계의 양상들과 관련이 있다. 사실 그 관계는 상대적으로 편안한 것으로 여겨질 수 있다. 그래서 모든 일은 결국 쉬운 타인과의 만남처럼 일어난다. 각 문화는 서로 아무 영향도 받지 않는 것처럼 존재한다. '다문화적'이라는 단어가 이러한 것을 의미한다고 생각할 위험도 있다. 그래서 만남이, 서로간의 교류가, 쉽고 우호적인 것처럼 보일 수 있다. 실제로 그럴 수 있다. 하지만 현실의 경험은 다르다. 왜냐하면 차이는 폭력을 일으킨다. 이 폭력은 예상치 못하게 발생한다. 폭력은 몰이해와 관계들의 엄격함 때문에 발생한다. 인간집단들 간의 관계를 다스리는 법은 지금까지 약자위에 강자가 군림하는 것에 대한 법이었고, 지금도 때로 그렇다. 그 폭력이 전쟁의 혹은 난폭한 굴복의 형태, 일상적 폭력의 형태, 차별이나 인종차별의 형태를 띠든 상관없다. 도시공간은 더 이상 레비-스트로스의 말대로 이해할 수 있는 지리적 공간이 아니라 일상적인 주변과의 관계이다. 근접성은 공격성을 격앙시킨다. 그리고 이때, 우리는 인정에 어떤 한계들이 있는지 확인할 수 있다.

도시 공간에 경계를 설정한다고 폭력을 막을 수 없다. 이 경우, 경계들은 지리적인 것이 아니라 법적인 것이다.

경계들은 각각의 집단과 문화를, 법을 통해서 자신의 고유한 공동체 지역에 설정한다. 인정은 이때 보편적인 것 혹은 개인적인 것일 뿐만 아니라, 특정한 집단의 관습 혹은 전통들을 인정하는 것으로 개별화된다. 이 인정은 새로운 아파르트헤이트(apartheids)의 위험 때문에 유지될 수 없다. 왜냐하면 사람들이 움직이기 때문이다. 이 상주의자들의 폭력을 회피하려는 성향은 그 폭력을 더욱 악화시킨다. 따라서 그 폭력을 거부한다는 것은 불가능하다. 혹은 그 폭력의 위험을 무시하는 것도 불가능하다. 우리는 보편적인 인간과 문화의 대화로부터 멀리 떨어져 있다. 개별주의들이 대립하고 있고, 서로 고착화되고 있다. 폭력을 법으로 정리하는 것은 첫 번째 방책이다. 동시에 그것을 고착시킬 위험을 감수해야 한다. 법으로 일단 제정되면 개별주의들에 대한 인정은 각 집단을 가두고 있는 문화의 모자이크로 가게 된다. 근대성에 접근하던 초기 의도와는 반대로 말이다. 다르게 말하면 공존의 양상들이 어떻든 간에 다문화적인 것은 폭력을 거칠 수밖에 없다.

관용이 어느 순간 이 폭력을 해결할 수 있을 것같이 보일 수도 있다. 타인에게 관용을 베푼다는 것은 그 사람을 그 자체로 용인한다는 것이다. 그 자신이 가진 것과 다른 것이 있더라도 말이다. 그러나 관용은 일정한 거리를 두고 타인을 용인하는 것이다. 관용은 자신의 문화적 혹은 사회적 공간에서 타인을 유지하는 일이다. 따라서 우리의 여정은 여기서 그칠 수 없다. 이는 타인 그 자체, 그리고 그 사람의 삶의 방식, 그 사람의 종교들을 존중하는 것이다. 그런 것들이 나 자신에게 이미 설정된 것, 즉 삶의 방식 혹은 신념에 끼어들거나 문제가 되지 않는다면 말이다. 이는 내가 다른 문화보다 우월하다는 신념을 강화하는 일이다. 그리고 타인을 무시하게 되는 일이다. 관용이라는 단어가 나타내는 겉으로 보이는 존중은 사실 무시를 숨기고 있다. 일정한 거리 밖에 있는 타인은 열등한 사람으로 여겨지기도 한다. 결국 관용적 태도는 인간들을 구분하는 장벽들을 더욱 강화한다.[13]

대화는 어려운 것이기는 하지만, 주체들, 즉 같은 영토에 사는 사람들로서 서로 만나려고 할 때, 장벽을 뛰어넘는 데 기여한다. 원하건 원하지 않건 간에 그들은 한 영토에 살고 있다. 따라서 인정은 자신의 완전한 규

---

13) Denis Gira, *Au-delà de la tolérance, la rencontre des religions*, Paris, Bayard Presse, 2001.

모를 갖추게 된다. 그것은 문화의 다양성의 민족지학적 표를 완성하는 것과는 사실 다른 일이다. 그것은 교환 그리고 인간 간의 교류에 대한 것이다. 인정은 그 출발의 조건이며, 인정은 방향을 가리켜 준다. 그리고 상호적 성격을 필요로 한다. 왜냐하면 이 교류는 여러 사람들 사이에 일어나기 때문이다. 이 교류는 등장인물들 모두를 포함하고 그들을 변모시킨다. 이는 한 사람이 다른 사람을 인정하는 일은 아니다. 두 사람 모두가 서로를 변모시키는 과정에 들어서게 되는 것이다. 이제 더 이상 타인은 이방인이 아니다. 비록 처음에는 그가 이방인이라는 감정이 들었을 수도 있지만, 그는 다른 사람이 되었다. 그 증거는 평등과 시민성에 대한 요구의 강도를 보면 알 수 있다. 이 요구는 항상 존재하고 있다. 가끔은 숨어 있기도 하다. 그러나 그것은 공동의 수단이고 의지할 수 있는 가치이다. 그것 때문에 일어나는 분쟁이 아무리 난폭하더라도 말이다. 결국 현대성이라는 것은 구축된 삶의 방식이라기보다는 다양성을 초월하는 지칭의 과정이라고 할 수 있다. 그 다양성이 아무리 극단적이라고 하더라도 말이다. 우리는 여기서 뚜렌느(Touraine)가 공존의 삶, 즉 주체의 삶이 형성되는 첫 번째 장소로 제시한 것을 발견한다.14) 그것은 고착된 주체에 관계된 것이 아니다. 그것은 변형을 추동하는 인정의 과정에 놓여 있는 주체에 관계된 것이다.

변형을 추동하는 인정을 한 단어로 고정하는 것은 불가능하다. 그리고 그렇게 했을 때의 위험을 미리 정해진 어떤 구간 속에 가둘 수도 없다. 사회적·정치적 조직의 형태들은 사물들의 한 측면밖에 포착하지 못한다. 지금 문제시되고 있는 변형은 그것 이상이다. 이 변형은 존재의 다른 부분에 도달한다. 궁극적으로는 변형은 모든 분야에 영향을 주게 된다. 그 변형은 전복을 추동하고 결국 저항들을 불러일으킨다. 변형은 또한 지금까지 사적인 영역이라고 여겨지던 부분에도 영향을 준다. 변형은 정체성을 문제 삼고, 나 자신에 대해서 내가 가지고 있었던 인정까지 문제 삼기도 한다.

그래서 두려움이 고개를 드는 것이 놀라야만 하는 일인가? 자신과 다른 타인에 대한 공포는 당연하다. 인간성에 대한 고전적 기억은 타인과의 관계를 지배와 폭력으로만 받아들인다. 사실 문화적 다양성은 집단의 삶에

---

14) Alain Touraine, *Pourrons-nous vivre ensemble? Égaux et différents*, Paris, Fayard, 1997.

서 참을 수 없는 어떤 것이다. 왜냐하면 그 다양성은 결국 위협을 불러오기 때문이다. 자신과 다른 타인을 인정하는 것은, 위에서 말한 것처럼 그 사람의 삶의 방식, 행동 혹은 '가치들'을 오늘날 우리의 것들과 동등하다고 받아들이는 어떤 방식이다. 게다가 그들의 가치들은 우리에게 제공되는 것보다 나은 어떤 것일 수 있다. 물론 그것들을 모방했을 때, 우리는 자신의 정체성을 잃을 위험이 있다. 그 위험은 바로 한 집단이 자기 자신과 그 집단에 고유한 통일성을 구성하는 것에 대해 의문을 갖게 하는 그런 위험이다. 따라서 이방인은 항상 어떤 불신을 조장한다. 이방인들이 환영받고, 일반적으로 환대하는 관습을 가지고 있는 사회에 있다고 하더라도, 그 이방인은 자신이 하는 역할만 충실히 하는 것이 중요하다. 왜냐하면 이방인의 관점과 풍습이 전염되는 일은 그 집단에 고유한 정체성을 파괴할 수 있기 때문이다. 따라서 어떤 측면에서는 다문화주의를 거부하고 공동체주의를 주장하는 사람들과, 단일한 토착민의 전유물로 국가를 유지하고자 하는 통일된 국가정체성을 가진 지지자들의 공모가 존재한다. 그 두 부류의 사람들 모두 타인에 의한 전염을 두려워한다. 그리고 그들의 정체성을 형성하는 요소들이 파괴되는 것을 두려워한다. 이제 사회는 자신이 전통 혹은 삶의 방식이라고 규정한 관습 위에 고착된다. 사회는 외부에서 도래한 이방인들에게, 동화될 것을, 그리고 지금까지 자신의 정체성을 구성했던 것들을 부인하라고 강요한다. 각 분야는 분쟁의 장소가 된다. 즉, 언어·교육 또는 법 혹은 종교 같은 것들 말이다. 그러나 과거에 당연하다고 오랫동안 여겨졌던 것, 다시 말해서 식민지처럼 폭력의 의해 그러한 분쟁을 해결하는 것, 혹은 지배 권력이 그것을 억압까지 하는 일들은, 지금은 유지될 수 없다. 좋은 말로, 그 이유는 이제 시대가 바뀐 때문이지만, 단순히 그런 일을 하는 것이 불가능하기 때문이다. 인간은 자신의 출신은 물론 피부색도 바꿀 수 없다. 그리고 자신이 타고난 문화를 절대 버릴 수 없다. 예를 들어 우리가 모국어라고 부르는 것이 그러하다. 따라서 전체 아니면 전무라는 문제의식에서 벗어나야 한다. 그 문제의식들이 가지고 있는 폭력으로부터도 벗어나야 한다. 그리고 급속한 세계화 속에서 단일한 문화가 아니라 다문화주의가 힘들게 설명하는 만남과 변형의 다양한 과정을 고려해야 한다. 왜냐하면 다문화주의는 상황이 복잡하다는 것을 명백히 보여주지만, 입증된 사실 외에 목표와 진보의 도구를 제시하는 데는 무기력하기 때문이다. 좀 더 가까이서 인간 간의 만남이 이루어지는 방식을 관찰해야 한다. 만약 우리가 현재 문제점들을 이해하고 싶다면, 각 개인이 자신이 도래한 곳을 향한 향수에 갇혀 있으면서도, 보편적인 문화에 대한 환상의 함정에서 벗어나고 싶다면 말이다. 왜냐하면 이 사실로부터 인간은 서로 만나고, 서로 뒤섞이고, 계속해서 혼혈, 즉 혼혈인 그들의 아이들을 통해서 새로운 인간을 만들어내기 때문이다.

그렇다면 혼혈이란?

혼혈은 정확히 변형된 폭력의 경험을 제공한다. 혼혈이 없다면 다문화적인 것은 없다. 왜냐하면 한 영토에 존재하는 인간 집단들은 서로 조우하기 때문이다. 그들은 서로 뒤섞인다. 그리고 그들의 언어들, 관습들, 상징들, 몸들을 서로 혼합된다. 그들은 그들 자신과 다른 것을 만들어낸다. 아이들이 그러한데, 아이들은 그들의 출신과는 전혀 다르다. 아파르트헤이트(apartheids)와 같은 강요된 폭력은 이 과정을 방해할 수 있다. 혼혈은 효과이다. 즉 다문화적인 것의 연장인 것이다.[15] 세계화에서 그것은 일상적인 현상이다. 이제 지구 반대편에서 온 타인이 없거나 그와 관계를 맺지 않거나, 예기치 못한 새로움을 낳지 않는 가족·집단 혹은 공동체는 거의 없다.

혼혈만은 다루기 쉽지 않다. 혼혈은 평이 좋지 않다. 사람들은 자기 자신보다 타인들에 대해서 혼혈을 이야기한다. 마치 차이를 허용한다든가 혼합을 인정하는 일이 위험하다는 것처럼 말을 한다. 근거 없는 어원으로 만들어진 '혼혈된(Métissé)'이라는 단어는 '잘못 짜여진'이라는 뜻을 가지고 있다. 이 단어는 그 자체로 불신을 낳는다. 이 불신은 혼합·불규칙·비순수 등과 같은 깨끗하지 않은 것, 모든 위험스러운 것에 덧붙여진다. 그렇다고 대놓고 말하지는 않는다. 혼혈은 다문화적인 것에서 이야기되지 않은 것이다.

'Somos mestizos' 이 단어들을 나에게 말했던 사람들은 내 앞에 웃으면서 서 있었다. 마치 이 두 단어들이 나의 존재 전체를 설명하기에 충분하다는 것처럼 말이다. 나는 여기서 자부심과 자신감을 느꼈다. 멕시코에서

---

15) 이 분야의 수치들은 편집하여 제시하기가 쉽지 않다. 오늘날 우리는 지구의 인구 중 혼혈이 2.5% 정도를 차지한다고 생각하고 있다. 상황은 나라와 대륙에 따라 매우 다르다. *Encyclopœdia Universalis*의 'Métissage(혼혈)' 항목 참조.

나는 이 단어를 처음으로 들었다. 몇 년이 지나서야 그러한 정체성의 보장과 요구의 힘을 이해하게 되었다. 그리고 끊임없이 반복해서 이야기되는 역사를 통해 정체성을 얻는 데 대가가 치러졌다. 여기서 발생한 것, 그리고 추구되는 것, 그리고 '혼혈인'이라는 단어가 가리키는 것은, 문화의 끔찍한 만남은 아닌가? 인디언의 전통에서 아즈텍은 가장 잔인한 종교의 형태로 유럽인, 즉 스페인인들과 뒤섞였다. 근대 초기에 이 만남은 지구를 꿰매고 있었다. 그런데 이 만남은 잔인하고 의미심장하게 고개를 쳐들었다. 혼혈이라는 단어의 첫 번째 의미는 정확히 이 경험, 즉 아메리카 대륙의 식민지 경험과 일치한다. 이러한 사실은 초기에는 인종과 지배의 개념과 결부되어 있었다. 여기서 바로 모호함과 그 부정적인 측면이 드러난다. 나탈리 제몬 다비스(Nathalie Zemon Davis)는 다음과 같이 언급하고 있다. "나는 혼혈이라는 단어를 사용한다. 이 단어와 이 단어를 통해 만들어진 혼종성(hybridité)이라는 단어의 기원이 인종주의자들의 사고에 의해서 지배된 세계에 있음을 알면서도 말이다."16) 그러나 다른 측면에선, 그 단어가 가리키는 것은 인간이 겪는 모험의 결정적인 측면

---

16) In *Le Monde*, 19 juin 1995.

이다. 어떤 교차와 인간들의 조직 같은 것들 말이다. 오늘날 혼혈이라는 단어는 자신의 영역을 확장하고 있다. 나탈리 제몬 다비스(Nathalie Zemon Davis)를 다시 한 번 인용해보자. 엄격한 의미에서 혼혈인이라는 단어는 원래 분명히 인종적으로 구분되는 태생을 가진 아이들을 가리키는 말이었다. 그러나 혼혈이라는 단어는 어떤 문화적 상태를 가리킨다. 즉 가족과 사회에 결부된 어떤 정신적 세계를 가리킨다. 혹은 이와 더불어 가족에서 혹은 사회에서, 그리고 이민과 여행의 경험에서 행해진 선택을 가리키기도 한다. 이런 의미에서 혼혈의 문화나 문화적 혼혈이 언급되기도 한다.

이런 저런 의미에서 초기의 의미로부터 현대의 의미에 이르기까지 어떤 반향이 나타난다. 이 단어는 오늘날 새로운 의미 범위를 갖게 되었다. 왜 그렇게 되었는지 탐구해볼 만하다. 혼혈이라는 단어를 다시 보았을 때, 지금 일어나고 있는 문화들의 만남에는 이 단어가 유익하다. 마치 우리 사회에 다문화주의가 가져 온 혼합을 '나타내는 것'처럼 라틴아메리카에 있었던 역사적 경험을 이해하는 것과, 이렇게 혼혈이라는 단어의 엄격한 의미와 폭넓은 의미의 교류를 설정해 놓는 것도 마찬가지이다. 첫 번째 명명된 경험, 즉 아메리카에서의 경험과 오늘날의 다문화적 경험 사이에는 전혀 동일한 것이 없다. 시대적으로 지역적으로 그 만남의 방식도 동일하지 않다. 하지만 중요한 것은 공통점이다. 그것은 서로 다른 성격을 통해서, 그리고 폭력과 새로움 속에서 인간들 간에 만남이 있었다는 것이 중요하다. 문화의 변형을 통해 새로운 정체성이 출현했다는 것이 중요하다. 변형을 추동하는 인정이 쟁점이 된다는 것도 중요하다. 혼혈이라는 단어에 대한 우리의 추적을 계속하기 위해서는 우리는 어떻게 문화적 만남, 즉 우리의 인간성을 형성하도록 만든 불가피하고 반드시 필요한 그 만남이 계속 이어져 왔는지 밝힐 것이다. 르네 데페스트르(René Depestre)의 멋있는 표현에 따르면 이것은 혼혈을 만드는 직업(un métier à métisser)인 것이다.[17]

---

17) René Depestre, *Le métier à métisser*, Paris, Stock, 1998.

제3장 언어

　세계화는 공간과 시간의 기준을 다 전복시켰다. 그리고 이 세계화 때문에 인간들은 자신을 다시 정의할 수밖에 없었다. 만약 먼 곳에서 온 이방인이 나의 가까운 이웃이 된다면, 그리고 내가 다른 곳에서 온 관습들을 받아들여야 한다면, 그래서 나는 누구인가? 세계화라는 움직임이 사회와 개인에 대해서 생각하게 만드는 잠재적인 질문은 이러한 것이다. 이러한 의문은 수없이 소리없는 위협으로 느껴진다. 타인이 우리의 공간을 침범하고 파괴하고 있다. 타인은 나에게서 나 자신과 나의 권리를 빼앗아간다. 이 위협이 격렬한 저항운동 속에서 백주 대낮에 폭발하지 않는 한 우리는 위기를 말한다. 즉,

도시의 폭력과 적대적인 집단 사이의 난투극과 같은 것들 말이다. 이러한 사실에 대해 우리는 경제적 측면을 넘어서, 이 폭력과 난투극들이 타인에 대한 거부이기도 하면서 인정에 대한 요구라고 설명한다.[1]

잠재적이든 혹은 명시적이든 이러한 의문은 타인과의 만남에 커다란 걸림돌이 된다. 그 의문은 가장 깊이 가장 사적인 곳에, 그리고 내가 나 자신을 보는 방법에 영향을 미친다. 동시에 그 의문은 나와 타인과의 관계 그리고 타인들이 나를 보는 방식을 지배한다. 나 자신에 대해서 말하는 것은 나의 정체성을 말하는 것이다. 이 정체성이라는 것은 나의 가장 소중한 보물이며 나를 다른 사람들 앞에서 확인시켜 주는 것이다. 여기서 인정이 작용한다. 동시에 여기가 가장 취약한 지점이다. 이러한 인정이 전혀 이루어져 있지 않고 두 가지 시각, 각자가 가진, 그리고 타인들이 자신에게 가지는 시각들이 계속해서 조우하고 있기 때문이다.

---

1) 각 상황은 특별하다 그리고 폭력이 나타나는 원인은 여러 가지가 있고 그 목적도 극히 다양하다. 하지만 우리가 일상에서 쓰는 말 중 '인정'이라는 단어의 빈도와 그리고 극히 다양한 상황에서 '인정받고자' 하는 끈질긴 요구에 주목해야 한다.

다른 대륙과 마찬가지로 유럽에서는 정체성을 주제로 대중적 토론이 있었다.[2] 민족정체성, 국가정체성, 직업적인 정체성은 대화·투쟁·분쟁의 대상이 되었다. 정체성의 인정에 대한 요구는 각종 연합과 사회운동이 일어나는 데 기여했다. 전문직업인으로서, 시민으로서, 이민으로서 프랑스인으로 인정받는 것, 혹은 흑인으로서, 무슬림으로서, 천주교도로서 인정받는 것은 일상적인 정보를 제공해 달라는 요청과도 같다. 여기에는 나의 정체성이 인정받고 용인되었을 때에서야 비로소 같이 살아갈 수 있다는 전제가 깔려 있다. 그리고 이미 알려진 위험 때문에 각자는 미리 정해진, 움직일 수 없는 정체성 속에 갇혀 있을 수 있다. 여기서 정체성이라는 주제의 모호함이 드러난다. 그러나 동시에 그것이 긴급히 서로 이야기해야 하고, 이해되어야 하는 문제라는 것도 알 수 있다. 이렇게 정체성의 인정은 의사소통을 명명하고 사용하는 언어와 불가분의 관계가 되었다.

인간이 전례 없이 인간성을 성취하려는 움직임 속에서 자신이 사회 속에서의 위치를 정하는 데 도움을 줄

---

2) 다음 책에서 그 예를 보라. Samuel P. Huntington, *op. cit.*

단어들을 찾는 것은 반드시 필요한 일이 되었다. 사람들은 경계를 만들고, 법과 전통을 정하고, 지구에서 집단의 정체성을 찾고, 유지하려고 많은 시간과 노력을 기울였다. 자, 세계화는 전례 없는 전복을 불러일으켰다. 타인에 의한 두려움과 위협, 그리고 보다 더 심각하게는 비순수와 전염 같은 것들이 횡행한다. 이와 같이 자기 자신과 타인의 어휘는 우리가 빠져 있는 세계화의 문제점을 드러내는 역할을 한다.

그러나 우리가 사용할 수 있는 대부분의 단어들은 사실은 시대에 뒤떨어진 단어들이고, 거의 매번 조롱거리로 여겨지기도 한다. 인간 집단들을 명명하고, 그 집단들이 서로 맺고 있는 관계를 규정하는 방식은 우리가 최초의 세계화라고 부른 것의 영향을 받았다. 우선 그 방식은 지구와 우리가 탐색하던 지구 전체에 사는 사람들에 대한 발견과 이해를 말하는 것이다. 위대한 발견, 보다 더 정확히는 마젤란의 여행을 통해, 사람들은 지구를 하나의 전체로서 인정할 수 있었고, 인간들이 동일한 인간성을 지니고 있다는 것을 어렵게 인정할 수 있었다.[3] 오늘

─────────────

[3] 몇몇 저자들은 세 종류의 세계화를 구분하고 있다. 첫 번째는 지역적인 구분이다. 이것은 16세기 대발견과 관련이 있다. 두 번째는 기술적인 구분이다. 이것은 19세

날의 문젯거리들은 표상들의 가장 깊은 곳에서 작동한다. 그리고 감정과 태도의 표상과 함께 언어행위의 한 단어로 그 문젯거리들은 나타난다. 예를 들어 '인종'과 같은 한 단어는 이 시대 살고 있는 인간들의 분포를 의미한다. 오늘날 인종이라는 단어를 거부한다고, 인종이라는 단어에 뿌리 깊게 자리 잡고 있는 폭력의 폭을 줄이기에는 충분치 않다. 마찬가지로 현대에 등장한 '혼혈'이라는 단어는 매우 부정적인 의미들을 암시하고 있다. 언어는 몸을 명명하면서 정체성들을 정리하고자 한다.

여백의 어휘

언어를 탐구해볼 필요가 있다. 첫 세계화에서 일어난 혼혈의 언어 말이다. 그리고 그것이 암시하고 있는 폭력과 언어가 증언하는 몸의 노예화를 이해할 필요가 있다. 우리 눈앞에서 벌어진 놀라운 전복을 더 잘 체감하기 위해서 말이다. 왜냐하면 오늘날 혼혈이라는 단어는 부정적인 의미에서 긍정적인 의미를 찾아 가고 있는 중이다.

기의 산업화와 관련한 세계화이다. 세 번째는 통신 기술의 발전과 관련한 세계화이다. (Thomas Friedman, *op. cit.* 참조.)

이 긍정적인 의미로 인해 세계화 시대의 새로운 정체성은 돋보이고 있다.

실제로 1980년대 중반까지 '혼혈아'와 '혼혈'이라는 단어들은 프랑스에서 거의 사용되지 않고 있었다. 이 단어들은 전문가들의 전유물이거나 오직 일반적으로 어떤 이국적인 결합이나 출생과 같은 비일상적인 상황들을 지시하기 위해서 특별한 경우에만 사용되었다. 그러나 이제 이 단어들은 거의 일상적으로 사용되고 있다. 정보를 전달하는 언어행위에서 예술·패션, 그리고 지금은 매일의 일상에서 이 단어들은 사용되고 있다. '혼혈의 문화'라는 표현은 끊임없이 연극에서, 영화에서, 무용에서 자주 사용되고 있다. 그리고 유색인종 사람들에 대한 요청은 광고계와도 관계가 있다. 대도시의 일부 지역들이 혼혈로 지적되기도 한다. 혼혈이라는 것은 보고 생각하는 관점이기도 하다. 혼혈은 어떤 가치로 나타난다. 그것은 새로운 자원을 가지고 있다. 요동치는 운명을 타고난 이 단어, 즉 혼혈아와 그 파생어들은 우리의 담론 속에 침범하고 있을 뿐만 아니라 지금 우리의 눈에는 그 의미의 새로운 변화를 경험하고 있다.

우리가 경험하고 있는 어휘의 변화가 의미하는 바는 무엇인가? 이제 새로운 단어가 있고, 단어를 새로운 방식으로 사용하고 있다. 감시인으로서 그 단어는 우리의 관심을 끌려고 노력한다. 그 단어는 우리를 주위에서 일어나고 있는 것, 그리고 우리가 아직도 계속 알고 있지 못하는 것을 깨우쳐주려고 한다. 그 단어는 그 일을 계속하고 있다. 마치 우리가 대화하는 풍경 속 어디에 자리를 잡으려고 하는 것처럼 말이다. 그 단어는 뒤에서는 잃어버린 세계를 일깨우고 있고, 앞에서는 약속된 유토피아와 같이 존재한다. 그리고 만약 의심의 여지가 없는 지금을 위한 자리가 있다면?

　이 단어는 어떤 사람에게는 향수로 가득 찬 과거의 단어이다. ('식민'의 시간들을 상기시키는 영화와 소설의 성공을 생각하는 것으로 충분할 것이다.) 혼혈이라는 단어는 초기에는 잃어버린 세계를 소환한다. 유럽은 세계를 식민지화하고 먼 곳에서 살고 있는 사람들이 서로 뒤섞여 있는 것을 발견하였다. 광채와 쾌락, 하지만 역시 파렴치한 놀이가 아무런 부끄러움도 없이 식민지 탐험의 폭력을 감추고 있었다. 식민문학은 혼혈을 매개로 삼았다. 혼혈은 사용하기에 충분히 가까이 있었고, 배반하기도 쉬웠다. 그리고 후회 없이 버리고 포기할 때는 충분히 거리를 둘 수 있었다. 이국적인 단어로는 그래서 지금까지 시간과 공간상으로 떨어져 있던 두 집단 간의 만남에서 발생하는 상황을 모호하게 파악할 수밖에 없다. 다른 곳 그리고 먼 곳의 단어로는 경우에 따라 이미 완성되어 견고한 유럽세계를 피상적으로 다룰 수밖에 없다.

이국적인 것이 경멸적인 것이 되는 데는 겨우 한 걸음이 필요할 뿐이다. 단어는 오랫동안 용의자였다. 그것은 계속 거기에 머무르고 있다. 누군가 혹은 무엇인가를 혼혈이라고 가리킨다는 것은 이미 대화 상대자에게 우리가 복잡한 상황에서, 어딘가 모호한 일에 대해 어떤 사람이나 우리가 전혀 확신할 수 없는 어떤 현실에 대해서 무엇인가 해야 한다는 것을 알리는 일이다. 우리가 일상적으로 쓰는 말을 잠깐 살펴보면 그것을 알 수 있다. 혼혈이라는 단어와 그 단어에서 파생된 단어들은 대부분의 시간 동안, 프랑스에서 경멸의 뜻을 내포하고 있다.

몇 년 전에 멕시코에서 미국으로 건너가면서 나는 멕시코계 미국인 사업가와 이야기를 나누었다. 나는 영어가 서툴렀지만, 대화 중에 그에게 물었다. "영어로 혼혈

아를 어떻게 말하나요?" 그는 나를 어리둥절하게 쳐다보았다. 나는 그가 파랗게 질리는 것을 보았다. 그리고 결국 그는 아연실색했다. 그는 다음과 같이 대답했다. "영어에는 그런 말이 없습니다." 사실 연이어 그가 열거한 모든 단어들은 경멸의 뜻을 품고 있는 단어들이었다. half-breed(미국인과 원주민 사이에 태어난(금기어, 모욕적)), hybrid(잡종의), mixed-blood(혼혈인, 튀기), 혹은 half-caste(튀기), bastard(사생아) 등이 그것들이다. 결국 그는 다음과 같은 결론을 내렸다. "나는 내 직장에서나 아이들과 함께 하는 일상에서 쓰는 말에 나의 정체성의 현실을 말하지 못합니다." 영어에는 남쪽의 이웃, 즉 멕시코 사람들에게 자긍심을 갖게 해줄 수 있는 것을 가리키는 말이 없다. 남쪽에서 혼혈이라는 단어는 자긍심을 함의하고 있다. 북쪽에서 혼혈의 현실은 불신과 폭력을 부추길 뿐이다. 멕시코계 미국인들은, 그리고 그들과 함께 유색인으로 일컬어지는 모든 사람들은, 아무리 노력해도 지배 사상과 언어로 인해 가장자리로 밀려나게 된다.

계속 조사해 볼 가치가 있다. 이 조사는 특히 영어와 독일어로 된 문학과 사전에 대해서 연구하는 한 언어학자가 주요한 언어들을 대상으로 수행한 것이다. 이 언어학자는 혼혈의 상황에 대한 단어의 암시적인 의미들과 지시들을 수집하려고 노력했다.[4] 그 결과는 명확히 설명해주는 바가 있었다. 독일어에서는 영어에서처럼, 인간의 혼혈 현실에 대한 특별한 단어가 존재하지 않았다. 그리고 혼혈이라는 단어를 표현하기 위해 일상적으로 사용되는 단어들은 동물이나 사물에 대해 쓰는 말들에서 빌려온 것이었고, 항상 부정적인 암시를 담고 있었다. 또한 독일어에서 der Mischling(잡종), 혹은 형용사 vermischt(혼합된), mischblütig(혼혈인, 튀기), 그리고 또 Blendling(사생아)과 같은 단어는 "불신, 평가절하 등의 표시이다. 이때 여기에는 병적 요인에 대한 용어들에 속하는 상관항들이 따라 붙는다."[5] 전통들은 이런 상태를 강화한다. 이 언어들에서 모두 특별한 단어는 없다. 그리고 단어들은 사용될 때 평가절하된 의미를 가지고 있다. 아마도 이 두 언어 모두에서 원래 단어 자체의 전사(轉寫)가 일어난 것 같다. 예를 들어 독일어 Des Mestizo와 영어의 Mestizo가 그렇다. 그러나 최근까지도 이 단어는 제한적으로 쓰인다. 이 단어는 라틴아메리카 국가에서 나타나

---

4) Patricia Schutz, *Dire le métissage*, mémoire de maîtrise présenté à la faculté de Lettres, Metz, 1995.

5) *Idem.*, p. 10.

는 것과 같이 풍부한 뜻을 결코 이 두 국가에서는 가지지 못한다.

단어의 경멸적 성격은 오늘날 시작된 것은 아니다. 이 단어는 중세에 나타났다. 라틴어 '섞인 인종에서 태어난'이라는 뜻의 Mixticius에서 유래한 이 단어는 혼합·뒤섞임이라는 뜻의 mixtus에서 파생된 것이다. 이 단어는 처음에는 사물을 지칭하는 데 사용되었다. 예를 들어 합금과 같은 금속에, 혹은 혼합 포도주, 제과점의 진열대에서 발견할 수 있는 밀과 호밀이 섞인 빵 등의 음식에 사용되었다. 직물 역시 그것이 서로 아마(亞麻)와 면과 같이 두 가지 유형의 서로 다른 섬유로 만들어졌을 때 그것을 혼종(합성)이라고 불렀다. 혼종이라는 단어는, 즉 혼합을 가리킨다. 이것은 단일하고 순수하지 못한 것이다. 그리고 그 혼합이 평가받는다고 해도, 예를 들어 집안일을 하는데, 합성섬유가 더욱 강하고, 사람들이 그 섬유를 사용하고 싶어 해도, 그 단어는 초기에는 경멸적인 뜻을 지닌다. 어느 정도 그 어원에 그 단어의 경멸적인 특성이 포함되어 있다.

직조에서 사육으로 넘어가면, 이 단어는 식물이나 동

물의 교배를 가리킨다. 이 교배의 목적은 농산물과 축산물의 질을 개선하는 데 있다. 고전적인 예는 말과 당나귀의 교배종인 노새를 들 수 있다. 이 단어로부터 우리는 나중에 'mulato' 혹은 'mulâtre'와 같은 단어들을 발견하게 될 것이다. 이 단어들은 사람들에게 사용될 때는 흑인과 백인 사이에서 태어난 아이를 가리킨다. 대부분의 사전들은 이 단어의 식물 혹은 동물적 용법을 보여주는 데 머무르고 있다. 그리고 우리는 판본에 따라서 단어의 뜻이 확장되는 자취를 따라가 볼 수 있다. 1877년 발간된 리트레(Littré) 사전은 오직 '혼종'과 '혼종된'이라는 단어들에 대해 동물(양들)과 식물들에 관계되어 있는 참고자료들만 보여주고 있다. 1880년 발간된 라루스(Larousse) 사전에서도 이는 마찬가지이다.[6]

하지만 12세기부터 같은 리트레 사전도 사회적인 용법을 참고한다. 이 단어는 천민이나 신분이 낮은 사람들의 결혼을 가리킨다. métif, métive 등의 다양한 형태로 나타

---

6) 여기서 제시된 증거들은 사전의 혼종이라는 항목에서 가져온 것이다. 다음과 같은 사전들을 참조하시오. Emile Littré, *Dictionnaire de langue française*, paris, 1863~1876. Pierre Larousse, *Grand Dictionnaire universel du XIXe siècle*, Paris, 1866~1876; Alain Ray, *Dictionnaire historique de la langue française*, Paris, Le Robert, 1992.

나는 '혼혈의'라는 형용사는 인종이 섞인 사람들에게도 사용될 것이다. '혼혈 프랑스인(méstifz français), 드미 부르귀뇽(demi-Bourguinons)'과 같은 단어들은 사회에서 소외된 사람들을 가리키고, '혼혈 계급(une classe métive), 귀족과는 무관한(étragère à la noblesse)'(미라보, Mirabeau)과 같은 단어들은 완전히 시민이 아닌 사람들에게 사용된다. "우리는 일부분만 시민인 사람들을 사생아(nothos) 혹은 혼혈(mestif)이라고 부른다."(보뎅, Bodin) 그리고 이 단어는 물론 16세기부터는 대발견의 시대에 갖게 된 의미로 스페인인과 인디언들 사이에서 태어난 사람들을 가리킨다. 몽테뉴(Montaigne), 볼테르(Voltaire), 뷔퐁(Buffon), 고전문학은 이 단어를 그와 같은 의미로 사용한다. 그러나 주목할 것은 사람들이 사회에서 사용할 때는, 동물을 가리키는 그 첫 번째 의미와는 그리 멀지 않았고, 경멸의 뜻도 여전히 가지고 있었다. "어떤 지역에는 우리와 거의 닮지 않은 인간의 유형들이 있다. 그리고 인간과 야만인 사이에서 혼혈이고 모호한 사람들이 있다."(샤론, Charron)

따라서 이 단어는 오랫동안 중심 밖에 격리되어 있었다. 왜냐하면 그 단어 자체가 중심에서 벗어난 것으로 여겨지는 경험을 가리키기 때문이다. 경험상 이 단어는 대부분, 동물의 세계에 사용되었고, 혹은 인간에게 사용되었을 때 모호함, 혼혈, 순수하지 못함을 가리킨다. 파트리시아 슛츠(Patricia Schutz)가 보여준 바와 같이 이 단어는 사생(잡종, 가짜)과 함께 쓰인다. 즉, 비합법성(혹은 사생)과 같이 사용되는 것이다. 혼혈아는 합법적으로 태어난 사람이 아니다. 이는 비합법적인 것이며, 그 사람은 여기에 있어서는 안 될 사람이다. 그래서 그 단어는 다른 곳, 즉 인간의 경계 밖에서, 인간보다 하등한 존재의 밖에서, 동물의 영역 혹은 멀리 떨어진 신대륙에서 일어나는 일을 가리킨다. 이 문제의 단어는 이해할 수 없는 성격을 가지고 있고, 그 단어가 가리키고 있는 현실을 보면, 매력적이면서도 위험하다.

오늘날 다시 나타난 이 단어는 공포와 매력을 동시에 느끼게 한다. 요약하면 별로 사용되지 않고, 일상의 대화 속에서는 금지된 이 단어로 인해 우리는 이렇게 경계하고 있다. 다시 말해 혼혈에 관계된다는 것은 품위 있는 사람들 사이에서 우리가 한 쪽으로 버려둔 이러한 일들이 일어나는 위험한 구역, 의심스러운 분야에 접근하는 것이다.

색깔의 등급

혼혈이라는 단어가 널리 확산된 것은 16세기 포르투갈의 식민지 개척의 결과였다. 브라질에서는 **mestiço**, 그리고 스페인에서는 **metizo**라고 불리던 것들이 바로 그것이다. 이 단어는 개개인뿐만 아니라 집단 전체에도 적용되었다. 코르테스(Cortès)가 소수의 사람들로 멕시코 제국을 점령했을 때 많은 사상자가 발생했다. 이것은 단지 격렬했던 전쟁 때문만은 아니었다. 유럽인들이 가지고 온 새로운 병들도 주요한 원인 중의 하나였다. 이 많은 사상자들은 인디언 인구의 종말까지도 가져올 수 있는 위협이었다. 코르테스는 신중한 정치가였고, 이 문제에 세심하지는 않았지만, 관심을 가지고 있었다. 그는 인구와 관련한 재앙을 막기 위한 방법만 찾고 있었다. 급속한 혼혈은 이후 라틴아메리카가 되는 새로운 스페인 식민지를 만드는 수단이 되었다. 강제 노역과 조직적으로 자행된 강간으로 고통 속에서 새로운 인구가 탄생했다. 멕시코에 있는 '제3문화 광장(Plaza de las Tres Culturas)'에는 그 사실을 기억하며 다음과 같이 새겨져 있다. "여기 1521년 8월 13일, 쿠오테모크(Cuauhtémoc)에 의해 영웅적으로 지켜졌던 멕시코 트라텔로코(Mexico Tlatelolco), 에르낭 코르테스의 권력 아래 복속되었다. 이것은 승리도 아니고 패배도 아니다. 다만 오늘날 멕시코 혼혈의 고통스러운 시작이다." 그때부터 더 이상 이국적인 것은 문제가 되지 않았다. 이제 펼쳐질 인류 역사의 장면이 가장 참혹했고, 어두웠다는 것은 말할 것도 없다. 반면에 가장 웅장한 일일 수도 있다. 왜냐하면 한 종족 전체가 자신의 기원과 정체성의 원천을 인정하기 때문이다. 멕시코는 자신을 혼혈이라고 단정 지으며 스스로 그것을 원하기도 한다.

동시에 사회의 근본적인 모순이 발생한다. 옥타비오 파즈(Octavio Paz)는 다음과 같이 쓰고 있다.

크레올(식민지 태생의 사람들)의 모호함은 혼혈에서 배가 된다. 그들은 크레올도 아니고 인디언도 아니었다. 그들은 크레올과 인디언, 두 그룹으로부터 모두 거부당했다. 그래서 그들은 사회구조와 도덕적 질서에 자신의 자리를 가지지 못했다. 혼혈은 당시 전통적인 두 가지 정서, 즉 영예라는 정서를 바탕으로 하는 스페인인, 가족 정서를 바탕으로 하는 인디언들과 비교하자면 상대적으로 사생(私生)과 같은 이미지였다.[7]

'사생'이며 '도덕 질서에서 벗어난' 혼혈은 열등한 사람들이었다. 새로운 질서가 자리 잡기 시작했다. 그 안에서 혼혈은 극단적이고 무질서하고 부패한 무질서였다. 그래서 혼혈을 정리하고 어떤 사람이 혼혈인지, 그리고 그 혼혈의 표식을 가지고 있는지, 즉 '더럽혀'졌는지 밝혀야만 했다. 여기서 신체적인 외모에 따라서 사회적인 배제가 이루어졌다. 혼혈은 원래부터 낙인찍혀 있었으며, 속일 수 없는 표식을 그들의 몸 위에 착용했다. 혼혈의 인생 전체에 그런 정체성에 대한 정의가 그를 따라다녔다. 그 정체성의 정의는 사회 속에서 혼혈의 위치를 규정했고, 혼혈이 다른 사람들과 가지는 관계들을 설정했다. 따라서 혼혈은 치욕스러운 혹은 자랑스러운 운명에 처하게 되는 것이다. 이것이 동시에 가능할 수 있는 것은 옥타비오 파즈가 강조한 것과 같이 혼혈, 배제당한 자, 위험한 사람은 미래를 지탱하는 사람이기 때문이다.

새로운 스페인 인구를 구성하는 모든 그룹들 중에서, 혼혈은 실재하는 그 사회를 표상하는 유일한 사람들이었다.

---

7) Octavio Paz, *Sor Juana Iñes de la Cruz, ou les pièges de la foi*, Paris, Gallimard, 1982, p. 53.

다시 말해 진정한 그 땅의 자손이었던 것이다. 그들은 새로운 영토에 정착하고자 하는 크레올이나 유럽인들과는 달랐나. 그들은 더 이상 인디언처럼 스페인 이전의 모습과 과거를 주어진 현실과 혼돈하지 않았다. 그들은 새로운 스페인의 진정한 새로운 존재였다. 아울러 그들은 새로운 스페인을 새롭게 만들었을 뿐만 아니라 다른 것으로 만들었다.[8]

단계는 그 반대로 진행되었다. 색깔은 더 이상 문제가 되지 않았다. 색깔은 긍지의 이유가 되었다. 사회질서는 우주적인 질서 속에서 포괄되었고 정화되었다. 혼혈은 그 안에서 특권적인 위치, 육지와 더욱 가깝고, 자연과도 교류할 수 있는 특권을 가진 위치를 요구할 수 있었다. 그래서 혼혈이라는 단어는 다른 규모를 가지게 되었다. 혼혈은 폭력과 삶을 함께 품은 단어이다. 다시 말해 인간은 극한에까지 내몰렸다. 그 극한은 피할 수 없는 잔인함 속에서 생명력을 주기도 하고, 파괴적이기도 한 능력을 보여주는 과정에서 드러난다. 멕시코는 그 나라의 시인들, 작가들, 정치 지도자들을 통해서 이 사실에 대해 계속 다시 이야기한다. 멕시코는 세상 앞에서 지금의 자신을

---

8) Octavio Paz, *op. cit.*, p. 54.

있게 한 상처가 열매를 맺었고, 그 열매는 인간의 열매이며, 즉, 혼혈이라는 열매라는 것, 그리고 그것은 결코 최종적으로 고착된 사실이 아니라는 것을 증명하고 있다.

어느 날 내가 유서 깊은 가문의 저택을 방문했을 때, 그 가문의 가장이 벽에 나란히 걸려 있는 자기 조상들의 초상화를 내게 보여주었다. 나는 그 계보가 식민지 초기 총독들에게까지 거슬러 올라가겠지 하고 생각했다. 그리고 그 가장은 덧붙여 말했다. "우리 가문은 그 안에 이 나라의 역사를 요약하고 있습니다." 나를 동행하던 그 사람은 나에게 귓속말을 했다. "그렇죠, 모든 역사, 인디언의 역사를 제외하고요." 그는 자신이 혼혈이라는 사실을 자랑스러워하는 사람이었다. 그는 갑자기 혼혈사회 내부를 가로지르는 미묘한 구분선이 있다는 사실을 알려주었다. 혼혈사회는 통일된 것이 아니었다. 그 사회는 내부에 여러 차이들을 두고 있었다. 그 사회가 그은 구분선은 혼혈의 단계를 구분하고 고착시켰다. 그 단계를 구분하는 열쇠는 가상의 피의 비율에 의해서 정해졌다. 이 단계는 어떠한 혈통을 지녔는지, 백인의 혈통 혹은 인디언의 혈통 출신인지를 통해 정해진 것이다. 그 단계의 정도는 피부색 혹은 얼굴의 모습에 따라 정할 수 있을 것이다.

근대에도 유럽과 미 대륙, 16세기부터 식민지시대 내
내 색깔의 셈법은 이런 식으로 발전해 가고 있었다. 색깔
은 피의 혼합비율과 일치하는 것으로 여겨졌고, 그것이
바로 혼혈의 단계였다. 마그너스 뫼르너(Magnus Mörner)
는 그 단계의 목록을 작성했다. 그는 그 목록에서 단어들
이 정확히 말하고자 하는, 그리고 혼혈의 단계에서 각
단어가 의미하는 미묘한 뉘앙스를 분석한다.[9]

그래서 그 목록에서는 완전 혼혈(sang mêlés), 반 혼혈
(demis, métis), 4분의 1혼혈(quarts, quarterons), 8분의 1혼혈
(huitièmes, octavons)이 있다. 각 지방에서의 관용어들은 그
것에 대해서 설명하면서 폭발적으로 어휘들을 번식한다.
그러나 각 어휘들은 언어유희에 의해 매우 알려져 있는
것이며 생물학적 기원, 피부의 색깔, 그리고 사회적 위치
와 대응관계를 이룬다.

혼혈은 그래서 사람들의 분류방식이 된다. 그 사람들

---

9) Magnus Mörner, *Le métissage dans l'histoire de l'Amérique latine*, Paris,
Fayard, 1971(미국서적 번역). Hugo Tolentino, *Origines du préjugé racial
aux Amériques*, Paris, Robert Laffont, 1984(스페인 서적 번역).

사이의 권력관계를 규정하는 방식도 된다. 피부색은 권력을 제어하는 요소가 된다. 혼혈의 등급과 일치하는 어떤 분류가 설정되면, 그 중 어떤 것은 거대한 위협이 되기도 하고, 어떤 것은 거대한 권력이 되기도 한다. 자부심 혹은 무시를 통해 일상적인 관계에서 나타나는 두려움 혹은 마력, 즉 이미 내면화되어 있는 폭력, 혹은 안정된 권력이 해석될 것이다. 멕시코혁명 당시 혼혈의 권력 획득이라는 상황 전복은 신체에서와 같이 집단적 무의식에서 들어 있는 이 단계들을 강화하고 명백하게 해줄 뿐이다.

　미 대륙 정복으로 시작된 혼혈의 대중화는 유럽과 같이 미국사회를 시험대에 놓이게 하고, 타인에 대한 서로 다른 반응을 시험하고 있다. 역사는 이렇게 일련의 사건 속에서 그 역사를 지배하는 태도, 상징적인 도식들의 가치를 각인시킨 것이고 해석한 것이다. 그리고 역사 속에서 혼혈의 모험은 서구사회 건설의 기반이 되고, 서구사회가 다른 세계에 자기 입맛대로 적용한 금지, 복종 거부들을 드러내 보여준다. 왜냐하면 미움을 받으면서도 부러움을 받고, 인류의 모든 특권을 부여받은 백인이 그 단계의 가장 정상에 자리 잡고 있기 때문이다. 19세기 말, 라루스 대사전도 다음과 같이 지적하고 있다. "어떠한 것도 백인종에게 반론을 제기할 수 없고, 백인종보다 우월하지 않다."

여기서 다른 단어가 개입한다. 그것은 혼혈이라는 단어에 결부된 인종이라는 단어이다. 이 단어는 18세기부터 피부색과 권력의 단계에 정당성을 부여하는 단어로 출현하고 있다. 기이한 역사의 단어는 중세부터 부각되었고, 이 단어는 한 동일한 세대의 출신 집단, 즉 가계를 가리키기 위한 것이다. 16세기부터 이 단어는 두 가지 의미를 갖는다. 한편으로는 열광적인—이 단어는, 특히 귀족의 가계를 가리킨다—다른 한편으로는 동일하게 미심쩍은 사람들의 부류를 가리키는 단어로 사용되었다. 인종이라는 단어 자체는 긍정적인 것과 부정적인 것의 두 가지 목록에 해당한다. 예를 들어 인종이라는 단어는, 알다시피 멕시코에서 자부심을 함의한다. 즉, la raza는 민족을 가리킨다. 부폰과 그의 뒤를 따르던 사람들은 19세기에 인종을 피부색으로 명명하였는데, 이들은 서양적인 상상 속에서 생물학적인 것과 사회적인 것을 이후에도 지속적으로 연결하도록 만들었다. 의무교육 기간에, 우리가 앞서 언급했던 것처럼, 모든 유럽의 어린이들은 피부색의 단계에 대해 주입식교육을 받는다.

우리는 색깔·인종·권력 같은 연결되어 있는 단어들을 보고 있다. 이 방정식은 앞으로 유럽에 의해 식민지가 된 현대사회들의 조직에서 매우 중요한 것이 될 것이다. 그 이후로 민족들을 섞이게 하는 것, 혹은 반대로 그러한 결합을 금지하는 것은 권력의 도구, 즉 정확한 목적을 위해 사용된 도구가 된다. 인간의 욕망, 남성과 여성 사이의 끌림, 신체의 유희, 그리고 그 결실인 아이는 권력의 판단에 따라, 그리고 그 권력이 집단에게 강제하는 의지를 통해 제어되고, 높은 가치를 부여받기도 하고, 거부되기도 한다. 권력에게는 외국과의 관계, 그리고 민족들 혹은 넓은 의미에서의 인종들의 혼혈은 정치적 법칙, 제국이 가진 법칙의 대상이 된다.

멸시에서 인정까지

혼혈은 이 방정식에 따라 평가된다. 때로 혼혈은 우리가 방금 상기시켰던 부정적인 암시들을 달고 다닌다. 그이유는 이 단어를 사용할 때 폭력, 비관용, 거짓의 스펙

트럼을 갖고 있는 세계가 떠오르기 때문이다. 알다시피 근대 유럽인들에게 혼혈아의 탄생, 즉 혼혈 인구의 출현은 식민지를 갖게 된 결과였다. 그 식민지화는 두 가지 재앙, 즉 인디언문명의 파괴와 아프리카인들의 노예화에 의해서 16세기에 시작된 것이었다. 이 재앙들은 계속된 후폭풍을 나았고, 한편으로는 지금 우리 사회의 모습을 만들기도 하였다. 만약 이 두 재앙이 없었다면, 현대사회는 지금의 모습이 아닐 수 있고, 지구에 살고 있는 민족들은 자신이 가진 지금의 정체성을 가지고 있지 않을 수도 있으며, 현대국가들의 문화는 지금의 모습이 아닐 수도 있을 것이다. 심지어 잊혀지고, 거부된 이 두 재앙은 우리가 자랑스러워하는 것, 즉 근대의 모험에서 근원에 자리 잡고 있다. 마치 그것은 가장 아름다운 부분을 침식해 들어가는 은밀한 균열과도 같다.

혼혈과 관련된 단어들을 사용하는 것은 그 외관을 넘어서서 결점을 떠올리게 만든다. 그것은 타인들에 의해 지불된 대가 위에 자리 잡고 있는 우리의 장엄함을 암시하는 것이다. 그 이유는 이 단어가 현대 서양에서 불편한 감정만을 느끼게 만들기 때문이다. 그 단어를 사용하는 것으로 인해 담론과 조직의 명백함 속에서, 인간적인 허용치를 넘어선 뜻밖의 일과 부정확함이 갑자기 서로 뒤섞여 나타나고 불쑥 솟아오른다. 이 단어는 마치 잘못 도래한, 우리가 숨기고 싶어 할 수도 있는 아이와 같다. 그 단어는 바로 여기에 있다. 어떤 약으로도 치유될 수 없을 것만 같은 근대의 근원적인 상처와도 같다. 그리고 때로 역사 속에서 희생자들이 죄인이기를 바라는 이상한 논리에 의해서 우리가 혼혈이라고 명명한 사람들은 모호하게 그 잘못의 낙인이 찍힌 것처럼 여겨지고 있다. 그리고 이로부터 혼혈이라는 어휘에 의구심이 따라붙는다. 그리고 그 때문에 외부로 그 단어를 사용하는 사람들에게 혼혈의 자질은 매우 자주, 마치 조롱조로 모습을 드러낸다.

그러나 상황은 바뀌고 있다. 혼혈의 상황은 더 확대되고 있다. 이 상황은 점점 시민권을 획득하고 있다. 혼혈이라는 단어는 희망을 담아가고 있다. 이 단어들은 그 단어들로 자유와 새로운 발명품을 담고 있다. 그 단어들은 우리 사회에서 새로움을 가리키고 있다. 그 예술은 그러한 전복이 가장 처음 일어나는 분야들 중 하나이다. 혼혈의 문화, 혼혈의 음악, 혼혈의 영화와 축제, 이 긴 목록은 매일 새로움으로, 이 만남의 경험과 생명력으로 풍요로워지고 있다.

자, 이것이 전복이다. 배제와 차별의 단어들은 보편적인 단어가 되었다. 그리고 이 단어들과 함께 상황들, 경험들, 줄여서 말하면, 문화적인 요소들도 그렇게 되었다. 이 단어들은 매일 만들어지고 있다. 게다가 단어들, 언어들, 리듬들, 멜로디들도 그렇다. 또한 말하는 방식, 옷 입는 방식, 영화·소설들이 그렇다. 광고·패션·조각도 그러하다. 다양한 방식으로 모든 분야가 혼혈적인 것이 되고 있다. 예전의 피부색의 산술법은 이미 사라지고 없다. 이미 배분된 모든 것은 흐트러지고 있다. 외곽의 것은 중심축이 되었다. 혼혈의 단어들은 극단적으로 새로운 어떤 의미·감정·잠재력들을 담고 있다.

이런 것이 전복이다. 무시에서 인정으로 열광으로 바뀌는 것 말이다. 인종차별의 맥락에서 발생한 혼혈이라는 단어, 혼혈과 관계된 단어들은 인종차별주의를 근절하는 도구들이 되고 있다. 이 단어들은 배제와 불평등이라고 명명하면서 그 인종차별주의가 생성된 곳에서 인종차별주의를 공격하고 있다.

이러한 전복은 혼혈들의 인정으로 나타나고 있다. 혼혈들만이 오직 단어들의 의미와 그들이 함의 하는 것들을 변화시킬 수 있다.[10] 마틴 루터 킹(Martin Luther King)은 "검은 것은 아름답다"고 주창했다. 그들은 피부색의 단계를 지울 수 있고, 그것의 폐지를 선언할 수 있다. 시각을 바꾸는 것, 지금까지 조롱 받았던 단어들을 가치 있게 평가하는 일이 그것이다. 우리는 그 평가를 혼혈의 역습이라고 할 수 있을 것이다. 그 평가가 역할을 뒤바꾸고, 새로운 지배자와 피지배자를 만들기만 하면 되는 정치적 역습은 아니다. 보다 더 민감하고, 인간적으로 문화적인 변모, 다시 말해 이것은 상징의 단계로 이동하는 것이다. 한 세기에 재즈, 노예의 리듬이 단지 주류문화뿐만 아니라 전 세계의 창작력과 생명력의 척도가 된다. 이러한 전복에서 폭력이 있었음에도 불구하고, 또 폭력을 통해서 인류 공통의 인정이 부각된다. 엘리존도(Elizondo)의 말을 들어보자.

인류가 살아남아야 한다면, 문화적 차이를 다루는 새로운 방식이 필요하다. 이것이 오늘날의 혼혈이 기여하는 바이다.

---

10) 최근 아카데미 프랑세즈(Académie française)가 칭송한 가수 MC Solaar의 작품만 보아도 그렇다.

즉, 한 사람을 혼혈이라고 발표하는 것, 즉 극단적인 혼합이 문화적인 국적을 반드시 파괴하지는 않는다. 오히려 새로운 방식으로 문화적 국적을 구축하는 데 기여까지 할 수 있다는 것이다.[11]

혼혈이라는 단어는 그것에 연결된 단어들과 그것으로 새롭게 이해된 단어들을 만들어내었다. 이 단어는 다른 모든 것들보다 우리 사회의 다문화적 상황에서 문제가 되는 것을 지적하는 데 도움을 준다. 이 단어는 현재 진행되고 있는 절차들의 역동적인 측면에 관심을 유도하는 장점을 가지고 있다. 이 단어는 다양한 경로를 통해 어떻게 정체성들이 형성되고 있는지, 어떻게 다양성이 발생되는지, 그리고 그것을 위해서 어떤 대가를 치르고 있는지 보여준다. 그 단어는 오랫동안 무시당하고 버려졌던 것을 드러내 보여주는 데 중요한 역할을 한다. 움직이는 공간 속에서 그 단어를 참고했을 때는, 과거의 경험들과 현재의 창조 사이에서 지금의 다문화적인 것이 가지고 있는 중요한 관건들을 새롭게 조명할 수 있게 된다.

---

11) Virgil Elizondo, *op. cit.*, p. 147.

세계화와 함께 사람들이 자기 자신을 보는 시선은 변화에 매우 제한적이다. 우리 국가들 안에 '혼혈'이라는 단어의 확산은 변화의 징표이다. 이 징표는 확산이 초래한 변동과 두 측면을 드러내 보여준다. 첫 번째 측면은 포기해야만 하는 과거의 것이다. 그리고 그 측면과 함께 범주와 분배에 따라 사람들은 조직된다. 그러나 반대로 그 혼혈이라는 단어와 그것과 연결된 단어들은 긍정적인 방식으로 사용될 때마다 쇄신의 동력이 사회 속에 작용하고 있다는 것을 보여준다. 그 단어와 연관된 단어들은 미래의 전달자로 나타난다.

사람들을 차별하는 일은 위태롭다. 사람들은 금지된 것에 더 이상 복종하지 않는다. 장벽들은 무너진다. 경계는 흐려진다. 정치적인 경계도 그렇고, 사회적·문화적 경계도 그렇다. 혼혈이라는 단어가 나타날 때마다 그 단어는 금지를 넘어섰다는 것, 차별에 불복종한다는 것을 의미한다. 그 단어는 이전 시대에 사물들이 다르게 인지되었고, 다르게 조직되었다는 것을 이해할 수 있게 해준다. 사람들은 그들의 피부색과 출신지에 따라 차별되었고 범주화되었다. 행동들이 구별되면서 그것들을 해석하는데 어떠한 모호함도 없었다. 차별의 선은 분명했고,

각자는 누가 누구인지 알고 있었다. 세계화의 움직임은 이 선을 들끓게 만들었다. 사람들을 뒤섞고, 기존의 범주들을 흔들어 놓았다. 바로 이러한 상황에서 혼혈의 어휘는 마치 지금 진행되고 있는 동요로 나타난다. 이 단어는 한편으로는 지금 진행되고 있는 과정을 평가절하하기 위해 부정적인 방식으로 사용되기도 하고, 반대로 그것을 높이 평가하기 위해서 긍정적인 방식으로 사용되기도 한다. 그럼에도 불구하고 그 단어가 나타나는 모든 곳에서 우리는 변화가 진행되고 있다는 것을 확신할 수 있다.

동일한 단어가, 그것의 용법과 문맥에 따라 세계화에서 문제가 되는 것들 앞에서 사람들의 태도를 보여주고 지시해주는 역할을 한다. 세계화는 사실 더욱 근본적인 것에서 인류의 모험을 문제시한다. 세계화는 경제적으로, 혹은 기술적으로 규범화될 수 없다. 이러한 분야에서 장벽을 없애는 일은 반드시 다른 분야, 즉 개인과 사회의 정체성 속에서 사람들과 관련된 모든 것에서도 장벽을 없애는 일로 이어진다. 그러나 몇 세기 전부터 정체성을 구성한 것, 정확히 차별과 금지들을 대가로, 사람들에게 존재를 마주할 수 있도록 해주었던 유산들과 전통들은 무엇이 된 것인가? 실제로 문제는 극단적이고, 혼혈은 지표로서 가까이서 보는 편이 낫다. 혹은 혼혈의 번쩍거림은 단지 반사광일 뿐이고, 표면적인 광채일 뿐이다. 여기에는 별로 관심을 둘 필요도 없다.

그러나 정확히 말하면 지난 몇 년간 혼혈이라는 주제의 대대적인 출현은 단지 존재의 즉각적인 측면에서뿐만 아니라 과학과 문학 분야에도 깊숙이 관여하고 있다. 새로운 언어, 지금 계속되고 있는 세계화의 지표가 그것을 보여준다. 혼혈의 어휘는 그 세계화 속에서 정당성과 그 어휘에 관심을 갖게 할 수밖에 없게 하는 힘을 찾는다.

제4장 대변동

사실 혼혈은 인간이 수행한 오랜 탐험의 시기와 관련이 있다. 혼혈은 현재 상황에서 그 자체보다 폭넓은 관점과 문제점들을 상기시킨다. 지금의 상황을 넘어서 혼혈은 그것에 앞서는 기제들과 그것의 기반이 되는 역동성들을 가리킨다. 그 역동성과 기제들은 혼혈을 통해 인류를 구축했던 거대한 방향들이 수렴하는 지점을 만들었다. 그것들은 인류가 신체의 유희에 의해서 생성되었다는 것, 인류의 생존이 끊임없이 바뀌는 배제되는 사항들을 극복하는 것과 관련이 있고, 사람들을 자극하는 욕망은 미래에 대해 경계가 없다는 것을 상기시킨다. 혼혈을 상기시키는 것은 어떤 측면에서는 현재의 상황의 주변을 확대하는 일이다. 현재 상황들의 근저에 있는 것과 같이 지배자들은 유구한 흐름을 피해 갔고, 그 유구한 흐름들이 함의하고 있는 것들은 우리가 지금 이해하고 있는 것을 벗어난 것이다. 아마도 이런 기제들을 모호하게 인지하는 일 혹은 그 기제들이 함의하고 있는 문제점들을 두려워하는 일은 몇몇 논쟁들을 더욱 첨예하게 만든다. 수백 번도 더한 경험이다. 청중에게 혼혈이라는 단어를 풀어놓아라. 그 즉시 격렬한 거부에서부터 당황한 놀람과 열광적인 관심에 이르는 반응들이 분출할 것이다. 각자는 혼란스럽게 혼혈에 대한 입장을 정리하면서, 그가 택한 인류의 길을 인지한다. 그는 그 길을 따라 변동에 참여한다. 그 변동에서는 차별이 극복되고 장벽이 무너진다. 그 변동에서는 역설적으로 혼합과 정체성이 서로 대립하는 것이 아니라 서로를 북돋아준다. 우리가 세계화라고 부르는 것은 마지막 단계일 뿐이다. 그것은 우리의 것이며, 우리가 지금 현재 겪고 있고, 우리가 주역인 그런 세계화이다.

인류학자들과 생물학자들의 작업은 사물들의 현 상태에 앞선 단계들을 조각별로 재구성한다. 반면에 오직 시인들이 알 수 없는 미래의 흔적들을 그리는 데 적합하다. 이들의 관계처럼 과학자와 선지자들에게 혼혈은 마치 인류의 미래를 구성하는 자료로 나타나고 있다.

피할 수 없는 다양성

어떻게 인류는 오늘날 인류가 처해 있는 지점, 즉 외모를 보면 지나치게 다양한, 동시에 공동의 소속을 가진 그런 지점에 도달했는가? '인간화'라는 용어하에 인류학자들과 생물학자들은 인류가 진화 중에 탄생하는 과정들을 밝힌다.[1] 여기서 불러들여야 하는 것은 다윈으로부터 지금에 이르기까지 발견한 사실을 축적해 온 새로운 질문을 제기하는 생명과학 전체의 역사이다. 자끄 뤼피에(Jacques Ruffié)는 그의 책 『생물학에서 문화까지(De la biologie à la culture)』[2]에서 지금의 자료들에 도달한 생물학의 연구 과정을 일별한다. 그가 그린 거대한 모습은 인류의 생성을 견인한 진화라는 복잡한 현상의 다양한

---

1) Henry de Lumley, *L'Homme premier*, Paris, Odile Jacob, 1998. 저자에게 있어서 "지금의 인간 집단의 인류학적 성격은 중석기 시대, 혹은 약 만 년 전에 고착된 것이다."(p. 192)

2) Jacques Ruffié, *De la biologie à la culture*, Paris, Flammarion, 1976.

측면을 밝히고 있다. 그러나 그 과정에서 결정적인 지점이 있다. 그것은 인간의 다양성에 대한 연구를 완벽히 혁신한 유전자 분석방법의 출현이다.

부로카(Broca) 이래로, 바로 인종의 개념에 전통적 인류학이 근거하고 있다. 유전자 조작에서 혈액 요인을 발견하면서 유전자 분석방식을 인간에 적용할 수 있었다. 그 결과들은 분명히 인간에게서 인종이 존재하지 않는다는 것을 분명히 보여준다.[3]

전통적인 인류학은 사실, 나치 독일로부터 자칭 '과학적인' 인종차별주의에 이르기까지 인종으로 인간을 분류하는 핵심 범주로 삼았다. 인간의 다양성은 독자적인 시각이었던 다양한 인종에 일치하는 것이었다. 그 인종들은 형태논리적인 성격에 의해 파악될 수 있었던 것으로 환경과 교육에 의해 별로 변화되지 않는 내재적인 전체들, 즉 형태논리적인 성격, 심리적인 태도, 도덕적인 경향들이 서로 일치하는 전체들을 구성한다.[4] 거의 자

---

3) Jacques Ruffié, *op. cit.*, p. 375.
4) Jacques Ruffié, *op. cit.*, p. 443.

동적으로 인종의 계층, 그것에 따르는 생물학에 근거한 불평등에 대한 생각이 따라다닌다. 혼혈은 그때부터 퇴화로 생각될 수밖에 없었다.

지난 반세기 간의 연구들은 그런 시각들을 정당화했다. 그 연구들은 자칭 인종들의 차이에 기반을 둔 인간의 차이에 대한 주장에 정지해 있다. 종족의 단계는 존재하지 않으며, 그로부터 인간들의 생물학적 구성 위에 자연적으로 구성된 종족 사이의 차이는 존재하지 않는다. 인간의 피는 모두에게 어디서든 동일하다. 그것이 무엇이든 어떤 차이나 계층을 주장하기 위한 피의 순수성을 주장하는 일은 불가능하다. 모든 인간들은 한 가족에 속한다. 그래서 종족의 개념은 인간의 다양성에 질서를 부여하기에 적절한 개념이 아니다. 어떤 사람들이 분류들 속에서 인종에 어떤 관심을 갖자고 주장한다고 해도 생물학적인 한정이 어렵고, 인류의 진화를 이해하는데 인종의 개념은 혼란스럽고 유용하지 못하다. 자끄 뤼피에는 '탈종족화' 개념을 사용하였다.

탈종족화는 거역할 수 없는 현상이 되었다. 정치적으로 매우 오랫동안 인간은 단 한 유형이 되고자 했다. 기본적인 집단들을 분류하는 경계가 점점 더 모호해지고 있는 백인·황인·흑인 사이의 차이 혹은 보다 미묘한 차이는 단지 과거의 후유증을 보여줄 뿐이다. 아마 나폴레옹 때 이래로 인종을 다양화하려는 움직임은 바뀌고 있다. 단일화의 힘은 차별화의 힘을 이기고 있다.5)

게다가 인종의 개념은 그것을 통해 이데올로기적인 함의들을 흡수한다. 깊숙한 곳에서 항상 타인들보다, 다른 집단들보다 우월하다는 생각이 명백히 나타난다. 형태논리적인 성격들과 문화적인 성격을 일치시킬 때의 계속된 불명확함은 그것을 선천적인 것이라고 여기기 때문이다. 현대 인류학은 반세기 전부터 근본적으로 이전의 시각을 바꾸고 있으며 사람들에게 차이를 두는 것이 문화적인 것이지 인종적인 것이 아니라는 것을 보여주었다. 인류학은 "인종의 개념을 산산조각 내었다".6)

인간의 다양성을 파악하는 일은 끝없이 보다 세심하게 다듬어지는 완전히 다른 길들을 통해서만 가능하다. 이

---

5) Jacques Ruffié, *op. cit.*, p. 413.
6) Jacques Ruffié, *op. cit.*, p. 406.

이 길들은, 다양한 단계에서 발생하고, 소위 종족집단들의 자기 맘대로 설정한 경계들을 가로지르는 차이들을 공통된 생물학적 자료 안에서 강조한다. 이와 더불어 인간의 다양성은 문화에 대한 일에 속한다. 왜냐하면 인간은 자신의 활동과 지식에 의해서 자신만의 미래를 만들기 때문이다. 서로 공유하는 선은 유전적으로 서로 다를 것 같고 인간의 다양성으로 해석할 수 있는 구분된 인종들 사이에 있는 것이 아니다. 그 선은 계속 다양화되는 문화적 선택들 사이를 지나간다. 이 선택들은 공통의 생물학적 자료를 받아들이는 방식이며, 그로부터 인간이 할 수 있는 일들을 만드는 방식이다. 혼혈은 그래서 인류를 통일하는 동시에 다양화하는 기제로 나타난다.

우리를 둘러싼 거의 모든 사람들이 다양한 교류를 거친 결과이다. 우리는 모두 누군가의 혼혈이다. 이러한 움직임은 계속 빨라질 뿐이어서 역사 흐름에서 근대에는 겨우 상상해볼 만한 규모였다.[7]

근대의 삶은 사실 이 현상을 더 빠르게 진행시킬 뿐이

---

7) Jacques Ruffié, *op. cit.*, p. 414.

었다. "근대의 삶 때문에, 인류는 점점 더 동일화되어 갔다. 왜냐하면 혼혈이 끊임없이 증가했기 때문이다. 혼혈은 근본적으로 살아있는 자의 의도와 일치한다."[8] 인류는 일반화된 '카페오레화(caféaulaitisation)'의 방향으로 나아가고 있다. 이 말은 불분명함도 아니고 획일화도 아니다. 이 말은 차이를 자리 잡게 하고 다양성을 구축한다. 그것은 인종의 신화상에서 벌어졌던 일과는 다르다. 이렇게 인종이라는 단어에는 어떠한 생물학적 의미도 존재하지 않게 되었다. 순수하다고 가정된 종족들 사이가 아니라, 오히려 다양한 인간집단 사이의 혼합과 혼혈은 높게 평가 받는다.

따라서 우리는 여기서 생물학자들의 관점에서 이중의 이동을 보게 된다. 우선 순수한 종족에 대한 개념에서부터 끊임없는 다양화의 과정을 따르는 다양한 집단의 개념에 이르는 이동이 그것이다. 혼혈은 이 과정을 가리킨다. 두 번째로 생물학 분야에서 문화 분야로의 이동이다. 문화적 혼혈은 바로 이러한 이동을 가리킨다. 혹은 나아가 이 두 분야 사이의 경계면을 나타낸다. 혼혈이라는

---

8) Jacques Ruffié, *op. cit.*, p. 375.

단어는 그래서 긍정적인 의미와 영향력을 가진다. 인종, 피부색, 소위 다른 집단에 대한 한 집단의 소위 본성적인 우월성이라는 명목하에 사람들 사이에 장벽을 세우는 일은 불가능하다. 뿐만 아니라 나아가 인간의 실재 생물학에 주목하면서 우리는 그 불가능성을 인간이 혼혈이라는 사실로 보게 된다. 다시 말해서 인간이 혼혈이라는 사실은 개인과 집단의 끊임없는 혼합의 과정, 그 과정은 생존의 조건이며 미래의 기회이다. 이러한 의미에서 생물학은 혼혈이라는 개념의 모호함과는 뚜렷이 대조된다. 생물학에 있어서 혼혈은 분명히 긍정적인 것이다.

반대로 뤼피에가 인정하는 것처럼, 혼혈이 사회와 인간의 문화에 제기한 상당한 문제를 해결한 것은 생물학이다. 혼혈은 폭력 속에서, 특히 근대의 인구의 이동과 노예무역으로 인해 가장 활발히 일어난다. 그러나 여기서 생물학자는 사회학자에게 주도권을 넘겨준다.

여기서도 인간집단의 다양성과 그 다양성이 성립된 방식을 잘 연구하고 있는 사회과학 전체를 소환해야 할 것 같다. 혼혈의 개념은 사회적 사고의 열쇠로 여겨진다는 것이 아니다. 이 개념은 특히 남미에서 특정 집단을 가리키기 위한 것으로 사용되지만, 분석적인 범주로 개입하지는 않는다.[9] 그 개념은 사회 이론에서 다듬어진 요소들이나, 그 요소들이 가지는 기제들을 밝히기 위한 조작적 개념들도 제시하지 않는다. 그 개념은 이론적인 개념이 아닌, 무언가를 떠올리게 하는 기술적(記述的) 단어이다. 어느 순간 문화학자들에 의해 사용된 이 단어는 빠르게 버려졌다. 그 이유는 그 단어가 문화의 너무 엄격한 비전을 참조하기 때문이며, 분석에 있어 지나치게 부정확하다는 사실을 드러냈기 때문이다.

그러나 혼혈은 사회학적 사고의 주변부에서 맴돌고 있다. 이 단어가 등장한 것은, 경우에 따라 분석적 범주들이 자세히 연구하려고 했던 사실을 하나의 포괄적인 단어로 지칭하기 위해 여러 연구자들이 사용하면서부터이다. 또한 민족학자들과 인류학자들이 이 단어를 사용했다. 주목할 것은, 예를 들어 로제 바스티드(Roger Bastide)는 '혼혈의 문화'를 '변환하고 있는 문화들'이라고 명

---

9) 혼혈의 개념에 높이 평가한 언어학자를 주목할 것. Bernard Hue (sous la dir.), *Le métissage du texte, Bretagne, Maghreb*, Québec, Rennes, PUF, 1995 참조.

명하고 있다는 것이다. 그는 서로 다른 별개의 집단들과 그들의 문화들이 어떻게 만나는지를 중요하게 생각했다. "우리의 연구대상은 복합사회, 다민족사회들뿐이다. 그리고 이 사회들이야말로 우리가 그들이 가진 다양한 형태의 사회성과 함께 분석돼야 한다."[10] 그는 "다른 두 문화의 만남을 발생시키는 것"[11]을 이해하려고 했다. 특히 좋아하는 지역, 브라질을 통해 그는 문제시되는 기제들을 이해하기 위한 개념들 전체를 구축한다. 북아메리카의 문화주의와 차별을 두면서 그는 점점 중합주의 (重合主義, syncrétisme)의 개념을 버린다. 이는 문명의 상호침투 개념으로 중합주의를 교체하기 위한 것이다. 그래서 문화변용(acculturation)[12]의 개념은 불분명하고 무질서한 혼합을 가리키는 것도 아니고, 한 문화의 요소들을 다른 문화가 단순히 차용하는 것을 말하는 것도 아니다. 그것은 새로운 전체의 생성과 관계된 것이다. 이 전체의 생성으로 두 세계 모두에서 사람들이 살 수 있고, 서로 조응을 이루면서 서로의 세계를 넘나들 수 있다.[13]

---

10) Roger Bastide, in *Encyclopoedia Universalis*, "Acculturation", article 1/104 참조.

11) Sous la direction de Philippe Laburthe-Tolra, *Roger Bastide ou le réjouissement de l'abîme*, Paris, L'Harmattan, 1994 참조.

12) Roger Bastide, *Encyclopœdia Universalis*, art. cité, 1/102-107.

그 결과는 혼동이 아니라 우리가 하나의 실재 혹은 다른 실재 전체에 참여함에 따라, 한 요소를 다른 요소로 대치해 가는 과정이다. 아프리카 출신의 브라질인의 행동은 "개인은 자신이 어떤 세계에 있느냐에 따라 변한다. 왜냐하면 그 개인은 두 세계 모두에 속해 있기 때문이다. 우리는 때로 흑인의 이중성을 통해서 흑인이 진실하다는 것을 알 수 있다. 만약 두 개의 지도에서 역할을 한다면, 그것은 확실히 두 개의 지도가 존재하는 것이다."[14] 이것을 바스티드는 '단절의 원리'라고 명명한다.

바스티드는 경계에 사로잡혀 스스로에게 묻는다. 브라질에서 그가 관찰한 것이 서로 다른 상황 속에서, 특히 유럽에도 적용될 수 있을 것인가? 그의 대답은 점점 더 긍정적인 것이 될 것이다. 그는 새로운 문명을 탄생시키는 문명의 만남은 계속 이어질 것이고, 현재의 세계는 문화변용의 상황들이 더욱 확대되고 있다는 것을 주

---

13) Denys Cuche, le concept de "principe de coupure et son évolution dans la pensée de Roger Bastide", in Laburthe-Tolra, *op. cit.*, p. 69 참조.

14) Maria Isaura Perera de Queiroz, Principe de participation et principe de coupure, Lacontribution de Roger Bastide à leur définition sociologique, *Archives de Sciences Sociales des Religions*, 47/1, Janvier-mais 1979, p. 152.

목할 것이다. 각각의 경우에 중요한 것은 이데올로기와 정치적 선택 혹은 경제적 선택이 개입하는 사회현상들을 전체적으로 이해하는 가운데 다양한 요소들을 위치시키는 것이다. "현대 인류학의 임무는, 문화적 접촉과 사회적 접촉 사이에, 문명들의 상호침투와 국가 전체들 속에서 민족들의 통합 사이에 이루어질 수 있는 다양한 유형의 변증법들을, 그 분야 안에서 파악하는 데 있다."[15]

하지만 그의 말에서 혼혈이라는 단어가 되풀이 되는 것은 혼혈이 문화변용 혹은 상호문화성과 같은 기술적인 개념들보다 의미심장하다는 증거이다. 이와 동일하게 혼혈이 다문화주의보다 더 함의하는 것이 많다는 것을 우리는 보았다. 사실 이 단어는 동일한 담화의 층위에 위치하고 있지 않다. 이 단어는 포괄적으로 남성과 여성의, 혹은 구체적 집단의 경험 혹은 경험들을 일깨운다. 그리고 이 단어가 일깨우는 것은 그 경험이 그들의 정체성과 그들이 '나'라고 말하는, 즉 '나는 누구인가(Qui suis-je)?'라는 질문에 대답하는 그들 나름의 방식에 직접 관련이 있다는 것이다. 바스티드가 말한 것처럼 "문화는 추상적

---

15) Roger Bastide, *Encyclopædia Universalis*, art. cité, 107/a.

관념일 뿐이다. 우리가 직접 접촉하는 것은 문화가 아니라 상호행위를 하는 개인들이다."16) 우리는 문화라고 불리는 대상들이 아니라 그들의 정체성을 찾고 있는 개인과 집단의 여정에 대해서 연구해야 한다.

그래서 분석 작업, 즉 생물학자·인류학자·사회학자들의 연구 작업과 혼혈의 여정들 사이에는 간극이 존재하는 것이다. 마치 분석적 담론 전체와 관계된 주체들이 그것에 대해 가지고 있는 느낌 사이에 간극이 있는 것처럼 말이다. 이 간극은 어떤 공간을 개방한다. 그 공간은 바로 세계와 자신을 변형시키는 작업의 공간이다. 생물학자들은 인종이라는 개념이 숙명이라는 사실을 거부한다. 그리고 그 학자들로 인해 우리는 모든 인간의 몸에 뿌리내린 것들을 자세히 볼 수 있다. 반면 바스티드와 그와 함께 하는 학자들 덕분에 우리는 인간집단이 많은 혼합을 겪고 있다는 것을 알 수 있다. 그들은 우리가 혼혈의 현주소라고 말한다. 혼혈은 문화변용이며 다문화주의이다. 혼혈은 몸에서 문화·정치·사회에서 작용한다. 그러나 혼혈은 동시에 한층 배가 되어 나타난다. 혼

---

16) Roger Bastide, *Encyclopœdia Universalis*, art. cité, 103/c.

혈은 정확히 말해 어떠한 분석 범주도 충분히 포착할 수 없는 것을 가리킨다. 자신의 고유한 차이 속에서 그 자체로 존재하려는 의지. 이 차이는 그 과정들을 주문하고, 다양한 집단의 역동성을 보장하며, 한 사회 안에서처럼 개인들에도 근본적인 것으로 나타난다. 합리성의 개념들과 존재의 경로 사이에 창의성이 풍부하고 유동적인 이 공간에서, 집단과 같이 개인의 새로움이 구축되고 교환의, 즉 혼혈의 움직임이 계속된다. 그 움직임의 방향이 어느 쪽인지 아무도 말할 수 없다. 시인을 제외하고는 아무도 말이다.

전체를 희구하다

시인들은 사실 오랫동안 모든 다른 지식보다 앞서 나갔다. 그들은 원래 직관적으로 인종들 사이에 경계들이 존재하지 않는다는 것을 알고 있다. 인간의 차이는 부를 가져다주고, 색깔은 격자 틀이 아니라 매우 찬란한 무지개 속에서 서로 섞이라고 있는 것이다. 우리는 인간집단의 혼합이라는 주제를 문학에서 추적할 수 있을 것이다. 인간이 글을 쓰기 시작하면서부터 외부인의 존재는 일순위의 주제였다. 왜냐하면 그것은 피할 수 없기 때문이다. 전사, 유혹하는 여인, 혹은 포로가 된 여인들이 바로 여기에 집단을 열광시키는 모든 담론들의 주변에 있다. 그들은 타자이며 다르다. 그 타자는 풍경의 일부분을 차지하고 있으며, 그것 없이는 자기 자신이 존재하거나 자기 자신을 말할 수 없다.

논쟁이 된 「Black Athena」라는 작품의 저자 마르틴 버널은 그리스문화, 그리고 결국 서양문화에서 혼혈의 기원이라는 주제를 극한까지 밀고 나간다.[17] 그의 말을 믿는다면, 모든 문명의 이상적인 것과 규준을 대표하는 헬레니즘의 사고를 창조한 것은 19세기 지식인들, 특히 게르만의 사상일 것이다. 그런데 저자에 따르면 이 모델은 실제 사실들이나 인구이동의 분석, 언어의 기원에 대한 연구에서는 계속 존속될 수 없다. 문화에 대한 '아리안 모델'이 변화한 우여곡절을 따라가 보면 그렇다. 그리스인들은 타민족들처럼 혼합의 결실이다. 그리고 지금도 계속해서 혼합되고 있다. 그들의 뿌리는 아시아와 아프리카에 있고, 특히 이집트의 경로를 따라 찾을 수 있다.

---

17) Martin Bernal, *Black Athena, Les racines afro-asiatiques de la civilisation classique*, Paris, PUF, 1996.

그것을 증명하는 일은 체계적인 것이어서, 그 증명은 피할 수 없는 의문에 제대로 답을 한다는 이점을 가지고 있다. 개인적으로나 집단적으로나 다양한 것들이 개입해서 만들어진 결실인 인간은 자신의 언어나 사고 속에서 자신의 기원이 혼합된 것이라는 사실을 왜 거부하고 싶어 할까? 실제로는 혼혈되어 있으면서 왜 그 단어들 속에 있는 그 존재에 대해서는 그렇게 망설일까? 그 단어들로 지금의 현실을 설명하는 것과 같은 인간의 어려움들은 인류에게 있어 이 결정적인 분야에서 발견되는 것이 아닌가. 그런데 서로에게 어떤 간극이 존재한다.

개념들과 담론들은 현실을 설명하기에는 항상 부족하다. 그래서 작업은 결코 끝나지 않는다. 각 시대는 자신의 차례가 오면 그 시대의 중요한 문제를 파악하기 위한 도구들을 만든다. 그리고 그 다음 시대는 그것들을 비판할 수 있다. 우리가 지금 처해 있는 단계, 즉 세계화의 단계에서, 차별적 분류로 인해 우리 세계가 통합되는 쪽으로 움직이고 있다는 사실을 설명할 수 없다는 것이 분명해진다. 우리가 지금 인종차별적인 그들의 근본이 얼마나 위험하고 부당했는지 알고 있는 전체주의 이데올로기의 배제 속에 스스로 갇혀 있는 것이 아니라면 말이다.

다른 범주를 찾아야 한다. 모든 분야에서의 '다양성', '만남', '차이', 그리고 '소통', '양자', '국가 사이의(inter-national)', '문화 간(inter-culturel)', '인간 사이(inter-humain)'와 같이 '상호(inter)'의 범주들이 개입하는 것은 부질없는 일이 아니다. 이 끊임없는 작업은 사고의 작업 자체이고, 이 작업은 오직 시인들만이 그 기간을 가늠할 수 있다. 모든 분석을 통찰하는 예언자들은 궁극의 이슈들을 밝혀낼 수 있다. 그들이 우리에게 혼혈 인류의 이미지를 마치 우리 세계의 진보를 위한 수고에 대한 궁극적인 기대처럼 제시하는 것은 놀라운 일이 아니다. 세제르(Césaire)와 셍고르(Senghor)와 함께하는 20세기는 혼혈이라는 단어를 짓누르고 있는 금기를 깨부수고, 흑인성과 피부색의 혼합을 노래하는 멜로디를 울려 퍼지게 한다. 이 작품 전체로부터 나오는 찬양을 울려 퍼지게 해야 한다. 우리는 몇몇 가사를 살펴보는 것으로 만족하자.

Je sais bien que le sang de mes frères rougira de nouveau l'Orient Jaune, sur les bords de l'Océan Pacifique que violent tempêtes et haines.

Je sais bien que ce sang est la libation printanière dont les Grands Publicains depuis septante années engraissent les terres d'Empire 18⋯.[18)]

또한,

New York! Je dis New York, laisse affluer le sang noir dans ton sang. Qu'il dérouille tes articulations d'acier comme une huile de vie. Qu'il donne à tes ponts la courbe des croupes et la souplesse des lianes.[19)]

또한,

Mon sang portugais s'est perdu dans la mer de ma négritude[20)]

다음과 같은 질문에,

---

18) "나는 내 형제의 피가 폭풍우와 증오가 몰아치는 태평양의 가장자리에서 또다시 황색 동방을 붉게 물들일 것이라는 것을 잘 알고 있다. 나는 이 피가 공화주의자들이 70년 전부터 제국의 땅을 살찌운 봄의 자유라는 것을 알고 있다." Léopold Sédar Senghor, "Prière de paix à Georges et Claude Pompidou", *Œuvre poétiques*, Paris, Le Seuil, 1990, p. 91.

19) Léopold Sédar Senghor, Saudades, *op. cit.*, p. 117. "뉴욕, 내가 말하는 뉴욕은 당신의 피 속에 검은 피가 흘러넘치게 한다. 그 피는 너의 강철 관절들을 인생의 기름처럼 풀어준다. 그것은 너의 옷의 주름에 엉덩이의 굴곡과 니트의 부드러움을 준다."

20) Léopold Sédar Senghor, Saudades, *op. cit.*, p. 166. "나의 포르투갈 피는 흑인성의 바다에서 길을 잃어버렸다."

당신은 왜 프랑스어로 글을 쓰는가?" 시인은 다음과 같이 대답한다. "왜냐하면 우리는 문화적 혼혈들이기 때문이다. 왜냐하면 만약 우리는 흑인으로 느끼지만, 우리는 프랑스어로 표현하기 때문이다. 프랑스어는 보편적 사명에 쓰이는 언어이다. 우리의 메시지는 프랑스의 프랑스인에게, 그리고 다른 사람들에게 전해진다. 왜냐하면 프랑스어는 친절과 정직의 언어이기 때문이다.[21]

이제부터가 문제다. 한없는 꿈의 크기, 대립의 폭력, 새로운 메시지를 전달하려고 하는 언어. 셍고르는 우리에게 오늘날 혼혈의 현실에서 단어들을 통해 이러한 것들을 열어주었다. 왜냐하면 그에게 '모든 위대한 문명은 혼혈의 문명'이었기 때문이다.

우리는 자신의 시대에 또한 스스로 시인이고자 했던 사상가와 함께 마치도록 하자. 미셸 세르(Michel Serres)는 끊임없이 혼혈의 개념을 다룬다. 그는 거기서 교육의 열쇠를 본다. 그래서 그는 『Le Tiers-instruit』에서 다음과 같이 언급하고 있다.

---

21) Léopold Sédar Senghor, *La poésie de l'Action, entretien avec Mohamed Aziza*, Paris, Stock, 1980, p. 61.

교육은 그러한 혼혈로 이루어져 있다. 외국의 것과 본래의 것, 자신의 아버지와 어머니의 유전자가 이미 뒤섞인, 아이는 새로운 교차를 통해서만 서서히 커나간다. 모든 교육은 한 아이를 다시 낳는 일이며, 다시 태어나게 하는 일이다. 왼손잡이로 태어난 아이는 오른손을 사용하는 법을 배운다. 왼손잡이로 있는 것과 오른손잡이로 다시 태어나는 것이 한 방향으로 합쳐진다. 가스코뉴 사람으로 태어나, 어쨌든 혼혈인 채, 프랑스 사람으로 머물고, 프랑스 사람이 된다. 프랑스인인 그는 여행을 하고, 자신을 스페인인이 되게 하고, 이탈리아인이 되게 하고, 영국인이 되게 하고, 독일인이 되게 한다. 만약 그가 결혼을 하고, 그들의 문화와 그들의 언어를 배운다면, 그 사람이야말로 4분의 1이 혼혈인, 8분의 1이 혼혈인, 뒤섞인 몸과 마음을 가진 사람이다. 그의 정신은 아를레캥(Arlequin)의 망토와 닮았다.[22]

뒤섞인 것, 교차, 방향들의 합치, 아를레캥의 망토, 혼혈이라는 단어는 한꺼번에 혼혈 전체를 표현한다. 다른 어떤 것이 혼혈을 대신할 수 없다. 왜냐하면 혼혈이라는 단어는 다른 단어 각각이 의미하는 것을 떠올리게 하기

---

22) Michel Serres, *Le Tiers-Instruit*, Paris, François Bourin-Julliard, 1991, pp. 86~87.

때문이다. 이 단어는 마치 그들이 가지는 의미들을 융합하는 장소와 같다. 그러나 그것은 더 많은 것을 이야기한다. 그것은 각각의 단어에 그들의 첫 번째 의미가 가지고 있지 않았던 의미를 부가적으로 더해준다. 혼혈은 혼합된 것 이상이다. 혼혈은 교차 이상의 것이다. 의미의 융합 이상이고, 아를레캥의 망토 그 이상의 것이다. 미셸 세르는 우리의 마음을 끌기 위해 단어들의 조각들을 보여주었다. 그 단어는 무엇과 함께 작용하고 일깨우며 정의를 내리는 것으로부터 보호받는다. 그래서 질문을 더욱 파고들어가 보면 다음과 같다. "그런데, 그래서 이 단어가 표현하는 것은 무엇인가?" 우리는 그것을 잡을 수 있는가, 멈출 수 있는가, 한 순간이라도 우리의 시선 앞에서 아를레캥의 원무를 느리게 할 수 있는가. 어렴풋이 그 단어가 가리키는 방향, 혼혈의 단어들, 그 단어들이 성급한 우리의 시각을 지적하고자 하는 것을 이해하기 위해서 말이다.

육체와 꿈 사이에서

실제로 이해할 수는 없다. 왜냐하면 상황에 따라 혼혈

이라는 단어는 그것은 의미와 영향력이 바뀌기 때문이다. 프랑수와 라플랑틴느(François Laplantine)와 알렉시 누스(Alexis Nouss)가 언급한 것과 같이 "혼혈이라는 것을 말할 수 없는 것…하지만 우리는 혼혈이 아닌 것을 자세히 설명하면서 혼혈에 다가서려고 노력하고 있다. 발화체(énoncé)도 아니고, 호출도 아니고, 실체도 아니고, 원칙도 아니다."[23] 이 모든 정의는 사실 근본적으로 유동적인 전체의 한 측면만을 이해할 위험도 있다. 예를 들어 바스티드는 '사회적인 인종들'과 혼혈의 관계를 강조한다. 그는 다음과 같은 방식으로 혼혈의 범주를 명확히 나타낸다. "혼혈이라는 것, 다른 피부색의 조상들을 가진 사람은 사회에 의해서 그렇게 불리는 것으로 정의되고, 그로부터 특별한 위상을 부여받는다."[24] 이 '정의'는 어떤 상황에서는 적절하다. 그러나 이 논문은 미국에서는, 흑인 조상이 있다는 사실로 사람들을 흑인의 혼혈로 여겨지도록 했지만, 남미에서는 백인 조상이 사람들을 백인이라고 여겨지게 만들었다는 것을 확인시켜 주고 있다. 다르게 말하면, 피부색의 개념은 경우마다 자세히

---

23) Michel Serres, *op. cit.*, p. 80.

24) Pierre Bessaignet, *Encyclopœdia Universalis*, "Métissage" article.

설명하기 어렵고, 게다가 우리가 위에서 보았던 것처럼 사람들은 여기에 생물학적 의미를 덧입히지 않는다. 인간의 만화경 속에서 경계를 어디에다 두어야 할까?

정리하면, 이 단어를 가장 넓은 의미로 이해해야 하는 경우가 있다. 왜냐하면 결국 모든 것은 혼혈이기 때문이다. 이 단어가 가장 좁은 의미를 가질 때는, 이 단어에 이상한 셈법이 순수함의 등급에 맞춰 꼼꼼하게 적용된다. 이 단어는 매우 특별한 역사, 즉 근대 유럽의 식민지화 시대들의 역사, 저자들이 이 단어를 통해 인간이 겪은 모험의 근본적인 현상을 이해하려고 주목했던 역사에 관계된다. 결국 이 단어는 육체와 관계되어 있다. 그러나 동시에 다른 어떤 다른 것들보다 더 시인에게 꿈의 문을 열어주기에 적합하다.

요약하면 이 단어는 가장 좁은 의미에서 넓은 의미까지를 포괄하고 있다. 이 단어는 전혀 고정되지 않은 생물학적인 것, 사회적인 것, 문화적인 것에 이르기까지 여러 분야를 경유하고 있다. '생물학적인 혼혈', 그리고 '문화적인 혼혈'과 같은 표현들이 사용되는 것이다. 다른 한편으로 이 단어들은 일상적인 경험에서는 적절한 것처럼 보이지만, 분석에서는 적합하지 않다. 왜냐하면 누가 혼혈이고, 누가 혼혈이 아닌지 나눌 생물학적 경계가 어디에 위치할지 모르기 때문이다. 우리가 언제부터 '문화적인 혼혈'에 대해서 언급했는지도 모르기 때문이다. 그리고 '생물학적인 혼혈'이라고 지칭하는 것 자체는 문화적 선택에 속한다. 이와 같이 보다 확인된 '생물학적인' 극단에서 명시적으로 혼혈을 인정한 '문화적인' 극단에 이르는 일종의 연속체를 상상해볼 수 있다. 이 두 극단은 결국 서로 만날 수 없다. 그래서 양자의 관계가 매우 불확실하고 유동적이라는 것을 인정해야 한다. 우리가 모든 것을 혼혈로 인정해야 한다는 위험한 결론이 내려질 수도 있다. 그렇게 되면 혼혈이라는 단어는 자신의 관여성을 잃고, 결국 의미를 상실하게 된다.

사실 우리가 위에서 주목했던 것처럼 의미는 바뀌고 있다. 그러나 그 결과 의문은 더욱 커져만 간다. 혼혈은 지금까지 그러한 무기력함을 짊어지고 있는데도 왜 어떤 강렬함을 가지고 있는가? 그것은 우리가 보기에 일상적인 언어행위와 사고의 방식들은 보통은 서로 멀어지는 경향이 있는데, 혼혈은 차이·혼합·육체라는 세 요소들의 결합을 표상하기 때문이다.

여기서 차이는 몸에 뚜렷이 보이는 상징들로 새겨져 있어서, 가리거나 거부할 수 없다. 타자는 나와 다르다. 타자들은 지금 우리의 모습과 다르다. 차이는 매혹적인 것이기도 하지만, 동시에 두려운 것이기도 하다. 이로부터 매력과 혐오의 두 가지 움직임이 존재한다. 츠베탕 토도로프(Tzvetan Todorov)는 아메리카 대륙의 정복에 대한 책의 부제를 '타자에 대한 질문(La question de l'autre)'[25]으로 부여했다. 혼혈은 그렇게 아메리카 대륙에 있는 역사라는 극장에서 연기했고, 계속 연기하고 있다. 혼혈은 정체불명의 사람, 여기서는 인디언들을 대면했을 때 느끼는 매혹과 우려의 두 가지 움직임을 명확히 보여준다. 크리스토퍼 콜럼버스(Christophe Colomb)의 편지들은 경의의 표현으로 가득 차 있다. "모두다 아름다웠다. 사람들은 고대 그리스·로마시대가 그토록 찬양한, 빛으로 가득 찬 나이아데스와 그 연못의 요정들을 봤다고 믿을 수도 있다." 또한 "그들은 세상에서 가장 훌륭한 사람들이고 가장 평화로운 사람들이다."[26] 초기의 문헌들은 이러한 의미로 넘쳐난다. 그러나 경이로움은 악몽으로 바

---

25) Tzvetan Todorov, *La Conquête de l'Amérique, La question de l'autre*, Paris, Le Seuil, 1982.

26) *Idem*, p. 42.

꿰고, 우리가 알고 있는 폭력을 낳는다. 혼혈은 차이를 분명히 보이게 만든다. 혼혈은 몸의 상징 속에 새겨진 차이를 분명히 나타나게 만든다. 그리고 혼혈은 차이를 영원하게 만든다. 알다시피, 그 이유는 일단 가정된 혈통의 순수함이 틀어지면, 자손들은 그런 간극의 흔적들을 간직하게 되기 때문이다. 이로부터 우리가 앞에서 지적했던 산술적인 냉혹함이 발생한다. 차이를 피할 수 있으려면 차이를 꼭 측정해야 하는 것처럼 말이다.

그러나 인정된 차이는 만남이라고 부른다. 그리고 사회질서와 같은 사고는 그 만남을 계속해서 조직하고 관리하며, 그 효과들을 예견한다. 그러나 단어가 말해주듯이, 혼혈의 만남은 무질서를 만들기도 한다. 혼혈의 만남은, 예견된 질서의 눈에는, 예상치 못한 방식으로 무엇인가를 잘못 직조하는 것이다. 다르게 말하면 혼혈의 만남은 사회조직 안에 예견할 수 없는 것의 틈을 열어놓는다. 그래서 오랫동안, 그리고 많은 사람들의 눈에, 혼혈의 만남은 진정한 만남이 아니라, 무시할 수 있는 혼합이다. 그리고 혼혈은 누군가는 분열, 즉 죽음과 해체라고 불리는 혼합을 말한다. 그것은 아무런 형태의 혼합을 말하는 것은 아니다. 그것은 사실 치명적인 분해도 유토피아적인 융해도 아니다. "'융해'와 '분해' 사이의 제3의 길인 혼혈은, 개념으로서, 우리가 지금 시대의 위기를 생각하도록 도울 수 있을 것이다."[27] 저자들에게 이 제3의 길은 혼혈의 사고와 '철학'에 열려 있다.

이는 비옥함을 간직한 혼합과 관계한다. 그리고 육체와 관련된 비옥함과 관계한다. 혼혈을 명명하는 것, 그것은 인간이 지울 수 없는 생물학적인 토대로부터 나타난다는 사실을 떠올리게 한다. 혼혈을 명명하는 것은 인간을 자신의 운명이 새겨진 시간·공간·육체의 좌표에 자리 잡도록 강제하는 것이다. 혼혈은 인간이 존재하는 데 반드시 필요한 특수한 사항들을, 인간이 다시 대면하게 만든다. 혼혈은 가장 아름다운 이상적인 축조물의 한가운데에 욕망이 존재하도록 만든다. 혼혈은 가능한 것과 제한된 것들 속에서 각 문화를 다시 위치시킨다. 그렇지 않으면 상호문화적인 것의 담론은 탈주일 뿐이다. 혼혈은 상호문화적인 것의 임무를 명백히 밝힌다. 그 임무는 모든 측면에서 인간이 타고난 것을 되살리고 해석하고 분명하게 만드는 것이다.

---

27) François Laplantine, Alexis Nouss, *op. cit.*, p. 68.

마치 사람들의 욕망의 힘이 가져다준 천 년의 진화 속에 인간이 자리를 잡으면서 겪은 오랜 모험은 혼혈에 대한 토론의 근저에서 마치 보이지 않는 강처럼 흐르고 있다. 혼혈은 그래서 인간 간의 만남이 발생시키는 거대한 문제점들, 즉 차이·혼합·육체와 같은 문제점들의, 일종의 결정체가 만들어지는 지점처럼 나타난다. 아마도 그것은 토론 전체를 매우 모호하게 만들어 버릴 것이다. 그때 그 지점은 혼혈을 인류의 무게, 또한 욕망의 무게로 가득 채운다. 혼혈에 관여한다는 것은 인간의 진화에, 육체에, 욕망에 관계하는 것이다. 그래서 최근 처음으로 혼혈을 인정하고, 자신들의 사고에 혼혈의 자리를 마련한 사람들이 인류학자·생물학자·시인들이었다는 것에 놀랄 필요는 없다. 인간은 혼합된 것이다. 즉, 그리고 끊임없이 뒤섞여진 다양한 요소들, 육체와 유전자, 마음과 정신, 사회들과 문화들의 만남이다. 혼혈은 가장 기본적인 차원들 중 하나이다. 왜냐하면 바로 그 차원이 인간이 겪는 모험의 토대가 되기 때문이다.

그러나 혼혈은 왜 의심스러운 상태에 머물러 있는가? 왜 혼혈은 아직 주변에 있는가? 왜 혼혈을 떠올릴 때 주저함이 있는가? 왜냐하면 우리가 고백해야 할 것은 우리 작가들의 독자들은 상당한 세력을 이루었지만, 그들이 완전한 한 목소리를 내지는 않기 때문이다. 여러 트럼펫 혹은 뿔피리들의 소리가 아니라 플루트 혹은 바이올린의 흩어진 음악 말이다. 우리가 보통 더 많이 듣는 것은 자신들의 규모와 우월성을 찬양하는 정체성을 가진 집단들의 보장된 목소리들이다. 이 목소리들은 그들 자신이 인류의 돌이킬 수 없는 모험을 일탈 없이 계속해서 이어온 선조들의 위대한 전통들을 흠 없이 물려받은 후손으로서 정체성이 명확하다고 주장한다.

아마도 우리는 더욱 신중해야 할 것이다. 21세기 초 우리는 그러한 순수함에 대한 주장들이 우리를 어떤 대살육으로 몰고 갔는지 잘 알고 있다. 그러나 우리는 민족과 집단의 혼합을, 이제는 어쩔 수 없이, 하나의 사실로 받아들인다고 해도, 우리는 그것을 생각하기에는 어찌할 바를 모르고 있다. 우리의 관점은 너무나 예전의 범주에 젖어들어 있다. 우리는 계속 정체성을 유사성으로, 전통을 재생산으로, 집단 간의 만남을 제어된 교환으로 생각하고 있다. 그런데 혼혈을 통해 그러한 덫에 빠진 것과 같은 순환은 깨질 수 있다. 개인들이 아닌 인간의 문화는 동일자의 거울에 스스로 갇히지 않는다. 그래서 혼혈을 인정한다는 것은 인간의 문화가 가지고 있는 것, 즉 다산의 가능성, 새로움의 가능성을 온전히 이해한다는 것이다. 그러나 그것은 동시에 미지의 것에 열려 있다는 말이며, 전통의 도움을 포기하면서 흔들리는 자신의 정체성을 보게 된다는 사실을 받아들인다는 말이다. 이것은 결국 자신이 타고난 확실성을 부정할 수밖에 없게 되는 일이다. 오늘날 세계화는 알 수 없는 빠른 속도로 그것을 강요하고 있다. 세계화가 불안, 걱정, 그리고 동시에 폭력을 불러일으킨다는 것은 놀랄 일이 아니다.

우리는 여기서 엄격한 의미의 혼혈과 넓은 의미의 혼혈 간의 관계로부터, 혹은 우리가 그 한계를 보았던 표현들인, 생물학적 혼혈과 문화적 혼혈 간의 관계로부터 열쇠를 찾는다. 전자가 후자를 반드시 초래하는 것은 아니다. 다시 말해서 생물학적 자료들과 문화적 혼합 사이에는 즉각적이고 자동적인 관계가 존재하지 않는다. 부모로부터 태어난 한 아이는 그 부모들의 문화적 유산을 둘 다 공유하기 위해 어려움 없이 다른 집단에 속하기만 하면 된다. 수많은 다른 요소들이 개인적 역사들의 진행과 교육을 시작하는 데 개입한다. 그러나 우리는 또한 진정한 혹은 추측된 기원의 추적이, 얼굴 특징과 신체의 외형들이 그들이 교육받았던 문화의 기원과는 다른 기원을 보여주는 사람들에게, 고통과 아집을 야기할 수 있다는 것을 잘 알고 있다. 우리는, 예를 들어 어릴 때 입양되어 유럽인 커플의 손으로 유럽에서 키워진 다른 대륙의 아이들에게서 알고자 하는 의지를 만난다. 바로 이것이 생물학적 혼혈과 문화적 혼혈이 자동적인 관계는 아니지만, 그것은 서로 어떤 관계를 맺고 있다는 증거이다.

자기 자신의 정체성을 추구하고, 우리가 속해 있고 혹은 속하기를 원하는 한 집단 혹은 여러 집단들의 정체성을 추구하는 관계가 바로 그런 것이다. 이러한 추구는 우리가 조사했던 차이·만남·육체라는 세 가지 요소들 주위에서 정돈된다. 그렇게 한 축으로부터 다음 축까지의 왕래가 형성된다. 한 쪽은 다른 축의 얼굴이거나 은유이다. 요약하면 엄격한 의미에서 혼혈은 우리가 보는 데서 더욱 빠르게 진행되고 있는 문화적 만남들의 이미지를 제시할지도 모른다. 오늘날의 정신과 문화는 서로 혼합되고 있다. 마치 육체가 서로 섞이고, 계속해서 섞이고 있는 것처럼 말이다. 한 분야가 보여주는 것은 다른 분야에서 작용하는 것과 유사한 것들을 이해하고 제시하는 데 도움을 줄 수 있다. 전설과 역사, 정치적 구조들 혹은 상징적인 도식들을 통해 서로의 축들은 수많은 관계를 형성한다.

비행기는 이제 막 착륙했다. 나를 맞이하는 이는 기다림 없이 나를 자신의 차에 태웠다. 그리고 나를 도심에 데려다준다. 여름밤의 축축함 속에서, 나는 처음 본 거대한 사변형과 화려한 유적들에 현혹되었다. 멕시코에 있는 소칼로(Zocalo) 광장이 그것이다. 나는 생각했다. "알겠지, 우리는 코르테즈의 상, 몬테수마(Moctezuma)의 상을 세워야만 했는지 알 수 없었어. 그래서 우리는 아무것도 세우지 않은 거지."

빈 광장. 멕시코의 광장에서 공허함이 투사되었다. 코르테즈가 설계한 스페인 스타일의 거대한 사면체 광장은 궁전, 코르테즈의 집, 성당, 그리고 아주 가까운 곳에 최근에 발견된 템플로 마요르(Templo Mayor)의 멋진 폐허로 둘러 싸여 있다. 그러나 거대한 공간의 중심에는 아무 것도 없다. 열린 공간이다. 아무 것도, 심지어 모든 것이 가능했지만, 그 어떤 표현도 그것을 한정할 수 없을 것이다. 혼혈이라는 단어가 가리키는 것이 바로 그러

하다. 이 단어는 예견할 수 없는 것 이상을 향해 열려
있다. 예견할 수 없는 것, 마치 아이처럼 말이다.

제5장 제국

혼혈은 하나의 꿈으로, 동시에 지속적인 폭력에 의한 끔찍한 상처로 역사에 자주 등장한다. 혼혈의 역사를 쓰는 것은 마치 인류가 겪었던 모험 전체의 전개를 다시 쓰는 것이 될 수도 있다. 혼혈은 역사의 골조를 따라 흐른다. 그것은 역사의 부수적인 면이 아니다. 혼혈은 수많은 정복·발견들과 함께하고 있으며, 인간의 대규모 이동목축과 떨어트려 생각할 수 없다. 인간의 유목 활동은 인류를 혼합시킨다. 전쟁 이주, 강제 이주 따위는 인류로 하여금 지리적·사회적 지표를 잃게 만들고 예측할 수 없는 미래에 살아남을 것을 강요한다. 그것들은 인간에게 다른 곳에서, 다른 방식으로, 모르는 사람들 주위에서, 그들과 함께 살 것을 요구하고, 점차 인간들은 섞이게 된다. 역사는, 그 영광스러운 장면에서, 정복자들이 자신의 병사들을 행진하게 하는 것을 보여준다. 하지만 정복자들은 불확실한 군중들에 실려 앞으로 나아갈 뿐이다. 그 군중에는 전쟁의 패자들, 있을 곳을 잃거나 조국을 떠나거나 혹은 강제 이주된 사람들이 포함되어 있으며, 이 군중들은 시간이 지남에 따라 더 풍미가 짙어지는 인류의 커다란 양조통에 섞이라고 강요받는다. 욕망과 폭력이 뒤섞인다. 역사는 혼혈이다.

하지만—역사적이고 신화적인—집단의식 속에서 새로운 거대한 형상들이 모습을 드러낸다. 이 형상들은 이 모험의 쟁점을 나타내고 또 극단으로 몰고 간다. 이 형상들은 그 상징성으로 인해 오늘날에도 우리가 보는 앞에서 지속되고 있다. 18세기 간격으로 인류를 혼합시키기를 원했던 두 개의 제국을 상기시켜 보는 것으로 만족하자. 그것이 제국의 두 가지 양상이다.

역사 속에서 제국은 공동체와 보편성에 대한 욕망의 실현으로 나타난다. 제국은 민족들을 뒤섞고, 항상 더욱 광대한 목표에 그들의 에너지를 동원한다. 시간의 흐름 속에서 만들어지고 해체되는 정치적 제국들은 우리의 시대에 대해 예언한다. 그 결과 세계화는 다시 나타나고,

제국들에 의해 시작되었던 통합된 세계와 보편적인 의사소통이라는 꿈은 연장된다. 세계화는 국경을 넘어 전통을 뒤섞으며 인간을 이동시킨다. 이 때문에 제국의 모습은 살펴볼 만한 가치가 있다. 그 모습들은 세계화의 보편성이라는 꿈의 전조가 되며 세계화의 위험을 인지하는 데에 도움이 된다.

제국의 몸체

제국—즉, 넓은 의미로 정치권력이 집중되고 강제된—은 민족을 뒤섞으려는 의지를 통해서만 존재한다. 제국의 이름을 언급할 필요도 없이, 많은 사회는 제국의 이 특징을 차용하고 있으며, 적어도 일부의 사회는 그러하다. 이 시대에 제국이라는 말은 여전히 어떤 유형의 정치권력을 지칭하고 있으며, 우리는 얼마 전에 소련을 '소비에트 제국'이라고 불렀던 것처럼, 현재는 미국을 '아메리카 제국'이라 부른다. 비슷한 방식으로, 우리는 돈의 제국, 매체의 제국 따위로 말한다. 물론 이 제국들은 이전의 제국들이 권력을 행사한 방식과는 더 이상 관계가 없다. 하지만 같은 단어의 사용을 정당화하는 공통된 특징은 여전하다. 제국의 특징은 권력 집중과 보편성의 의지가 결합된 것이다. 제국은 영토나 때때로 큰 영역을 정복하고, 그들의 법을 강요한다. 제국은 계속적인 영토 확장 운동을 통해 국경을 확장하려 노력하며, 자신이 지배하는 민족들의 생활양식을 동일화하고자 한다. 따라서 제국은 민족들을 뒤섞고, 민족이 아무리 다양해도, 제국은 더욱 확장되고, 그 민족들을 계속해서 병합해 나간다. 동시에 제국은 만들어진 틀 속에 민족들을 끼워 맞추기 위해서 그들의 고유한 특성을 지우라고 강요한다. 제국은 역사 속에서 인류의 만남과 다양한 인류의 관리라는 형상의 하나로서 인정받는다. 사람들을 더 잘 이용하기 위해 그들을 이동시킨 것은 고대 제국 잉카의 경우이며, 그 전부를 관리 감독하는 것은 현대 경제 제국의 경우이다. 그러므로 원하든 원하지 않든, 제국은 이렇게 혼혈의 도가니가 되었다.

이 도가니는 제국에게 물질과 몸체를 제공한다. 군인, 상인, 일꾼 혹은 노예로 혼혈인들은 제국의 몸체를 이룬다. 하지만 알렉산더 제국(B.C. 336~323)에서부터 현대 식민제국까지 혼혈은 다양한 방법으로 조절되었다. 그럼에도 한 가지 공통점은 제국이 제국을 이루는 다양한 계층 사이에서 불평등을 만들고, 또 유지하면서 존재할 뿐이라는 것이다. 그 결과 우리는 역사 속에서 혼혈과 불평등의 관계를 추적해볼 수 있다. 혼혈인은 하류에 남겨졌다고 여겨지고 그 안에서 지위가 향상될 뿐이다.

서구 역사의 초기에, 적어도 전통적으로 우리에게 알려진 알렉산더의 전기에 따르면, 그는 혼혈을 하나의 모델로 만든 선구자이다. 또한 정치적 의지의 결실로서 혼혈이라는 초안을 만든 첫 번째 인물이다. 알렉산더의 정복 초기, 거대한 목표는 동서양을 결합하는 것이었다. 어떤 의미로 보면 철학적인 목표인데, 왜냐하면 이 아리스토텔레스의 제자 중 한 명은 스승의 보편적인 관점이라는 가르침을 실행하고자 했기 때문이다. 그 다음은 그 비전의 연속선상에 있고, 정복은 단지 문명을 전파하는 요체일 뿐이었다. 이런 식으로 알렉산더와 관련된 역사 연구의 부흥을 시작한 귀스타브 드루와젠(Gustave Droysen)은 스스로 이 서사시의 시인이 된다.[1] 정복전쟁을 시작한 목적, 신탁에 의한 확인, 이집트 신들에 의한 신성화, 록산느와 한 결혼의 신격화까지 모든 것이 이 피할 수 없는

---

1) Gustave Droysen, *Alexandre le Grand*, Paris, Éditions Complexe, 1991(독일어 번역). 알렉산더와 관련된 참고문헌은 주목할 만하다. 만약 우리가 1833년에 처음 출간된 것과 같은 현대의 텍스트를 사용했다면, 그것은 알렉산더의 근대 '신화'의 가장 중요한 표현 중 하나로서 나타낸 것이다. *Encyclopædia Universalis*, article *Droysen* 참조.

논리 안에 묶인다.

퀸투스 커티우스(Quinte Curse)를 인용하면,

그의 욕망의 불꽃 안에서 알렉산더는 자신의 나라의 관습에 따라 빵을 가져오게 하였다. 마케도니아인들에게 물질적인 결합의 가장 성스러운 상징은 그것이었다. 사람들은 칼로 그것을 나누었고, 각각의 배우자(알렉산더와 록산느)는 그것을 맛보았다. 그런 식으로 아시아와 유럽의 왕은 그에게 정복자들을 지휘할 아이를 낳아줄 포로와의 결혼을 통해 하나가 된다.[2]

이렇게 인류의 만남이 이루어졌다. 왜냐하면 페르시아인은 그리스인이 되고 그리스인은 또 페르시아인이 되었기 때문이다. 또한 마케도니아인들이 결합되었고, 동양의 여인들은 보편적 인류라는 새로운 종의 인간을 낳았기 때문이다. "그리스와 아시아의 결합—그들의 모든 장단점을 합친—은 오랜 세월을 거쳐 이루어졌다." 이 도중에 모든 사건들은 그 계획에 따라 부정적 혹은 긍정적으로 평가되었다. 십만 명의 그리스 남자가 같은 수의 페르시아

---

2) Gustave Droysen, *op. cit.*, p. 443.

여자와 결혼한 수사(Suse)의 결혼이나 오피스(Opis)의 반란을 예로 들 수 있다. 전쟁에 지친 페르시아 노장들은 신참들에게 그들의 특권이 동등하게 부여된다는 것을 특히 부러워하였고, 그것에 대해 투덜거리고 때론 위협하기도 했다. 알렉산더는 이 상황을 그에게 유리하도록 바꾸는데, 성대한 축연 도중에 그는 모든 사람이 그의 부모라고 선언한다. 그는 모든 사람에게 동등한 경의를 표한다. 그는 페르시아인과 마케도니아인들 사이에 화합과, 공동체 그리고 코이노니아(koinonia)가 있기를 기원한다. 드루와젱은 이렇게 말한다. "정복자와 정복당한 자 사이에 더 이상의 차이는 없었다." 이 새로운 정신의 전파자로서, 노장들은 다시 그리스로 떠났다.

인류에게 인간의 천재성을 통해 단합과 보편성이 완전한 평등 속에서 실현 가능한 것이 되는 축복의 순간이 있었을 수도 있다. 화합·협력·평화 등의 단어는 고대 작가들의 붓 아래서 다시 등장한다. 법에 대한 존중도 마찬가지인데, 그 작가들은 이렇게 말한다. "페르시아인들은 알렉산더가 서둘러 그의 욕망을 채우지 않고, 페르시아의 모든 형식과 예법들을 존중하려고 했다는 것에 깊은 인상을 받았다."

현대의 역사가들은 더욱 유보적이다. 그들의 기원에

대한 비평, 해석 방법은 그들을 더욱 신중하게 만든다. 클리포드 보스워스(Clifford Bosworth)는 이렇게 강조한다.

알렉산더가 두 민족(페르시아와 그리스)의 결합을 통해 태어날 우성의 혼혈을 고려했다거나, 전 세계를 이끌면서 인류를 박애의 차원에서 바라봤다는 어떤 암시도 없다.[3]

그는 또한 이렇게 덧붙인다.

화해의식 때 있었던 기도는 알렉산더가 그의 이익을 위해 연출한 민족 간의 긴장을 늦추기 위한 현실적이고 파렴치한 방법이었다. 실제로 정치는 바뀌지 않았다. 이란인들은 적어도 수적으로 군사적 지배를 계속했고, 법정이나 사트라피(satrapie)에서의 힘의 지위는 유럽인들에 의해 여전히 독점되었다. 제국 안에서 공동체는 어떤 경건한 맹세일 뿐 다른 것이 아니었다.

우리는 드루와젱과 그의 서사시에 반대의 입장이다.

---

3) Olivier Reverdin, *Alexandre le Grand, image et réalité, entretiens sur l'antiquité classique*(이미지와 현실, 고대 그리스에 대한 대담), T. XXII, Genève, 1976, p. 161.

어쨌든 부인할 수 없는 것은 "알렉산더가 고대 사회에 어떤 변화를 불러일으켰다. 그의 원정이 근본적으로 그리스와 야만인들 사이의 관계를 변화시켰다"[4]는 점이다. 알렉산더는 여러 해설을 가능하게 했는데, 가장 모순되는 해설도 초래하였다. 하지만 우리에게 현실을 다시 일깨워주는 역사 속의 사건들 저 편에, 또 우리가 그 효과들에 대해 토론할 수 있는 다수의 해석들 저 편에, 알렉산더에 의해 만들어진 운동과 흐름이 여전히 남아 있다. 기원전 4세기 유럽과 아시아의 결합으로 일어난 어떤 사건이든, 그 이후의 일은 그것과 관련이 있다. 로마와 서구 제국, 프랑스의 왕들, 그리고 나폴레옹은 알렉산더를 그들의 선구자 겸 모델로 봤을 것이다. 나치도 역시 지나치긴 했지만 알렉산더와 비슷한 것을 시도하려 했던 것이다.

위대한 업적은 오늘날까지도 그들의 전설을 영속시키는 이야기 속에 울려 퍼지고 있다. 환상이나 약속, 인류는 형제라는 생각은 우리를 떠나지 않는다. 그러한 명목으로, 탐험가들은 떠나고, 전사들은 행군하며, 군인들은 자신을 정당화한다. 알렉산더의 꿈은 지향해야 할 이상적인 모습으로 역사를 지배한다. 이 전설로부터 우리의

---

4) Olivier Reverdin, *op. cit.*, prépace.

목적을 위해 찾아야 할 몇몇의 모습(단일성에 대한 욕망, 국경의 전복, 여성들의 역할)을 살펴보도록 하자. 이 모습들은 제국의 계획과 일치하는 결정적인 요소인 동시에 피할 수 없는 것처럼 혼혈이 유입되는 요소이다.

시대의 막다른 끝에서 우리는 서사시를 다시 보게 될 것이지만, 그것은 완전히 다른 문맥, 완전히 다른 의미로 해석될 것이다. 18세기가 지난 후, 지중해 북쪽에 자리 잡은 유럽인들은 우리가 위대한 발견이라고 부르는 새로운 영토 확장을 시작한다. 에르난 코르테스(1485~1547)는 장군, 솜씨 좋은 제국 창시자, 무정한 정치가라는 정복자의 특성을 한 번에 가지고 있는 인물이다. 하지만 우리는 알렉산더의 제국과는 다른 세계에 와 있다.

초기 코르테스의 계획에는 보편성이라는 관점이 없다. 다른 정복자들처럼 코르테스는 우선 모험의 취향과 이득을 보려는 욕망에 고무되어 있었다. 세인트 도밍고(Saint-Domingue)의 소작인이며, 황금 탐험가, 동시에 공증인이었던 코르테스는 쿠바 총독인 디에고 드 벨라스케스(Diego de Velasquez)를 위해 열심히 일하지만 사이가 틀어진다. 이후 코르테스는 벨라스케스가 멕시코로 향하는 탐험대의 수장직을 제공하기 전에 화해한다. 그 탐험대는 세 번째였다. 코르테스가 참여하지 않았던 이전의 두 탐험대는 실패했다. 코르테스를 불신하고, 그에게 주었던 탐험대 수장직을 다시 거두기를 원했던 벨라스케스 몰래, 코르테스는 1519년 2월 18일 항해의 닻을 올린다.

그는 쿠바의 대표자가 아닌, 멕시코를 원조한 사업가의 대표로서 멕시코에 도착한다. 광대한 전 세계적인 계획 따위는 없었다. 그럼에도 그는 도착하자마자 왕에게 구원을 요청한다. 신과 왕에 대한 충성심은 그 후로 그의 계획에 있었다. 그는 샤를르 깽(Charles Quint)에게 자문을 구하고 원주민들을 기독교로 개종시키려는 그의 의지를 알린다. 이것은 모든 정복자들의 공통점이다. 이것을 통해 우리는 이데올로기가 너무 자주 야망에 이용된다는 것을 볼 수 있다. 이는 지금과는 완전히 다르게 명예에 관한 의미나 봉사정신이 최고의 가치였던 시대에 대한 우리의 이해를 어이없이 바꾸는 일이다. 에스파냐 국왕에게 보내는 편지에서 코르테스는 명백하게 왕의 견해를 따른다. 그의 개인적인 계획은 이제 더욱 거대한 비전 뒤로 잊힌다. 이 웅대한 비전은 빠르게 신과 에스파냐 국왕의 명예를 위해 전체 영토를 정복한다는 보편적인 계획이 된다. 제국의 모든 계획들처럼 새로운 세계의 정복은 보편성이라는 목표에 의해 수행된다.

계획의 전개는 잘 알려진 것이지만, 그것이 이야기로 우리에게 전해지지는 않았다. 우리가 알렉산더에 대해 이야기했던 두 가지 측면을 다시 살펴보자. 첫 번째는 민족들의 혼합이다. 인류의 만남은 그것 자체로 완전한 새로움을 가지고 있었다. 츠베탕 토도로프(Tzvetan Todorov)가 '그 만남은 우리에게 더 큰 신비인 공간적인 정복을 나타낸다'고 말하는 것은 옳은 주장이다.[5] 그는 우리에게 에스파냐와 아메리카 인디언이 서로를 발견한 일, 혼혈로 향하는 문을 열 그 발견에 대해 훌륭한 분석을 제공한다. 타정복자들과는 다르게 코르테스가 원한 것은 "갖는 것이 아니라 이해하는 것이다". 달리 말하면 그에게 정복은 '기호들(signes)'과 관련이 있다. 그에게 가치 있던 것은 '평화의 시기에 정복전쟁 전략과 식민지화 정책'을 동시에 준비하는 것이었다. 그로부터 그는 다른 모든 정복자들과 구별되며 그들을 능가한다. 에스파냐 국왕에게 보내는 편지에서 그는 자신의 정복과 정책을 확립하는 일에 대해 상술한다. 그의 정책은 인디언들을 자신의 백성으로 만드는 것을 목적으로 한다. 그러나 한 번 멕시코가 무너지고, 콰우테모크(Cuauhtémoc)가 암살당하자, 그는 에스파냐를 위해

---

5) Tzvetan Todorov, *op. cit.*, p. 12.

인디언들을 여러 지주들, 엔코미엔다(encomiendas, 에스파냐의 봉건적 원주민 통치제도) 등으로 분산시키는 것을 목표로 하게 된다.

정복은 온화하지 않았다. 하지만 코르테스와 그의 부하들은 그들의 적을 존중했다. 동맹을 맺기 위해 각양각색의 사람들과 추진한 다수의 협상은 능숙함과 동시에 존중을 나타낸다. 그러나 코르테스는 타고난 재능에 의해 그가 주도하고 있는 계획이 매우 엄청나다는 사실을 빠르게 인식한다. 정복한 광대한 영토는 그곳의 인구증가와 개발을 확고히 하는 것이 에스파냐인의 손으로는 불가능함을 인식하게 한다. 그 결과로 혼혈은 필수가 된다. 여기서 이러한 사실은 제국을 만드는 것과 관련이 있다. 정치적 목표로 인해, 정복의 폭력은 제멋대로 다시 모습을 드러낸다. 결혼을 통해 혹은 결혼도 없이 강요된 혼혈은 정복의 도구가 된다. 코르테스와 라 말린체(la Malinche)처럼 에스파냐인들은 인디언 공주들과 결혼한다. 아니, 우리가 자주 언급하듯이, 처음에 인식하지 못하던 인종차별은 여전히 남아 있다. 유러피언은 계급의 꼭대기를 차지하고 인디언은 그 아래를 차지한다. 인디언 여자들은 폭력을 겪었으며, 그녀의 아이들은 이방인 아버지로부터 버림받는다. 아메리카는 혼혈의 땅이 되고, 알렉산더의 경우처럼, 근대적 의미의 혼혈이란 정치적 의지에 의해 맺어졌을 뿐 아니라 경멸을 내포하는 폭력의 결실로 만들어진 것이다.

실제로 정복은 에스파냐인이 군사력과 전략적 술책을 통해 강제로 수행한 단순한 군사적 사건이 아니다. 원주민들에게 정복은 그것보다도 더 나쁜 생물학적 재앙이었다. 그들은 침입자에 의해 전파된 병으로 인해 단기간에 죽어야만 했기 때문이다. 그것은 인간들과 신들 세계의 멸망이다. 원주민이 감내한 잔인함에 대한 어떠한 언급보다도 「아즈텍 현자들의 간청」이라는 시는 침묵 속에 유폐된 인디언에 대한 인종 폭력을 엿보게 해준다. "우리를 죽게 해주오. 우리를 없어지게 해주오. 이제 우리의 신이 죽었으니."6)

'혼혈'이라는 단어는 현대적 의미로서 에스파냐계 아메리카(Amérique espagnole)에서 시작된다. 이 단어는 그 자체로 이 폭력의 기억을 내포하고 있다. 이 기억은 제국발전을 위한 값비싼 희생이다. 코르테스의 영광스러운 서사시는 이 이면, 즉 정복의 모순성에 기초하고 있

---

6) Miguel Leon-Portilla, *La filosofia Nahuatl*, Mexico, 1959, pp. 129~131 참조. 또한 Jean-Marie-Gustave Le Clézio, *Le rêve mexicain, ou la pensée interrompue*, Paris, Gallimard, 1988 참조.

다. 정복은 죽음인 동시에 삶이며, 고통스러우며 영광스럽고, 파괴자인 동시에 미래를 향한 순환이다. 이런 식으로 멕시코에 있는 우리가 인용한 '세 문화의 광장(la Place des Trois Cultures)'의 비문에는 "오늘날 혼혈 멕시코의 고통스러운 시작"이라고 쓰여 있다. 세 문화란 인디안, 에스파뇰 그리고 그 둘로부터 시작된 혼혈이다. 피할 수도 없고 폭력과 관계된, 미래로의 운반자인 근대의 혼혈은 근본적인 모순을 드러낸다.

라 말린체(La Malinche)는 이 모순성을 나타내는 전형적인 인물이다. 노예이며 공주인 라 말린체는 통역가라는 역할을 통해 그녀의 처지에서 벗어난다. 코르테스의 말을 인디언의 언어로 통역하는 것이 그녀의 일이다. 그녀는 낯선 사람들 간의 만남에서 결정적인 역할을 한다. 그녀는 신체적으로나 화술에서도 재능이 있는 평범하지 않은 인물이다. 코르테스의 첫 번째 편지를 살펴보자.

타바스코의 추장은 그에게 20명의 인디언 여성을 주었다. 이들 중 아주 고귀한 가문에서 잘 자란 보기 드문 미모의 여자가 한 명 있었다. … 그녀는 이윽고 마린이라는 세례를 받는다. … 그녀는 말을 했고, 멕시코어로 인디언들에게 설명했고, 유카탄의 언어로 아길라에게 설명했다. 코르테스는

마린이 카스틸라어를 배울 때까지 기다려야만 했다.[7]

공주인 동시에 통역가이며 코르테스에게 충성하는 그
녀는 인류에게 일어나지 않았던 가장 커다란 재앙의 하
나로부터 원주민들을 보호하려고 노력한다. 버려진 그
녀는 고통스럽게 인생을 끝내게 된다. 그러나 그녀는 절
대 코르테스를 배신하진 않는다. 매력적이며 고통스러
운 인물인 그녀는 현대 멕시코 역사의 문을 열었고, 혼
혈의 전설적 인물로 남아 있다.

전설의 인물

라 말린체, 록산느처럼 혼혈의 기억 주변에 자리 잡은
인물들은 여성들이다. 전설의 인물인 그녀들은 시대의
틀 속에서 광원(光源)이며 동시에 상처를 치유하는 역할
을 한다. 그녀들은 역사가 지탱하는 데 일조하며, 그 방
향에 영향을 끼친다.

사실 록산느는 영토 안 모든 사람들의 통합을 상징한

---

7) Hernan Cortès, *La conquête du Mexique*, paris, La Découverte, 1996,
1re letter, p. 5.

다. 페르시아의 공주로서, 알렉산더와 결혼한 것은 보편성의 도구로서 혼혈을 이용한 첫 번째 시도이다. 이러한 관점에서 혼혈은 새로운 규범을 받아들인다. 혼혈은 원해서, 어떤 의미에서는 선택된 것이다. 그리고 혼혈은 인류를 미래로 이끄는 운반자로서 등장했다. 인종의 차이, 문화의 차이는 긍정적인 쟁점이 되고, 개인과 집단을 충족하는 수단이 된다. 보편적인 것은 손이 미치는 거리, 즉 지금 여기, 이민족 간의 만남에 있다.

알렉산더의 제국은 사람들 사이의 관계에 새로운 개념을 불러일으킨다. 더 이상 기초정치 단위를 대표하는 것은 더 이상 그리스의 도시국가가 아니라 제국의 군관구였다. 세계는 확장되고, 국경은 언젠가 그 이상으로 넓어질 것이라는 꿈을 갖고 인도까지 동쪽으로 이동한다. 이 공간의 확장은 다른 정치조직과 상응한다. 제국은 도시국가에 집중되고, 야만인을 외부로 몰아내는 모델을 대신하여 다양성과 단결로 만들어지며, 독재적인 권력 대신에 너그러운 왕자에 의해 지배된다. 이전의 야만인들은 그곳에서 자신들의 삶터를 찾는다. 그 후로 지중해에서 중동지역까지 새로운 세계라고 알려진 다른 공간들이 연결된다. 로마는 알렉산더의 여러 발걸음에서 시작에 불과할 뿐이었다.

반대로 고대 그리스의 또 다른 인물을 상기시켜 볼 필요가 있다. 집단적 상상 속에서 티르(Tyr)의 전설적 여왕이자 어떤 의미로는 록산느의 반대 명제인 디돈(Didon)이 바로 그녀이다. 엄격히 역사적 시간을 따져보면 록산느는 디돈보다 몇 세기를 앞선다. 통상적으로 카르타고(Carthage)의 성립을 9세기 말이라고 보기 때문이다. 엘리사 디돈(Elissa-Didon)은 집단의 기억 속에 뜻을 굽히지 않은 인물로 남아 있다. 그녀는 외지에서는 아이를 낳지 않은 유랑자이다.[8] 강력한 형상 디돈은 그녀의 영향력을 고대 그리스 전체에 미치고 있고, 서구 근대 역사에서도 그러하다. 베르길리우스에 의하면, 그녀는 그의 비극적인 운명에 의해, 또 로마의 영광스러운 운명을 부각하는 데 바쳐진 부정적인 인물이 되고 있다. 알렉산더처럼 로마를 정복하고, 혼혈을 만들고 이민족을 동화시킨 제국은 처음부터 자신이 보편성이라는 계획을 도래하게 하리라는 것을 알고 있었다. 폐쇄적이고 상관(商館) 옆에 푯말을 세워둔 카르타고는 교역에만 애쓸 뿐이다. 사비니 여인들을 납치하면서 로마는 출범한다. 베르길리우스는 "아이들은 트로이인이며 동시에 라틴인이다"라고 말

---

8) *Carthage, l'histoire, sa trace et son écho*, Catalogue de l'exposition au Petit Palais, Paris, RMN, 1995 참조.

한다. 카르타고의 개국 여왕은 그녀의 새 조국을 온전하게 지키기 위해서 원주민 왕인 이에르바(Hierbas)와의 결혼을 거절하고, 그때부터 그곳은 불모의 땅이 된다. 그녀의 운명은 그녀를 죽음으로 내몰고, 반면 로마는 도시국가를 끝내고 제국을 건설한다. 모든 사람을 환영하는 제국은 특히 시민권의 개념 덕분에 모든 사람들에게 동등한 특권을 부여할 수 있었다. 이런 것이 로마에 의해 만들어진 혁신이다.

여러분은 '로마인'이라는 말을 만들었습니다. 그 단어는 한 도시국가에 속하는 것이 아니라 어떤 종류의 집단 인종을 나타내는 말입니다. 모든 다른 인종 중에서 한 인종이 아니라, 다른 인종과 균형을 이루는 것입니다. 이제 여러분은 그리스인과 야만인으로 나눠지는 것이 아니라, 로마인과 로마인이 아닌 사람으로 나눠집니다. 그러나 당신들의 제국에 질투란 없습니다. 왜냐하면 여러분은, 스스로를 부당하게 남에게 맡길 일이 없는 최초의 사람이기 때문이며, 누구나 가지고 있는 모든 것을 가지고 있고, 스스로 백성으로서가 아니라 주인으로서 주어진 모든 것을 할 수 있기 때문입니다.[9]

---

9) *Carthage, l'histoire, sa trace et son écho, op. cit.*, p. 235; citation de Aelius Aristide, IIe ap. J.-C., Discours, XXVI, p. 63, p. 65 참조.

보편성의 도구인 혼혈은 부족의 경계를 뛰어넘는 시민권을 만들어냈다. 모든 사람은 시민이 될 수 있었고 '전 세계 공동의 조국' 로마에서는 누구나 황제가 될 수 있었다. 그러나 제국은 폭력과 불평등에 의해서만 존속할 뿐이다. 그 지점이 기독교를 탄생케 했다. 기독교가 알린 박애는 주인들의 것만이 아니라 모두에게, 즉 주인과 노예의 평등을 의미하는 것이다.10)

우리는 록산느에 대척점(對蹠點)으로만 디돈을 회상했다. 록산느에게 있어 라 말린체의 경우처럼, 실제 역사보다 전설이 더 영광스러운 것이다. 알렉산더의 아들들의 운명은 그들의 어머니인 록산느의 운명보다 더 행복하지 않았다. 둘 다 선왕의 질투심 많은 후계자들에 의해 살해당했다. 국경은 제국이 다시 분쟁을 시작했던 지역에서 다시 닫힌다. 꿈은 다른 사람들의 손에 그것이 넘어갈 정도까지 멀어져 간다. 그러나 비전은 평화롭게 통일된 땅에서 모든 사람들이 동등하게 섞이면서 지속된다. 혼혈은 적어도 꿈에서는 보편성 실현의 도구가 된다.

역사의 다른 면에서, 라 말린체는 록산느의 메아리이다. 그러나 어느 면에서 그 메아리는 거꾸로 된 것이다.

---

10) Alain Badiou, *Saint Paul, La foundation de l'universalisme*, Paris, PUF, 1997 참조.

그녀 역시 혼혈의 인물이다. 그녀 역시 제국 발전의 도구이다. 그러나 그 제국은 알렉산더의 제국보다는 덜 이상화된 제국이며, 난폭한 혼혈의 제국이다. 알렉산더의 서사시를 둘러싼 경탄의 분위기가 여기에는 아무 것도 없다. 또한 통일의식의 성대함도 없다. 단지 더욱 극단적인 형태의 강요, 노예 신분, 폭력이 있을 뿐이다.

찢어진 상처의 상징은 코르테스의 인디언 정부(情婦)인 말린체 부인이다. 그녀가 정복자에게 자발적으로 몸을 맡긴 것은 사실이다. 그러나 그녀가 그에게 유익한 존재가 아니게 되자 그는 그녀를 잊었다. 그에게 기독교식 이름을 주기 위해서 마리나 부인은 개종하였다. 그녀는 에스파냐인에 의해 홀리고 능욕 당하고, 혹은 매료된 인디언을 상징하게 된다.[11]

"멕시코인들은 말린체의 배반을 용서하지 않는다"라는 것으로 우리는 이해할 수 있다. 혼혈의 인물인 그녀는 또한 몇 세기 동안 라틴아메리카를 휩쓴 폭력의 최초 희생자이다. 사실 아프리카인의 노예무역, 노예 신분은 인디언세계가 멸망할 때까지 이어지며, 대륙의 비극적 운명

---

11) Octavio Paz, *Le labyrinthe de la solitude*, Paris, Gallimard, 1972, traduit de l'espagnol, p. 81.

은 오늘날까지도 현저하게 드러난다. 근대 초기 라 말린 체는 피로 뒤덮였던 모든 익명의 혼혈을 상징히고, 동시에 역사를 만든다. 그녀는 스스로 혼혈에 열중하는 불행을 만든다. 얼마 전에 멕시코 근처의 코요아칸(Coyoacàn)의 권력자들이 그녀에게 기념비를 건립해주고자 했을 때, 민중의 압력으로 그것을 포기한 일은 놀랄 필요도 없는 것이다.12) 혼혈은 피할 수 없지만 동시에 백일하에 인정하는 것도 불가능하다.

모순의 미로

인정하기도, 부정하기도 불가능한 혼혈은 제국을 무너뜨린다. 혼혈은 제국을 서서히 무너트리는 모순을 백일하에 드러나게 한다. 혼혈이 보이게 만든 은밀한 균열 위에서 모든 건축물이 세워진다. 한편으로 제국의 보편성에 대한 계획과, 다른 한편으로 개인의 욕망이 서로 만난다는, 적어도 수렴한다는 가정에 의해서만 존재한다. 그것들은 한 쪽에서 다른 한 쪽에 이르기까지 자비

---

12) *The New York Times*, 3월 26일, 1997.

와 조화가 적절히 지배하고 있다.

그러나 사실은 그렇지 않다. 제국의 계획과 제국을 구성하는 개인 혹은 집단들의 다양한 욕망 사이에 제국의 법이 끼어든다. 종종 하나의 단어로 요약되는 법이란 곧 왕자의 의지이다. 알렉산더의 경우, 법률은 그의 소유권(despoteia)과 자의적이고 완전한 그의 권력을 연상시킨다. 물론 이 권력에는 박애심이 담겨 있다. 이 소유권은 왕자의 백성들과 정복된 사람들 또한 자비로 가득 채운다. 알렉산더는 도시를 세우고, 페르시아 아이들을 마케도니아 식으로 배우게 하고, 계속해서 통일이라는, 공동체라는 공동의 꿈을 일깨운다. 사실 이 자비로운 권력의 효과는, 백성들을 정복자가 그들에게 부여하는 자리에 있게 하는 것이다.

그 후 제국이 가지고 있는 계획을 현실화하는 방법은 차별을 분명히 하고, 규범을 제정하는 데 있다. 제국은 영토나 부족 사이에 국경을 그린다. 또한 역할을 부여하고 개인이나 집단에게 장소를 할당해준다. 특권과 특혜를 모두에게 부여하고, 제국의 이익에 따라 상벌과 보호를 분배한다. 그렇듯 제국은 종교적·군사적인 표명을 통해서, 위에서 본 것처럼, 때로 통합과 보편성을 찬양하면서도, 개인의 위치를 정할 때는 불평등한 방식을 취한다. 이것은 알렉산더 시대에도, 에스파냐계 아메리카의 경우에도 그러했다. 각각은 제국의 법에 의해 동일시되고, 법이 그에게 부여하는 자리에 위치한다.

이런 식으로 각자의 욕망은 그 욕망을 압도하는 계획에 의해 착취된다. 제국의 계획을 실현하는 조건인 차별과 분리의 일치는 각자의 욕망을 실현시키는 조건처럼 나타난다. 각자의 명예는 그것과 상응한다. 그래서 제국의 법은 개인과 집단의 운명을 실현하는 도구가 된다. 왜냐하면 집단의 계획은 개개인의 욕망과 일치하는 것으로 명백하게 나타나기 때문이다. 우리가 보았듯이 적어도 전설 속에서 알렉산더는 결혼이 제공하는 전형적인 인물상인 코이노니아(koinonia)에 집착했다. 결국 사회적 신체와 욕망의 신체는 상응하거나 혹은 일치하는 것으로 여겨진다. 제국의 힘은 그것으로 유지되고, 그때문에 동화의 능력, 즉 지배의 힘을 갖게 된다.

그러나 제국을 실현하는 그러한 움직임은 제국이 선행을 약속한 사람들을 소외시키기도 한다. 그런 것이 제국의 법이다. 제국의 유적을 만드는 많은 사람들은 그렇게 하지 않으면 결코 이익이 없기 때문에 멀리 내다볼 뿐이다. 제국의 법은 이 모순이 일어나는 곳이지만, 제국은 동시에 이를 감춘다. 법은 명령을 강요하고 욕망을 왜곡시키면서, 한 방향으로 유도한다. 보편성의 계획, 불평등한 명령과 강요된 신분이라는 제국을 이루는 삼각형 안에서 욕망은 희생된다. 욕망은 제국이 마련해준 보호지역, 게토(ghetto), 민족공동체 안에 유폐된다. 제국은 모든 집단들을 분열시키고 대립시키면서 그들을 유지한다. 이것은 제국이 가져다주는 평화나, 혹은 제국이 제공하고자 하는 보편성을 위한 중재 따위를 위해 치러야 하는 대가이다.

그런데 혼혈이라는 존재는 이 계획의 모순을 백일하에 드러내거나 고발할 것이다. 사실 혼혈 아이는 그 존재만으로도 욕망을 폭로한다. 그 아이는 숨길 수 없는 결실이다. 그 아이는 사회적 관계 속에서 등장했고, 그 관계들을 흐트러뜨리는 욕망이다. 제국의 체계적 조직이 정착시키려고 한 모든 경계와 분배를 위반하는 욕망이다. 알렉산더가 페르시아인과 그리스인 사이의 만남을 지배하고 이용하고자 한 것이라면, 근대 식민주의와는 사정이 다르다. 근대에는 소외와 금지가 우세하다. 그래서 욕망은 강간과 같은 인종적 폭력의 가장 난폭한 형태로 불쑥 나타난다. 욕망은 법이 강요한 명령에 대해 직접적으로 문제를 제기한다.

그래서 법은 혼혈아를 배제하고자 하는 것에, 요컨대

그들이 태어나는 것을 방해하는 것에 엄격한 것이다. 법은 혼혈아에게 공간을 만들어줄 수도, 할 수도 없다. 혼혈은 사회적으로 정착할 수 없다. 혼혈은 그로 하여금 그냥 그렇게 있을 수도, 구석에 있을 수도 다른 쪽에 있을 수도 없게 만드는 자신의 사회적 지위 때문에 배제되고 불신을 받아 법의 바깥에 존재할 뿐이다. 그는 스스로 부끄러워하면서 신뢰를 잃고 모든 이에게 버림받는다. 옥타비오 파스(Octavio Paz)는 누구보다 이것을 잘 보여준다.

그의 불안전, 영원한 불안정, 그의 극과 극의 경험들, 즉 용기에서 공포로, 흥분에서 무기력으로, 충성심에서 배반으로의 변화는 왕복으로 인해 바로 법률적인 부당함 때문에 발생한 것이다. 직업의 구분이 다른 것보다도 사회계급과 엄격하게 일치하는 사회에서 혼혈은 문자 그대로 지위가 없는 사람이었다.13)

더구나 혼혈의 위반은 더욱 배가된다. 왜냐하면 아이가 주인의 자식이기 때문이다. 다시 말하면 법의 수호자

---

13) Octavio Paz, *Sor Juana Ines de la Cruz*, traduction de l'espagnol, Paris, Gallimard, NRF, 1987, p. 53.

들의 아이들이라는 것이다. 결국 법을 배반한 것은, 법의 수호자들이다. 코르테스는 우리에게 흥미로운 예를 제공한다. 에스파냐 국왕에게 보내는 네 번째 편지에서, 그는 인디언들에게 복음을 전파하기 위해서 왕에게 합당한 도움을 요청한다. 몇 명의 주교를 보내줄 것을 암시한 후에, 그는 "열의에 충만한 수도사보다 그들의 아이들을 위해 귀족의 세습 재산 획득에 열중하고, 무익한 의식에 그들의 부를 탕진할 주교를 선호한다"[14]고 생각을 바꾼다. 이유는 단순하다. "우리가 살아있는 신이라 부르는 성직자들도 저속하게 남용·부정·신성모독에 전념하는 것을 인디언들이 안다면, 그들은 반드시 성직자를 경멸하는 것처럼 종교를 경멸할 것이다." 혼혈을 존재하게 하는 폭력은 감춰져 있다. 그것은 모든 차별의 근저에 도사리고 있다. 제국의 법은 결혼, 교우관계, 단순한 동거도 금지한다. 그것이 법의 질서와 명령의 대가이다. 더욱이 법은 이 통합의 결실인 혼혈을 비실재의 공간으로 몰아낸다. 법은 백색 혹은 유색, 한 쪽에 속해 있어야 한다. 중간 범주는 존재하지 않는다. 이런 점이 제국의 몰락을 의미하는 그 자체의 모순과 연결되어 있는 점이다. 존재하기 위해서

14) Octavio Paz, *op. cit.*, Lettre 4, p. 236.

제국은 처음의 계획을 포기해야만 한다. 제국은 그 자신의 몸체를 인정하는 것 대신에 파괴해 버린다.

이것이 바로 제국이 자멸하는 방식이었고 개인이 자신의 공동체가 가진 한계 안에 갇히는 방식이었다. 그래서 욕망은 그 스스로의 이미지 속으로 내쫓긴다. 욕망은 마치 나르시스처럼 스스로를 반영한다. 정확하게 제국의 초기 계획, 타민족과의 만남, 욕망의 교차는 없다. 모든 집단주의자들이 실토하지 않는 가정은, 내가 스스로의 거울 속에 있다는 것과 그 사이에서 성취할 것은 없다는 것이다. 우리는 역사상 이토록 긴 시간 동안 평화를 이와 같은 방법으로 얻었고 부정할 수 없다. 하지만 그것은 구조화된 폭력과 일상이 된 억압의 대가이다. 제국은 혼혈인들, 소외된 자들, 버려진 사람들이 권력을 얻은 날까지 다른 행동 방법을 찾지 않는다. 그리스·로마시대의 야만인과 외국인처럼 라틴아메리카의 혼혈인들은 19세기 초 혁명을 거치며 에스파냐 제국을 함락시키고 결정적인 권력이 된다.

우리는 대다수 사회의 혼혈이 위험한 존재로 나타난 것을 안다. 혼혈은 무엇이 되었고, 어떤 공간이 그들에게 부여되었나? 정착하게 하는 것은 불가능하다. 그럼에도 역사는 차이들을 결합한다. 역사는 혼혈이며 혼혈을 만들면서 나아갈 뿐이다. 옥타비오 파스가 "혼혈의 미로는 모든 사람의 것이다"[15]라고 말하는 것처럼 말이다.

오늘날 제국의 형태는 우리 사회 기저에서 흐르고 있다. 명백하든 아니든 그 형태는 존재하고 있다. 우리는 식민제국이나 소비에트제국을 말하듯이 산업제국이나 미디어제국을 말하지는 않는다. 미국이라는 제국의 환상은 여전히 현재 진행 중이다. 이제 미국이 추진하고 감시하는 감시자가 될 '새로운 세계질서'를 향한 계획은 계속 다시 나타난다. 앵글로색슨의 말 '세계화(globalisation)'와 동의어인 '세계화(mondialisation)'라는 단어는 지구 중심에서 가상의 지위를 가리킨다.

차별 이외에 제국을 연상시키는 것은 보편성으로의 계획, 국경의 초월, 한계 없이 존재할 뿐인 제국의 영토라는 공통된 특성들이다. 에너지를 모아야 한다. 다시 말해 모두에게 공동의 꿈을 제안하고, 요컨대 계획만으로 더 나은 세계를 만든다. 새로운 정체성이 생긴다. 즉, 제국은 각자에게 역할을 제공하고 정체성을 결정짓고 새로운 규범과 삶의 방식을 제안한다. 뒤로젤(Duroselle)의 말에 따르면 '모든 제국은 사라질 것'[16]이라도 제국의

---

15) Octavio Paz, "Le labyribthe de la solitude", op. cit., p. 145.

형상은 재 속에서 다시 태어나는 불사조이다. 제국은 인간의 역사와 불가분한 것이고, 역사의 중요한 순간에 개인의 가슴에 새겨진 통합과 보편성의 꿈을 불러일으키고 구체화시킨다. 세계화의 전개과정 속에서 추구되는 형상이 바로 그것이다. 또한 제국은 더 나은 세상에 대한 약속과 정체성을 변화시킬 능력을 통해 보편성에 대한 계획, 힘의 동원력도 가지고 있다.

하지만 우리는 제국의 건설에 얼마나 많은 희생이 필요한지 보았다. 불평등과 폭력은 그 희생의 일부이다. 혼혈은 제국의 영향이면서 가면이기도 하다. 혼혈은 혼합을 성공했다는 사실을 분명히 드러내준다. 그러나 고백하기 어렵지만, 분리와 차별이라는 모든 종류의 체제 때문에 그것을 부인해야 한다. 우리 사회에서 혼혈이 나타난다면, 그것은 제국의 이 거둔 성과의 흔적인 동시에 제국이 저지른 실패의 표시이다.17)

오늘날 세계화를 실현시키는 산업, 미디어, 정치제국들은 폭력이라는 대가를 피해 보편성의 꿈을 실현시킬

---

16) Jean-Baptiste Duroselle, *Tout Empire périra: théorie des relations internationales*, Paris, Armand Colin, 1992.

17) 다음과 같은 서적을 참고할 것. Emmanuelle Saada, *Les enfants de la colonie, Les métis dans l'Empire français entre sujétion et citoyenneté*, Paris, La Découverte, 2007.

수 있을까? 민주주의의 모든 담론은 이 목표를 향해 나아간다. 사실 그것이 쟁점이다. 아마도 그 이유 중 하나는 혼혈이 때로 긍정적이기 때문일 것이다. 우리는 진행 중인 세계화의 성공을 지지하는 징조를 볼 수 있다. 하지만 민주 제국은 용어 자체에 모순이 있다. 다른 형상이 이제 자리를 잡아가고 있다. 이 형상은 그 구조 안에 새로운 희망과 위험을 가지고 있다. 그 형상은 인류를 존재하게 했던 이전의 방식들과의 단절해야만 자신이 한 약속들을 지킬 수 있다.

제6장 민주주의

제국 이외에 우리에게 민주주의라는 형상이 나타난다. 이 형상은 근대성과 불가분의 관계이며 세계화와 떨어트려 생각할 수 없는 것처럼 보인다. 세계화의 예찬자인 토크빌(Tocqueville)은 비록 오랫동안 존재할 수 없다고 하더라도 피할 수 없는 세계화의 확산을 예견했다. 오늘날 우리에게 있어 근대성, 세계화 그리고 민주주의는 연결되어 있다. 비록 실질적으로 그것을 이용하는 것보다 담론 속에서 이야기하는 것이 더 쉽다고 하더라도 말이다. 이는 최근에 나타나고 있다. 현실에서 민주주의의 결과를 보여주기 위해, 민주주의의 이름으로 (이라크전과 같은) 전쟁에 착수하는 것으로는 어림없다. 이는 민주주의가 스스로 만들어내는 모순이 될 수 있다. 선언된 민주주의의 목표는 사실 제국이 드러낸 폭력과 지배의 형식들, 나아가 사회의 가장 낡아빠진 형식을 잘 수정하는 것이다. 그 중에서도 중요한 것은, 오늘날 사람들 사이의 평등에 대한 존중과 다른 것에 대한 인정을 전제로 하는, 보편성의 목표에 대립하는 것들을 재검토하는 것이다. 이는 현대 다문화 민주주의의 문을 연 것이라기보다는 지배종족이나 지배의 문을 닫아 버린 것이다. 모든 인종차별이 되살아난다. 결국 민주주의는 자동적으로 그것이 선언한 평등과 유대감을 이끌어내지 못한다.

인간의 다양성을 받아들이고 정착시키는 현대 합리성과 민주주의적 사고의 중심에 저항이 존재한다. 그 점에서 혼혈인을 인정하는 것은 좋은 예이다. 사실상 어디에 혼혈인이 자리 잡고 있는가? 전통적인 제국에서 폭력에 의해 숨겨진 현실은 근대의 사고에서도 자리 잡지 못한다. '이성에 의한 객관적 인간'을 찾는 근대 정치 이론들은 명백하게 혼혈을 구성하는 특수성을 배제한 채 만들어진다. 이 이론들은 사회와 보편적 범주의 이해라는 원칙을 전제하면서 혼혈로 인해 발생한 사실들을 자기 영역 밖으로 내쫓는 권력·경제·사회계급을 생기게 할 뿐이다. 혼혈이 보여주는 불평등과 폭력은 기껏해야 그 불평등을 초월하는 일반적인 체제에 의해 줄일 수 있고 설명할 수 있는 상황적 요소처럼 보일 것이다. 반복되기 때문에 화를 불러일으키는 이른바 인종분쟁은 오랫동안 경제 분쟁이나 권력을 위한 싸움으로 설명되었다. 만약 혼혈집단이 몇몇 특성들을 인정받는다고 해도, 그 특성은 역사의 거대한 흐름 안에서 사라질 운명인 일시적인 것이 될 뿐이다. 이렇듯이 혼혈인은 주어진 사회 안에서 그들의 신체적 특성이 이미 일반적 기준이 된 분포를 벗어난다는 이유로 그들 자신의 특성을 유지하지 못한 상태에 머물게 된다.

덧붙여 몇몇 작가들은 혼혈인의 상황에 대해 더욱 폭넓은 반성적 사고를 시도했다 하더라도, 그 시도는 결코 혼혈을 작품 전면에 내세우기 위한 것이 아니다. 특히 그들의 개념적 도구는 혼혈을 분석의 목적으로 조직할 수 없음을 증명한다. 혼혈의 다양성은 통합으로 축소할 수 없다. 혼혈인은 존재하며, 다양한 사람들의 만남도 다수의 경험에 의해 존재한다. 언제 우리는 혼혈론을 구상할 수 있을 것인가? 자신의 능력을 시험해보고자 하는 단 한 사람, 고비노(Gobineau)가 차별의 도구로 혼혈론을 이용한다. 그러나 프랑수아 라프랑틴느(François Laplantine)와 알렉시 누스(Alexis Nouss)가 "엄밀하게 말하자면 혼혈은 어떤 것이 아니다"[1]라고 말하는 것처럼 혼혈은 분석에 맞지 않는 것처럼 보인다. 또한 분석적 관점에 관한 것이라도 실제적 관점에서 혼혈은 멀어지고 있다.

그럼에도 이 끈질긴 혼혈은 쉽게 사회 분야에서 물러나지 않는다. 혼혈로 인한 의문을 명확히 인식하기 위해 제3세계가 출현해야 했고, 이주에 의해 서구사회는 변형되어야 했다. 또한 사회분석에서 널리 알려진 경전들도 혼혈을 다시 연구하기를 기대하기보다 새로 대가를 치르고 혼혈이 정착하도록 돕는 노력이 필요하다. 무엇보다 과거에 행해진 시도들의 무익함과 실패의 이유를 이해하려는 노력도 수반되어야 한다.

혼혈은 존재하지 않는다: 코르넬리우 드 포우

코르넬리우 드 포우는 혼혈은 존재하지 않는다고 말한다. 알다시피 그는 혼혈에 대한 책을 썼다. 하지만 그 책의 목적은 혼혈이 사라질 운명에 처했다는 것을 증명하는 데 있다. 부제가 '인간의 역사에 이용되기 위한 아메리카

---

1) François Laplantine, Alexis Nouss, *op. cit.*, p. 82.

인디언의 흥미로운 기억에 대한 철학적 연구'인 1774년 베를린에서 출판된 책에서 드 포우는 처음으로 혼혈이론을 진술한다.[2] 그는 신대륙에 가본 적이 없었지만, 새로운 인종에 대한 자료를 알아보고 축적했다. 그는 역사 외부에 있는 이 '야생'과 자연인을 묘사한다. 새로운 인종이란 퇴화하고 지각할 수 없는, 성적으로 능동적이지 않은 궁극엔 회복할 수 없는 간단히 말해서 열등 인종이다.

드 포우의 의도는 유럽인과 인디언 사이에서 태어난 자식들이 지속될 운명이 아니라는 것을 보여주는 것이다. 그는 혼혈 표를 작성하고, 이미 대중에게 인정된 표현을 다시 언급한다. 이는 1/4 혼혈, 1/8 혼혈, 5세대가 지나고 나면 혼혈인은 사라지고 지배 인종은 그 순수혈통을 되찾는다는 것을 보여주려는 것이다. 결국 시간상 혼혈은 근대에 우연히 나타난 일이다. 창조주에 의해 처음부터 확고히 자리 잡은 거대민족들만 지속된다. 그 시대 사람들에게 보이기 시작한 단계적·역사적·교육적 사고를 드 포우는 전혀 보지 못했다. 우리는 처음부터 불변의 방식으로 고정되고 정체된 세계에 있다. 이러한 세계에서 혼혈은 설 자리가 없다.

---

2) Cornelius De Pauw, *Recherches philosophiques sur les Amérindiens*, Préface de Michel Duchet, paris, 2 volumes, Jean-Michel Place, Paris, 1991.

드 포우는 일류 작가는 아니다. 이런 의미에서 그는 그 시대에 영향을 미친 누구보다 더, 어떤 시각을 반영해주고 있다. 그러나 흥미로운 것은 미쉘 라롱드(Michel Lalonde)가 지적했듯이, 드 포우의 유전에 대한 범위가 오늘날까지도 프랑스의 유전에 대한 담론에서 계속 재생산되고 있다는 것이다. "두 시스템은 같은 목표를 지향하고 있다. 그 목표는 바로 인간 혼혈의 지속적인 혈연관계가 더 이상 존재하지 않게 되는 것이다. 이 목표는 아무 말 없이 두 세기 이후에 유전적 관계가 없어지면서 달성될 것이다."[3]

요컨대 드 포우는 그의 저작 처음에서부터 표준화된 전형들을 체계적으로 작성하고 정당화하기만 했다. 거대 인종은 모두 여기에 기록되었다. 혼혈은 예외였다. 혼혈은 혼혈을 생기게 한 기원 인종을 환원해내지 못하면 혼혈에 대해 이야기할 수도, 정의 내릴 수도 없다. 혼혈은 하나의 일화이며 이국풍이다. 혼혈인은 타인과 그 자신을 위해 '유사함'의 덩어리에 녹아들길 바랄 뿐이다. 또한 로제 바스티드(Roger Bastide)나 옥타비오 파스(Octavio Paz)를 제외한 대다수의 사상가들도 혼혈을 삭제한 분류가 아니고서는 혼혈을 이해하지 못했다.

---

3) Michel Lalonde, "Métissage et texte Beur", in Bernard Hue, *op. cit.*, p. 108.

사회·문화와 관련된 거대한 혼혈 이론으로 만들어졌
던 단 하나의 에세이가 결국 처참한 결과가 되었다는 것
은 사실이다. 그 이론은 사상사에 불명예의 표시로 남아
있다. 그러나 고비노의 주장은 보편적 열쇠로 혼혈을 다
루었기에, 결국 특수성의 배제와 동일한 결과에 도달한
것은 아닐까?

불평등한 혼혈: 아르튀르 드 고비노

사실 이것은 고비노(1816~1882)가 제안한 것이다. 그
는 유일한 해설의 원칙으로 사회의 다양성을 설명하고
자 한다. 이 원칙이 그가 '민족혼합'이라고 부르는 혼혈이
다. "이 저작의 주된 사유 중 하나는 민족혼합의 거대한 효과
이다. 다시 말해 다양한 민족 간의 결혼이다."[4] 이렇듯 그의
사고에는 혼혈과 사회적 삶의 형식이 한 번에 결합되어
있다.

아르튀르 드 고비노 백작의 인종 불평등에 대한 에세

---

4) Arthur de Gobineau, "Essai sur l'inégalité des races humaines", dédicace
de la première édition, Œuvres complètes, vol. 1, Paris, Gallimard,
Bibliothèque de la Pléiade, 1983.

이가 처음 출간된 것은 1853년 초여름이다. 책 서두부터 고비노는 "문명의 몰락은 가장 인상적인 것인 동시에 역사의 모든 현상 중에서 가장 어두운 것"[5]이라고 말한다.

그는 즉각 인간의 다양성을 쇠퇴의 효과로 생각했다. 처음에는 자신이 확인한 사실인 문명의 몰락이라는 현상을 연구하는 것과 관련이 있었다. 그는 이렇게 설명한다.

나는 이 두 가지 근거를 확신해야만 했다. 하나는 민족문제가 열쇠를 쥐고 모든 역사문제를 지배한다는 것이고, 또 하나는 경쟁하에 국가를 이루는 인종 간의 불평등이 사람들의 운명과 관계가 깊다는 것을 설명하는 데 충분하다는 것이다.[6]

이렇듯 그는 처음에 두 가지 가정을 주장했다. 하나는 설명할 사실로 문명의 쇠퇴에 대한 가정이고, 하나는 설명의 원칙으로 혼혈에 대한 가정이다. 그 목표는 역사적 형태들의 다양성, 다시 말해 사회와 문명의 다양한 양상들을 설명하는 것이다. 그러기 위해 민족의 소속이라는

---

5) Arthur de Gobineau, *op. cit.*, chapitre 1, p. 141.
6) Arthur de Gobineau, dédicace de la première édition, À sa majesté Georges V, roi de Hanovre, *op. cit.*, p. 138.

관점과 인종 불평등의 작용이라는 분석대상이 필요하다. 사실 혼혈에 의한 불평등은 고비노에게 인종차별론의 도구로 이용되고, 그는 거기에 인류의 쇠퇴를 덧붙인다.

에세이는 이 주장을 더욱 발전시킨다. 퇴화한 인류는 만들어진 상태나 풍속의 타락으로, 또 인간의 행동으로 설명될 수 없다. 단지 인종차별이라는 요소에 의해 설명 가능하다. "땅 위의 모든 크고 고귀하고 번식력이 강한 백인종인 아리아족"에서부터 불평등과 문명의 쇠퇴로 이어지는 혼혈의 과정이 작동되기 시작한다. 그것이 인간의 사고와 과학으로 세상을 혁신하기를 바라는 고비노 이론의 목표이다.

관찰자이며 여행가이자 작가인 고비노는 그 주장을 밝히고 증명하기를 바랐다. 그는 유일한 원리를 밝히고자 역사와 관련된 전반적 이론의 대열에 투신한다.[7] 그 유일한 원리는 시간이 지남에 따라 사회관계가 취하는 다양한 형태들을 설명하고, 그 관계를 평가할 수 있게 해주었다. 여기에는 무조건 사실에 의존하는 이론을 만들려고 하는 과학적 방법론에 대한 우려와 집단행동의

---

7) 고비노의 인종과 선례에 대한 이론에서 우리는 미쉘 푸코(Michel Foucault)의 다음 책을 읽을 것이다. Michel Foucault, *Il Faut défendre la société*(사회를 보호해야 한다), Cours au Collège de France, 1976, Paris; Gallimard-Seuil, 1997.

방향을 제안할 것이라는, 즉 정치적이 될 것이라는 규범적 우려가 뒤따른다.

고비노에게 있어 이 두 원칙은 쇠퇴의 개념 속에서 분명히 합류한다. 순혈과 관련된 이 쇠퇴는 혼혈에 의해 변질된다. 그에 따르면 사실상 인간사회를 특징짓는 것은 쇠퇴의 과정이며, 인간사회는 그 과정에 들어서 있다. 순혈과 관련된 과정, 그 속의 인간, 그리고 그 인간과 함께 문명은 하나의 산물이다. 어떤 의미에서 종족의 혼합과 비순혈, 개인적·사회적 쇠퇴는 연쇄적으로 일어난다.

나는 인간에게 적용된 '퇴화된'이라는 단어가 인간이 전에 가지고 있던 가치를 이제 더 이상 가지고 있지 않다는 것을 의미해야 하고, 또 의미하고 있다고 생각한다. 왜냐하면 그의 혈관에는 더 이상 같은 피가 흐르지 않고 있으며, 혼혈이 대대로 이어지면 점차 가치가 변형되기 때문이다. 다르게 말하면 같은 성이라도 그는 그의 시조와 같은 인종이 아니라는 것이다. 결국 우리가 특질을 잃은 인간이라 부르는 쇠퇴기의 인간은 민족적 관점이나 위대한 시대의 영웅들의 관점에서는 다른 사람들인 것이다.[8]

---

8) Michel Foucault, *op. cit.*, ch. 4.

고비노에 의하면 인류 초기, 문명의 모든 특성을 가지고 있고 최고의 인종이 될 자격이 있는 순혈 인종이 존재했다. 그 인종은 백인이었고 모든 위대한 인간의 문명은 그로부터 유래한다. 혼혈의 과정이나 인종의 혼합은 다른 문명에게 백인이 가지고 있는 혜택을 허락해주었으나 이는 인류에게 쇠퇴의 과정으로 다시 나타난다.

이런 식으로 고비노에 의하면 생물학적 구조는 인간관계 전체를 결정하는 것이다. 생물학적 차이는 사회적 불평등을 만든다. 토크빌은 후에 그에게 이렇게 말한다. "자네는 모든 것을 생물학으로 한정시켰군." 이런 식으로 사회나 문화를 생물학으로 한정하는 것은 잘못된 동시에 위험한 것이다. 그것은 인간 존재의 인간성을 말살하는 것이기 때문이다. 레비-스트로스는 이렇게 지적한다.

인류학의 원죄는 인종의 생물학적 개념을 혼동하며 한정된 활동 분야를 가정하는 데 있다. 이 생물학적 개념은 현대 발생론이 부인한 객관성을 희망하고, 인간문화의 사회적·심리학적 생산을 원한다. 고비노에게는 차별과 억압의 모든 시도들의 비자발적인 정당성에 진실을 거부하지 않는 지적(知的) 오류를 일으키는 지옥에 갇히기 위해 그것을 행하는 것만으로 충분하다.[9]

고비노의 사고는 하찮은 것은 아니지만 잘못된 것이다. 그는 19세기를 들썩이는 운동에 가담하는데 그것은 인간의 조건을 과학적으로 설명하려는 연구 운동이다. 하지만 그는 막다른 길에 다다른다. 불행은 고비노가, 후손들이 20세기 최악의 상황에 치닫게 만들기를 원하고 있었다는 것이다. 나치와 남아공의 아파르트헤이트는 고비노를 표방한다. 그의 후손들이 완전히 사라졌다고 확신할 수는 없다. 여전히 반복되고 있으며 공권력에 대한 두려움 때문에 혼혈을 인정하고자 하는 것 같다. 그것도 부분적이고 불균등하게 피(血)에 의해 약자가 강자의 편에 섰기 때문이다. 이러한 분석은 불평등을 강화시키고 모든 배제를 더욱 정당화할 것이다. 불평등한 인식은 존재하지 않는다. 토크빌은 고비노에게 이를 계속해서 다시 말한다.

자유의 항의: 알렉시 드 토크빌

초여름에 출간된 시론의 첫판을 토크빌(1805~1859)이

---

9) Claude Lévi-Strauss, *Anthropologie structurale II*, Paris, Plon, 1973, p. 378.

받은 것은 1853년 10월이다.[10] 이 두 사람은 1842년 말이나 1843년 초부터 오랫동안 알고 지냈다. 그들 사이에는 깊은 우정이 있었으며 공손하고 감사할 줄 아는 고비노는 그에게 학문적 길을 열어준 열 살 위의 토크빌을 잘 따랐고, 충실하고 유능한 토크빌은 제2공화정 외무부 시절 고비노를 비서실장으로 고용하는 등 야망 있는 젊은 고비노를 좋게 평가하였다. 그들의 만남은 이미 사회도덕 문제 때문에 이루어졌다. 아카데미 회원인 토크빌은 다양한 유럽의 작가들에 대한 보고서와 도덕의 역사에 대한 독서 주석을 고비노에게 준비시키기 위하여 그의 선발시험을 간청했다.[11] 이미 둘 다 이 문제에 대해 의견을 교환하고 대조할 기회가 있었다. 그러나 시론의 출판으로 이들은 명백히 대립한다.

이 책을 받고 6일 뒤 토크빌은 대답한다. 편지 서두부터 일종의 본능에 의해 토크빌은 고비노에게 반대의견을 털어놓는다.

---

10) 토크빌과 고비노의 관계에 대하여, 그들의 서신록을 참고할 것.
Correspondance d'Alexis de Tocqueville et d'Arthur de Gobineau, Alexis de Tocqueville, *Œuvres complètes*, Tome IX, texte établi et annoté par M. Degros, introduction par J.-J. Chevallier, avertissement de J.-P. Mayer, Paris, Gallimard, 1959.

11) 그들의 첫 번째 서신 교환은 이 문제와 집중되어 있다. 서신록 권말 주석을 참고할 것.

내가 자네의 순수한 의견에 편견이 있다는 걸 숨기지 않았었지. 이제와 털어놓지만 그 의견은 마치 유물론을 계승하는 것처럼 보이네. 유물론 중에서도 아주 위험한 의견 같다네. 그것은 개인뿐 아니라 우리가 인종이라 부르는 개인들의 집단까지 고정된 구조로 운명 짓기 때문이지.12)

"…유물론, 운명, 최악의 가정들, 잘못된, 유해한 학설들" 서신이 계속되면서 형용사들은 토크빌의 불편함과 반대 의사를 전달하고 있었다. 그는, 아니 그 안의 무엇이 고비노의 논거에 지속적으로 반박한다. 토크빌은 고비노에 대한 개인적 호의와 그를 고취시키는 고비노의 의견에 대한 혐오 사이에서 고뇌하고 있음을 고백한다.

이 에세이와 관련하여 내 자신은 계속 심하게 분열되고 있다네. 나는 이 책에는 반대하지만 이 책의 작가는 사랑한다네.13)

1859년 토크빌이 사망할 때까지 6년 동안 고비노의

---

12) Alexis de Tocqueville, Lettre du 11 octobre 1853, *op. cit.*, n° 47, p. 199.

13) Alexis de Tocqueville, Lettre du 8 janvier 1856, *op. cit.*, n° 66, p. 245.

의견에 대한 그들의 서신교환은 계속된다. 이들은 여든 한 번의 서신교환 동안 같은 주제로 이야기하였고, 그 중 열일곱 번은 직접적으로 고비노의 시론에 대해서, 그리고 토크빌이 그의 체계라고 부르는 것에 대해서 이야기하였다. 에세이의 마지막 2판은 1855년 봄에 발매되었고, 그 시절 고비노는 프랑스를 대표하여 테헤란에 가 있었다. 이 마지막 2판은 고비노와 토크빌 사이의 대립을 악화시킬 뿐이었다. 그들은 절교에까지 이르렀다. 인간의 정체성과 사회의 미래에 대한 그들의 전제사항, 그들의 논거, 그들의 결론은 더욱 멀어졌다. 사실상 이 서신들은 사회관계에 대한 두 개념, 다시 말해 도덕과 사회적 삶의 원칙에 대한 개념의 대립이었다.[14]

그렇다면 고비노에 대해 토크빌이 반대하는 이유는 무엇인가? 우선 그가 가진 의견의 유물론적 성격이다. 유물론은 인간의 상태를 단지 물질적 요소나 물질적 구조에 의해 설명하고자 하기 때문이다. 고비노는 유물론이라는 단어를 거부하였는데, 그에 따르면 그는 기독교인이기 때문이다. 설득은 하지 못했지만 토크빌은 고비노

---

14) 두 사람의 각자의 입장 변화에 대해서는 우리는 슈발리에(J.-J, Chevalier)의 다음 책의 훌륭한 서문을 읽어보겠다. J.-J. Chevallier, *op. cit.*, pp. 9~35. 우리의 언급은 그 변화를 일별하는 것이 아니라, 이 두 주인공이 각각 내세우는 전제들을 밝히는 것이다.

에게 자신의 생각을 명확히 전달한다. 유물론자를 거쳐 고비노는 이제 결정론자로 여겨진다. 인간의 운명은 물질적 요인의 운명에 순종하기 때문에 더 이상 자유를 찾아볼 수 없다. 개인이든 집단이든 소위 생물학적 구조, 즉 종족의 소속에 따라 인간 존재를 설명하고 판단하는 것은 인간성의 특징을 부인하는 것이 아닌가? 인간사회는 생물학이 아닌 다른 것에 의해 변화한다. 토크빌은 그것을 자유라고 보았다.

더구나 고비노는 어떤 체계, 다시 말해 모든 것을 설명할 체계를 희망한다. 인종 간 불평등, 태초에 순결했던 인종의 쇠퇴, 혼혈에 의한 인종의 섞임 등은 그에게 문명 집단의 불평등과 인간성의 돌이킬 수 없는 쇠퇴를 설명해야 하는 것처럼 보인다. 짓궂게도 토크빌은 고비노의 그런 주장이 불가능함을 스스로 알아차리도록 만든다. 정의상 미래는 우리로부터 항상 도망쳐 있기 때문이다. 그렇기에 우리는 거의 알지 못하는 대상에 대하여 과학적으로 이야기할 수가 없고, 인문과학을 과학으로 발전시킨다는 생각은 과장된 것이다. 이런 연유로 고비노가 비탄에 잠겨 있음에도 여전히 토크빌은 고비노의 자칭 과학적 논거에 무심했다.

고비노의 운명론 때문에 인종·구조운명론은 비슷한

어떤 것도 허용하지 않는다. 토크빌은 가장 엄격하다고 하는 예정설과 운명론을 비교한다. 그는 인간의 자유가 구속되어 있다는 운명론에 대해 가장 엄격한 신학 이론 인 장세니즘과 칼비니즘을 거론한다. 게다가 신학적 운명론과 고비노의 유물론적 운명론 사이에 차이점이 거의 없다고 덧붙인다. 두 이론 모두 인간에게 지어진 속박 속에서 이론이 절대적이기를 원한다. 두 경우 모두 패자는 인간이다.

자네의 학설은 어떤 운명론이야. 아니 자네가 원한다면 예정론이라 해두지. 생 오귀스탱이나 장세니스트 혹은 칼비니스트의 그것과는 다르다네. (그들의 이론이 자네의 이론과 닮은 구석은 학설의 절대성뿐이지.) 자네의 이론은 예정론과 물질적 사실과 밀접한 관계가 있지. 그래서 자네는 끊임없이 쇄신하거나 악화되는 인종에 대해 이야기하고, 또 '다른 피의 유입'(이건 자네의 표현이지)에 의해 그 인종이 전에 가지고 있지 않았던 사회적 수용력에 대해 이야기하는 것이네. 이제와 털어놓지만 이 예정론은 내게 순수한 유물론으로 보인다네.[15]

---

15) Alexis de Tocqueville, Lettre du 17 novembre 1853, *op. cit.*, n° 48, p. 202.

결국 인간을 생물학적인 동시에 사회적인 체제에 의해 결정된 존재로 보는 것은 인간을 소외시키고 파괴하는 것이다. 거기에는 인간에 대한 깊은 경멸이 있다. 토크빌은 고비노에게 이렇게 말하는 실수를 범하지는 않는다. "자네는 인간을 사랑하지 않는군…."

그러나 이 지적인 추론에 토크빌은 현실을 결합시킨다. 고비노의 학설은 인간성에 최악의 결과를 초래할 뿐이며 개인과 사회에 경멸·복종·폭력 따위의 재난을 불러일으킬 뿐이다. 그 학설은 인간으로부터 인간이 인간이 되게 하는 것, 즉 자유를 박탈한다. "인간의 자유는 아주 긴밀히 연결되거나, 그렇지 않으면 자유는 완전히 정지된다."

게다가… 자네 학설이 인류에 유용했을지 모르지만…. 그러나 그것은 명백히 반대라네. 무슨 이익으로 잔인 속에, 나약함 속에, 혹은 속박 속에 살고 있는 비열한 사람을 설득해야만 하겠나? 그들의 본성이 이와 같다면 그들의 조건을 향상시키거나 그들의 풍속을 바꾸거나 그들의 정부를 변혁하기 위해 할 일이 아무 것도 없지 않은가? 자네의 학설이 자연스럽게 오만·폭력, 동포에 대한 경멸·폭력·비천함 등의 끊임없는 불평등을 낳는 모든 악을 끄집어낸다고 판단하지는 말게나.[16]

민주정에 가담한 귀족이자 지성과 애정에 의해 스스로 민주주의 예찬자가 된 토크빌은 고비노의 지적 구성의 비약을 발견한다. 모든 것이 인종과 생물학적 기원에 의해 정해진다는 것이다. 이러한 시스템하에서 고비노는 실제적으로 또 법적으로 폭력으로 강자들이 가장 약자들을 지배하는 당의 당원이 되었다. 우리는 고비노로 하여금 이러한 시각을 갖게 한 기괴함의 원인을 추론할 수 있다.

토크빌은 즉시 폭력과 경멸의 분출이 가져올 위험성을 간파했다. 그는 인간성이 개선될 수 있는 것이라고 생각했다. 교육은 이 과정의 필수적인 도구이다. 인간성이 그를 좌절하게 하더라도, 인간성은 교육 가능하며 그것이 유일한 방법이다. 그러나 무엇이 잘못되었는지 현실에 더 이상 인간성이 없었다. 구체제의 향수에 젖어 있는 귀족인 토크빌은 강경한 방법이 아마 다른 시대에 더욱 효과적이었을 것임을 인정한다. 그러나 스스로 선택해서 민주주의자가 된 토크빌은 자유가 어떤 동기보다도 우월하다는 것을 입증한다.

---

16) Alexis de Tocqueville, Lettre du 17 novembre 1853, *op. cit.*, n° 48, p. 203.

내게 인간사회는 각자의 자유를 이용하는 개인과 같은 것일 뿐이네. 나는 항상 왜 우리가 지나 온 귀족정에서보다 민주정에서 자유를 구축하고 유지하는 것이 어려운 것일까라고 말하곤 했지. 하지만 나는 그것이 왜 불가능한지 생각할 정도로 무모하지는 않을 것이네. 왜 그것의 성공에 대해 단념해야만 하는지, 나는 그 생각으로 나를 고취시키지 말아달라고 신에게 기도한다네. 아니, 나는 이 가시적인 창조에 앞장 서 있는 인종이, 자네가 우리에게 말한 것처럼, 무리를 퇴락시키리라 믿지 않을 것이네. 또 결국 우리보나 너 낫기는커녕, 때로 더 나쁠 수도 있는 적은 수의 지도자가 미래도, 방법도 없이 그 인종을 지배하에 두는 것밖에 할 것이 없다고 믿지도 않을 것이네.[17]

요컨대 문제는 경멸과 솔직하고 명석한 사랑 중에 인류가 어떤 것을 선택하느냐이다. 또한 종교적 선택과도 관련이 있다. 더 정확히 말하면, 논쟁은 기독교를 대면하는 두 가지 태도를 보여준다. 하나는 태초부터 고정된 인간의 운명과 창조, 기원을 강조하는 것이고, 다른 하나는 이야기와 미래, 그리고 자유의 역할을 강조하는 것

---

17) Alexis de Tocqueville, Lettre du 24 janvier 1857, *op. cit.*, n° 72, p. 280.

이다. 기독교인들의 사고에 자리 잡고 있는 이중의 접근은 스스로가 문명의 요인이기를 바란다. 이미 도덕에 대한 그들의 서신에서 고비노와 토크빌은 이 주제를 두고 대립한다 실제로 토크빌은 항상 어떻게 고비노의 체계가 기독교의 전통과 멀어지게 됐는지, 또 이론적 폭력성 때문에 고비노의 이론이 신학적 관점에서뿐만 아니라 실제적 관점에서도 멀어졌다는 것을 일깨워주는 데 소홀히 하지 않았다.

자네는 겉으로 교회에 경의를 표하면서 그 품에서 벗어나지 않기 위하여 선의와 노력을 다하고 있지. 그러나 자네의 시스템은 교회에 적대적일 수밖에 없고, 우리가 당연히 내릴 수 있는 결론이 어느 정도는 교회의 생각과는 다르다는 것을 인정해야 한다네.[18]

고비노의 대답은 극도로 맹렬하다. "아니요, 내가 가톨릭 신자라고 말한다면, 그건 내가 정말 그렇기 때문입니다." 그 편지를 받고 6개월 후 (한 명은 프랑스에, 한 명은 중앙아시아에 멀리 떨어져 있었기 때문에) 토크빌은 이렇게 답장

---

18) Alexis de Tocqueville, Lettre du 30 juillet 1856, *op. cit.*, n° 70, p. 265.

한다.

내가 자네의 종교에 대해 했던 어떤 악의적인 농담을 자네가 진실로 받아들였군. 이는 자네와 두세 개의 사막이나 바다를 두고 떨어져 있는 친구에게 경솔히 행동해선 안 된다는 걸 의미하네. 아무렇게나 쓰여진 단어는 일 년 뒤에나 바로잡을 수 있겠군….

토크빌은 교회의 전통과 고비노 학설 사이의 불일치를 명확한 논거로 이야기한다. 고비노가 의심했던 인간의 성(性)과 인류단일기원론의 통합에 관해, 특히 인간 사이의 평등에 관해 이렇게 말한다.

기독교는 명백히 모든 인간을 평등한 형제로 여기고자 했지. 자네의 학설은 고작 하늘에 계신 아버지의 자녀들만을 위한 것이라네. 태어나면서 갖게 된 권리에 의한 정복자와 피정복자, 주인과 노예가 있을 뿐이지.19)

이는 역설적이다. 둘 중에 명시적으로 기독교를 내세

---

19) Alexis de Tocqueville, Lettre du 24 janvier 1857, *op. cit.*, n° 72, p. 277.

우고 자신의 기독교적 정체성의 생생한 방법을 주장하는 한 명은 완전히 복음에 반대하는 한 명에게 공격당한다. 한 명과 반대로, 또 다른 한 명은 절대 의심을 멈추지 않고, 철수한의 수치심 속에서 결코 자신이 신자임을 인정하려 하지 않으려는 것처럼 보인다.[20] 그는 복음과 교회 안에서 인간을 성장하게 하고, 인간의 자유에 헌신하고, 모든 인간의 평등을 보장하는 그 힘을 인정한다. 이 역설은 분명히 프랑스혁명에서 비롯된 교회-사회의 다양한 관계가 지하에서 계속 이어지고 있다는 사실을 보여준다.

고비노를 비판하는 토크빌은 우리에게 이런 식으로 인종차별적 사고의 핵심까지 들어가게 하는 은혜를 베푼다. 둘 중 아무도 '인종차별'이라는 단어를 사용하지는 않는다. 그럴 수밖에. 그 단어는 20세기 초부터 사용되기 시작된 것이다. 그 단어를 그들이 사용하지 않았다고 하더라도 그것은 그들 논쟁의 쟁점이었다. 주장이 강한 이 두 사람 사이의 논쟁에서는, 누구도 형식적 예절과 언어적 우아함이 사고의 엄격성과 표현의 솔직함을 제

---

20) Alexis de Tocqueville, Lettre à Madme Swetchine du 6 févier 1857, *op. cit.*, vol. XV, p. 313 참조: "나의 인생은 신념으로 가득 찬 내부 안까지 흘러갔었다. … 그런데 의심이 나의 마음으로 들어왔다. …."

한할 수 없었다. 고비노는 불평등을 전제로 하는 운명론적 사고의 냉혹한 이론들이 폭력과 궁극적인 인간 파괴로 이어질 뿐이라고 설명한다. 이와 정반대로 토크빌은 인간성이 스스로의 운명을 책임질 수 있는 방법과 마치 자유와 평등의 발전이 그러한 것처럼 인간성을 고려하지 않을 수 없다고 주장한다.

그들의 서신이 우리에게 보여주는 인류학적 쟁점은 도덕적 논쟁이다. 그 쟁점 중에 스스로 그렇다고 생각하는 도덕의 공허함과 유해성은 생물학적 자료를 근거로 만들어진다. 토크빌에게 있어 인간의 본성은 생물학적 결정론에 속하는 것이 아니라 자유에 속하는 것이다. 인간사회와 개인에게 돌려줘야 하는 것은 자유다. 토크빌이 사망하기 몇 달 전, 그는 역시 같은 주제를 다루고 있는 서신에서 고비노에게 이렇게 고백한다.

나는 자네를 높이 평가하고 또 애정도 많다네. 그러나 기질이 다른 우리 두 사람 사이에는 자네의 반박을 불러일으키는 대립도 있지. 틀렸다는 것은 아니야. 나는 사람을 좋아한다네. 그들을 존중할 수 있다는 것이 나를 아주 기쁘게 하고, 그때의 찬미의 감정보다 더 좋은 것을 난 알지 못하네…. 자네가 타고난 것이든지, 혹은 자네의 젊음이 용감하게 덤

벼든 고된 싸움의 결과이든지, 자네는 일반적으로는 인류가, 그리고 특히 자네의 나라가 자네에게 불어넣은 경멸로 사는 데 익숙해졌군.21)

긴밀한 협력으로 시작된 지적(知的) 우정의 얄궂은 운명은 세계적 비전과 행동에 대한 전적인 반론이라는 판단으로 끝을 맺는다. 토크빌은 "결국 자네의 정치 이론에 대해 더 이상 이야기할 수 없음을 용서해주게나"라고 이야기한다.

그렇다고 해도 민주주의가 침묵을 강요받은 것은 아니다. 고비노의 체계적인 가정이 분명히 설명했다기보다 폄훼해 버린 인류와 혼혈의 만남이라는 전 세계적이고 피할 수 없는 현상에 직면하여, 민주주의는 토크빌의 주장과 자신의 위치를 되찾아야 한다. 그것은 어떤 애매함에도 자리를 내주지 않는다. 인종차별에 반대하는 것은 단지 열의나 좁은 의미의 도덕에 의한 일이 아니라 인류의 선택과 관련된다. 요컨대 이는 우리가 어떤 인간성을 고려하느냐와 우리가 이루고자 하는 사회가 어떤 것인지 아는 것과 관계가 있다.

---

21) Alexis de Tocqueville, Lettre du 16 septembre 1858, *op. cit.*, n° 78, p. 296.

민주주의는 부족에서 시민권으로 나아가는 과정이다. 민주주의의 목적은 평등과 보편성이다. 민주주의를 통해 모든 이에게 추천하고, 다시 말해 보편적인 인간정체성의 새로운 개념이 도래하고, 개인에게 모두가 평등하다는 인식이 제공된다. 따라서 민주주의와 부족사회 사이에는 중간적 표현이 없다. 고비노와 토크빌을 화해시키는 것은 불가능하다. 물론 토크빌이 말했듯이 민주주의는 불평등하고 전체주의적인 방법으로 성립될 수도 있다. 실제로 민주주의는 자신의 이상을 배반해 버릴 수 있다. 식민지라는 구체적인 경우에 토크빌 자신도 그곳에서의 민주주의 전개의 적합성에 대해 주저하였다. 그러나 민주주의의 도래가 아주 어려워 보이는 몇몇의 경우라 하더라도, 앞으로 나아가는 방법인 교육을 통해 필연적으로 민주주의가 도래할 것을 예견했다. 이제 제국의 꿈은 시대착오적이다. 점차적으로 전 세계에 퍼지고 있는 민주주의 사회건설이라는 계획은 알렉산더나 과거에 대한 향수를 대신한다. 세계화의 도래는 민주주의의 확대와 분리시킬 수 없다.

그리고 민주주의는 혼혈문제와 떨어트릴 수 없다. 이렇듯 열린 공간에 혼혈이 정착하고 있기 때문이다. 드 포우 나 고비노가 부여한 그 자리가 아니다. 드 포우에게 그 기원에서부터 고정되어 변하지 않는 본성과 관련된 것이었고, 고비노에게는 시간의 흐름에 따라 변화하는 형식의 본성과 관련된 것이었던 혼혈은 사실 자연의 순리에 따른 현상이다. 그렇지 않다면 혼혈은 중세 요새인 바스티드처럼 사회적 인종과 관련된 사회의 순리에 따른 것이다. 결국 사회·문화적, 다시 말해 인간적 현상과 관련된 것이다. 오늘날 민주주의의 이름으로 많은 수의 집단이 사회 속에서 그들의 자리를 요구하고 있다. 그것은 단순히 피부색에 의해 불평등이 정당화되는 사회에 대한 배척이 아니다. 인종차별에 '반대'하는 것만으로는 부족하다. 우리가 '무엇을 위해' 이러는지 말할 수 있어야 한다. 우리가 원하는 사회는 평등이라는 이름으로 '인종을 차별하지 않는(color-blind)' 사회나 각 집단의 차이와 특성을 모르는 사회도 아니다. 우리가 원하는 사회는 민주주의의 이름하에 각각의 집단이 그들의 풍부한 다양성을 이용하고 내세울 수 있는 사회이며, 엘리존도의 표현[22]을 빌자면 다색의 혹은 '다채로운' 사회이다. 다시 말해 사고의 작업이 모든 인간의 이성적·문화적·육체적 다양성의 정당성을 인정하는 사회이다.

---

22) Éric Fassin, *op. cit.* 참조.

이제 차이의 인정, 인류의 만남, 폭력의 초월은 시민의 자주적 행동에 달려 있다. 혼혈은 의미가 달라졌다. 혼혈을 이해하고 현대 민주주의에 자리 잡게 하려는 노력이 필요한 시기이다.

제7장 소속들

세계화는 소속을 뒤흔들어 놓았다. 소속된다는 것은 자기 자신을 명명하는 것이다. 한 가족, 한 국가, 한 전통의 구성원으로서 자기 자신을 명명하는 일인 것이다. 하나의 혈통, 하나의 종족, 하나의 전통에 소속된다는 것은 지울 수 없는 일이다. 이 소속은 몸짓과 관습을 통해 몸에 각인된다. 이 소속 때문에 다른 사람들은 당신이 어떤 그룹에 속하는지 알아차리게 되고, 주위에 돌아다니는 완전한 도식들을 당신에게 들이댄다. 사람들은 자신의 소속의 경계에서 어느 정도는 그렇게 분류되어 있고 갇혀 있다. 각 개인은 그가 아프리카인·유태인·아랍인, 또한 '골족(gaulois)'의 정체성을 가지고 있다는 단순한 사실로부터 자신의 이웃이 해야 할 것을 알고 있거나, 알고 있다고 믿고 있다.

그런데 세계화가 가져 온 이동성 때문에 이 집단들은 서로 침투한다. 즉 서로 뒤섞이는 것이다. 세계화가 만들어낸 흐름들과 그 때문에 일어난 이동으로 한 개인의 환경은 바뀔 수밖에 없다. 개인들은 갑자기 다른 상황 속에 처하기도 한다. 모르는 지역에서 온 이웃들과 옆에 살면서, 그리고 익숙하지 않은 언어들을 말하면서, 미리 예상하지 못한 방식으로 행동하면서 말이다. 다른 사람과 상대적으로 각 개인을 위치시키는 소속의 기준들은 우리가 다른 세계에, 즉 다른 나라, 다른 지역, 새로운 직장이나 여가환경에 옮겨 간 상태에 있을 때에는 더 이상 기능하지 않는다. 경계는 희미해지고 있다. 그리고 예전부터 손댈 수 없을 것 같았던 구분들은 새로운 상황에서 자신의 제약들을 잃어버리고 있다. 한 집단 혹은 하나의 전통에 갇힌다는 것은 불가능하다. 세계화는 개인들에게는 자유에 대한 요청을 뜻한다. 새로운 분쟁은 개인의 자유와 전통적 소속 사이에서 나타난다.

그런 상황에서 혼혈은 새로운 가능성을 열어놓는다.

혼혈은 함께 살아가는 새로운 형태를 제시한다. 혼혈은 오랫동안 환상 속에서 유지되어 왔고, 강대국의 체제가 활용해 왔던 생물학적 숙명이 아니다. 혼혈은 새로운 유형의 사회관계이다. 왜냐하면 민주주의는 혼혈이 숨겨 왔던, 그리고 혼혈의 모호함이 만들어낸 것들을 세상 밖으로 꺼냈기 때문이다. 혼혈은 차이를 가리키는 한 방식이었다. 그러나 혼혈은 차이를 불평등으로 변모시켜 보여주었다. 그래서 대부분의 사회에서 혼혈은 차별로 나타났고 배제를 암시했다. 민주주의 시대가 되면서 그러한 시각은 완전히 뒤바뀌게 된다. 혼혈이라는 단어는 이 시대에도 계속 차이를 가리킨다. 하지만 그 차이는 더 이상 차별로 향하지 않고, 상호인정에 이른다.

민주주의는 실제로 인간들이 가진 차이를 완전히 지우는 작용을 하지는 않는다. 아파르트 헤이트(예전 남아프리카의 인종차별정책)를 제외하고, 어떠한 사회도 원래의 출신·종족·교육·문화와 상관없이 다양성을 제거하자고 주장할 수 없다. 다양성을 인정하고 큰 가치를 부여하는 일은 현대사회의 풍요함을 보여주는 것이다. 현대사회들은 거기에 전 지구에서 온 사람들을 끌어들이고 있다. 이런 인정은 민주주의 사회에서 필수적 관건이다. 인정은 현대사회들이 이룩해야 할 중요한 일 중의 하나이다. 그런데 혼혈은 특히 인정의 중요한 지점이 되었다. 왜냐하면 그 혼혈이 차이와 그 차이들이 서로 얽히는 방식을 보여주기 때문이다. 혼혈은 소속들에 어떤 '작용'을 하고 있다. 이제 다양한 문화들과 그것들의 개별성 사이에서 새로운 열린 공간과 민주적 정체성을 어떻게 관리할 것인가? 기존의 정체성에서, 모르는 타인에게도 열려 있는 새로운 정체성도 보장하는 소속으로 어떻게 이행할 것인가?

움직이는 경계

새롭게 인지할 수 있는 첫 번째 측면은 경계의 이동이다. 세계화 중인 민주주의 사회들에서 경계들은 가변적이다. 지리적 경계뿐만 아니라 관습과 삶의 방식, 이데올로기, 신념의 경계들도 마찬가지이다. 사회구성원 전체가 가진 힘과 그들에게 부여된 의무는 상대적인 것이 된 것 같다. 우리는 가족과 국가에 속해 있고, 종교를 믿기도 한다. 이 세 가지는 서로 연결되어 있다. 게다가 이들은 기억할 수 없이 오래된 것이다. 정체성은 여러 세기를 거쳐 형성된 것이다. 오랜 기간 동안 형성되었다는 사실 때문에, 우리는 정체성이 개인에게 안정적으로 흡수되기도 하지만 개인에게 강제적으로 주입되기도 한다는 것을 알 수 있다. 몇 세기를 걸친 순환은 이제 해체되었다. 개인에게 기준이 되는 중심은 다양해졌고, 그에 따라 여러 선택의 가능성이 열렸다. 이제 어떤 사람을 출신 지역, 혹은 그의 가족과 종교로 규정하는 것은 불가능하다. 세계화는 그가 이미 받아들인 경계들을 위반한다. 더욱이 세계화가 그 경계들을 지워 버린다. 사실 세계화 때문에 우리는 우리의 소속들에 대해서 다시 생각해보고 그 소속들을 변화시킨다.

그런데 사람들은 세계화를 부정적인 것으로 여긴다. 정확히 다문화적인 특징 중 하나는 그 경계들이 더 이상 그렇게 보장된 것으로 보이지 않는다는 것이다. 사람들은 한 국가가 그 경계들에 완전히 갇혀 있고, 그 '종족'이나 하나의 문화에 정확히 일치했을 때 그 국가에 대해 환상을 갖는다. 따라서 사람들은 경계가 통과할 수 있는 것으로, 더욱이 그것을 찾을 수 없는 것으로 느낄 수 있다. 지역적인 경계, 이것에 대해서는 인구의 이동이 역할을 하는 것 같다. 이뿐 아니라 정보의 경계, 사상의 경

제7장 소속들 237

계, 가치의 경계들도 여기에 작용한다. 지리적인 문제가 별로 중요하지 않게 되면서 문화와 종족은 더욱 모호해졌다. 경계의 확대, 외국인 유입, 세계의 개방에 맞대응해서 생긴 끔찍한 담론들이 바로 이러한 인식에 근거를 두고 있다. 그 담론들은 정체성 상실의 위험과 미개인들의 새로운 침입에 대한 위협을 강력하게 주장하면서 부정적인 감정들을 부추기고 있다. 그래서 혼혈은 완전한 전복, 극단적인 배반, 즉 자기 국가에 외국인을 끌어들이는 배반으로 보인다. 여기서 혼혈인은 서양 세계를 파괴하는 트로이의 목마가 되었다. 이러한 사실은 서양을 견고한 성채로 만들었고, 5세기 전부터 서양 역사의 이동이 확장의 역사였으며, 그것이 결국 지금의 국제화를 이루었다는 것을 잊어버리게 하는 일이다. 이와 함께 이 사실은 예전의 공포를 다시 부추기면서 지금 세계에서 이루어지고 있는 의사소통에 대한 요구를 피해 가는 일이다. 이 사실은 우리가 환상이라고 규정한 순수한 단일성이라는 명목에서 인간성을 구성하는 다양성들에 대처하는 일을 거부하는 것이다.

사실은 언제나 차이에 대처하는 일은 경계를 설정하면서 이루어졌다.[1) 경계는 나누고, 경계는 차이를 나타낸다. 가장 명확한 것은 적어도 근대국가시대에 지리적 경계들이다. 이 지리적 경계는 장벽으로 표시되고, 군대가 수호하는 땅 위에 하나의 선으로 표시된다. 그 경계들은 그 경계의 안과 밖을 규정한다. 그 경계 내부에, 그 안에 있는 사람들은 우리이고, 우리의 시민이다. 그 외부에는 외국인들이 거주한다. 지리적 경계에 따라서 모든 요소들이 드러난다. 이 요소들은 우리들의 나라에서 삶의 방식이며, 서로 다른 민족들로 사람들을 구분하고 정의하는 상징들인 국가정체성을 형성한다. 그리고 이 요소들은 적을 규정하는 데도 사용된다. 경계를 넘어서는 일에는 어떤 절차들이 필요하다. 이 절차들은 시간에 따라 다양하고, 기술적인 방식들과 정치적 상태에 따라 서로 다르다. 몇몇 경계는 폐쇄되어 있고, 실제적으로 그 경계를 넘어설 수도 없다. 또 다른 경계들은 개방되어 있고, 어느 정도 열리고 있다. 경계 덕분에 지구는 구별된 공간이 된다. 시간에 따라 사람들이 지구에 사는 방식은 지구에 선으로 된 망으로 줄을 긋는 것이다. 그 조직망은 색깔과 우리 아이들의 지리 과목이 지적하는 바에 따라 두드러지게 된다. 지리적이고 국가적인 경계

---

1) 여기에 대해서는 다음의 괄목할 만한 저서를 참고할 것. Xavier de Planhol, *Géographie historique de la France*, Paris, Fayard, 1988.

는 최소한 우리가 믿는 것처럼 문화적인 경계이다. 땅위에 그어진 선들은 역사를 규정하고, 평화와 전쟁, 즉 민족의 운명을 결정하는 많은 경우에도 계속 나타난다.

오늘날 새로운 사실은 바로 이런 것이다. 땅 위에 그어진 선이 지워지는 것처럼 보인다. 그 선들은 이제 그 중요성을 상실하고 있다. 한편으로 그 선들은 사람들을 모호함 속에 빠뜨리지 않고, 그 신분을 명확히 밝혀주기 위하여, 반드시 필요하기는 하지만, 급속한 이동과 전 지구를 손쉽게 여행하는 이 시대에 그렇게 중요한 고려 사항은 아닌 것 같다. 위성사진에서 그 선들은 전혀 나타나지 않는다. 굳이 증거를 대자면 '자연적인 경계들'은 이미 유통기한이 지난 물건들의 창고에 넣어두어야 것으로 치부되고 있다는 것이다. 지구는 하나가 되고, 인간들은 결국 어느 누구도 종속시키지 않는 보편적인 문화에 도달할 것인가? 땅 위에 그어진 선이 점점 구멍이 뚫리고 있어서, 이와 함께 정체성들은 다시 정의되어야 한다. 민족들은 서로 접촉하고 뒤섞이며, 문화의 교환은 가속화되고 있다. 그래서 이제 많은 도시의 한가운데에서 의복의 유행, 요리의 관습, 가치체계가 어디서 왔는지 규정하는 것은 거의 불가능해지고 있다. 외국인,

경계는 어디에나 있다.

　그러나 반발은 때로 갑자기 나타난다. 어디에나 존재
하지만, 경계는 더 이상 아무 곳에도, 땅 위에도, 정신
속에도 존재하지 않는다. 이렇게 경계를 불분명하게 만
드는 일은 민주주의를 만들고, 그것의 기반이 되는 국가
정체성을 해체하는 일이 아닌가? 그러한 우려 때문에
끊임없이 수많은 논쟁들이 있었다. 거기서는 '통합'이라
는 주제를 강조하기도 하고, 한 나라의 문화와 다른 문
화들, 원주민의 문화와 이주민들의 문화들 사이에 대립
이 발생하기도 한다. 거기서는 "로마에 가면 로마법을
따르라."라는 오래된 금언을 상기시키기도 한다. 외국문
화의 산물에 대한 불신, 야만인들에 대한 두려움, 서양
세계 깊은 곳에 잠들어 있는 제국이 침범당하고, 파괴당
하는 것에 대한 두려움들이 나타나기도 한다. 문화의 혼
혈은 국가정체성의 적일 수 있다. 혼혈은 부식을 조장하
는 산물이다. 다시 말해, 인간집단의 정체성을 드러내주
는 구별의 파괴자이다.

　정체성과 문화의 혼혈 사이가 대립한다는 말은 거짓
이다. 정체성이 혼혈의 반대와 잘 어울리는 것은 아니다.

반대로 정체성과 혼혈은 서로를 요청하는 관계이다. 유럽의 건설은 현재 진행 중인 과정에 있는 좋은 예이다. 이 건설은 새로운 공간, 즉 유럽이라는 공간을 정착시키기 위해 국경들을 점차적으로 무력화시키려는 것으로 부각된다. 그러나 이 공간이 정착된다고 해서 여러 국가의 문화정체성이 없어지지는 않는다. 그것은 언어를 통해 시작된다. 우리가 알고 있다시피, 하나의 통일된 언어를 강요하면서 유럽통합을 상상한다는 것은 헛된 일이다. 우리는 북아메리카 대륙의 미국이라는 공간에서 초등학교에서부터 모두에게 이중 언어를 가르치는 것처럼, 다른 해결책이 필요하다는 것을 알 수 있다.

반대로 유럽의 공간이 그러하듯이 국가들의 공간이 하나의 보다 큰 공간으로 확대되면서, 우리가 오랫동안 무시했던 사실, 즉 정치적 경계와 문화적 경계가 반드시 서로 겹치는 것은 아니라는 사실을 의식할 수 있다. 이 사실은 결정적인 것이다. 실제로 오랫동안 정치적 경계가 만드는 공간과 문화적 경계가 만드는 공간이 서로 일치한다고 여겨져 왔다. 제국은 자신의 식민지에 문화를 강요했고, 식민지 국가들은 자신의 언어를 요구했다. 한 현실주의 정치가가 존중하도록 지시했던 지역적 '특성'

은 아직 남아 있다. 그러나 정치적 관계와 문화적 정체성은 일치하는 해야 하는 것으로 여겨졌고, 학교는 그러한 일치를 위해 가장 우선시되는 도구였다. 국가의 영토에 살고 있는 개인이 정체성은 주어진 하나의 틀 안으로 흘러들어가게 된다. 그 틀은 언어를 뜻하고, 병역과 같은 집단의 공동의무에 기여하고, 특히 공공자산에 접근하고 공동의 문화를 누리는 시민을 만든다. 19세기 지역 언어와 같이 오랜 투쟁으로 유지되는 개별주의는 남아 있었다. 그리고 그것은 시간과 공동의 정체성을 형성하게 만드는 전쟁의 폭력을 대가로 얻은 것이다. 하지만 국가의 이상은 시민의 정체성과 모든 개별주의를 흡수하고, 개인의 요구 전체에 대응하는 공동체의 문화를 이용하여, 이 개별주의를 지워버린다. 프랑스와 같은 나라에서 지역적 다양성이 가치를 드높이고, 정당한 것으로 인정되었던 것은 최근의 일일 뿐이다. 예를 들어 지역어들이 그렇다. 이 사실은 일종의 평균적이고 신중한 방향으로 나타날 수도 있지만, 그것 이상의 의미가 있다.

실제로 혼혈은 다양한 정체성들의 일치를 문제 삼기 때문에 나타난다. 혼혈은 경계를 넘나든다. 혼혈은 경계를 이동시키고, 그래서 정체성들은 더 이상 그렇게 쉽게 정해진 공동체의 틀에 흘러들어갈 수 없다. 혼혈로 인해 정치적 경계와 문화적 경계는 분명히 서로 다른 것이 되고, 이 두 경계가 보여주는 변화의 리듬은 같지 않다는 것을 인정하게 된다. 정치적 경계는 확실히 정해진 것으로 지도 위에 인쇄된 선처럼 분명하고, 문화적 경계는 불분명하고 유동적인 공간으로 정확히 그릴 수 없는 것으로 느껴진다. 문화적 경계는 사람들 사이를 지나고, 각자의 마음속에 설정되어 있다. 그 경계는 항상 가변적인 것이다. 혼혈인 아이는 그 증인이고, 실제로 그 아이들이 그것을 몸소 보여주고 있다. 그 아이가 살아가는데, 두 집단, 즉 여러 집단, 그러니까 자신의 부모와 자신의 조부모 집단의 영향을 받을 수밖에 없다. 그 집단들은 그 아이들이 속해 있는 집단과 닮아 있기도 하고, 다르기도 하다. 그 아이는 두 가지 혹은 다수의, 그리고 새로운 어떤 정체성에 속해 있다. 많은 시민들이 그렇듯이 브르통이나 로렌 지방의 사람들, 이탈리아인, 슈티미 혹은 마그레브인들은 한 공화국의 국민들이다. 공화국과 함께 국경은 그 의미가 변한다. 국경은 땅 위에 분명한 선으로 표시된다. 또한 정신 속에 분명한 선으로도, 하나의 정체성을 규정하는 소속의 선으로도 나타난다. 우리는 어느 한 국가의 국민이다. 프랑스인, 독일인, 이탈리아인처럼 말이다. 우리는 다양한 소속을 가진 시민이다. 물론 땅 위에는 계속해서 선이 그어져 있다. 그리고 계속 그어지고 있다. 그러나 문화와 정치 사이는 이제 어떤 대화도 맺어서 있다. 그리고 그 대화의 결론은 권력의 폭력에 의해 미리 규정되어 있지 않다.

오랫동안 혼혈이 진행되고 있을 때, 매우 굳건하게 땅위에 자리를 잡은 경계는 접촉의 지점, 통과의 지점, 다시 말해서 뒤섞임의 장소라는 것이 드러났다. 그 경계는 인간들 사이의 분리를 나타내기보다는 그들의 만남의 장소를 나타낸다. 최근에 미국잡지 『뉴스위크』의 자료를 보면, 미국은 멕시코와의 전 국경에 걸쳐 장벽을 설치했는데, 그 장벽은 오히려 새로운 문화, 멕시칸-아메리칸 문화의 공간이 되어 가고 있다. 다르게 말하면, 철조망이 리오 그란데를 따라 세워져 있어도, 멕시코의 북부와 미국의 남부의 모든 공간은 새로운 지역이 되었다. 그 지역은 점점 미국과 멕시코에서 분리된 공간이 되고 있다. 경계는 더 이상 하나의 선이 아니다. 경계는 하나의 길이다. 오래 전부터 구유럽은 이러한 현상을 겪고 있다. 정치적 경계는 활발한 문화적 교류 속에서 제거되었다. 단일성이라는 명목하에 그 경계들은 분리를 강요했다. 그리고 그 경계들은 영토와 지역의 정체성들 위에 새로운 정체성을 덧붙였다. 국가의 정체성 말이다. 그래서 프랑스와 같은 나라가 실제로 문화적으로 다양한 지역을 국가정체성을 중심으로 결집시키는 것이다.[2] 지역 문화의 재발견과 그들의 가치를 인정하는 일은 이민을 통해 유입된 외국문화를 수용하려는 움직임과 같은 맥락의 움직임에 속한다. 같은 영토에서 국가정체성은 다양한 문화정체성을 하나의 움직임으로 연결하고 있다. 국가는 이렇게 종족의 정체성들을 변모시키는 기계가 되고,[3] 문화 사이의 대화의 장이 되고 있다. 이 대화의 장은 혼혈을 통해 다문화주의 속에 정착하고 있으며, 그것은 민주주의를 파괴하는 것이 아닌, 오히려 민주주의를 더욱 발전시키는 밑거름이 되고 있다.

---

2) 프랑스의 문화적 정체성에 대해서는 다음 책을 참고하시오. Emmanuel Todd, *L'invention de la France*, Paris, Livre de Poche, Pluriel n°8365, 1981.

3) Dominique Schnapper, *La communication des citoyens, sur l'idée moderne de nation*, Paris, Gallimard, 1994.

양자 혹은 삼자 대화

테일러(Taylor)는 다문화주의 상황에서 문화들 사이의 관계를 대화석인 것이라는 단어로 규정했다. 그는 다음과 같이 적고 있다. "이처럼 나 자신의 정체성을 내가 발견하는 일은, 내가 그것을 고립된 상태에서 공들여 만들어냈다는 것을 의미하는 것이 아니다. 그것은 내가 그것을 대화를 통해 일부는 내부, 일부는 외부에 있는 다른 사람들과 협의하여 만들어낸 것이다."[4] 한 영토 위에 다양한 정체성들이 나란히 정착할 수 없다. 그것이 어떤 관계를 맺고 있더라도 말이다. 민주주의에 대한 의지가 강요된 폭력을 대신하는 순간, 대화는 다문화주의의 열쇠가 된다. 그러나 그 대화를 어떻게 이해할 것인가라는 의문이 생긴다. 왜냐하면 그 대화는 눈속임일 수도 있고, 정해진 구체적인 도식이 어떤 것이든 간에 두 가지 말의 교환을 가리키기 때문이다. 다시 말해, 이를 테면 A와 B의 두 문화 사이를 잇는 교환 말이다. 다문화주의는 이러한 상황일 수 있다. 혹은 서로 다른 영토에서 발생한 문화들이 민주적인 교환을 시도하기 위하여 원주민들의

---

4) Charles Taylor, *op. cit.*, pp. 50~52 참조.

문화, 혹은 문화들과 서로 조우할 수 있다. 그러나 솔직히 말하면 이 만남은 새로울 것도 없다. 왜냐하면 우리가 앞서 본 것처럼 민족들이 서로 이미 뒤섞여 있기 때문이다. 그러나 우리 민주주의 사회에서 만남은 폭력적인 방식보다는 대화의 힘, 다시 말해 말의 힘으로 형성되려고 하고 있다. 이런 것이야말로 새로운 것이다. 왜냐하면 말과 인정이 속박과 무시를 대신하고 있기 때문이다.

이런 시각은 대화의 결정적인 요소를 빗겨가는 것이고, 대화를 무익하게 할 뿐이다. 대립과 폭력이 무엇을 만들었는지 되돌아보아야 한다. 일상의 삶은 매일 우리에게 폭력이 계속되고 있다는 것을 증언하고 있다. 폭력이 사라지고 대화가 시작되기 위해서는 서로 다른 출신의 사람들을 만나게 하는 것만으로 충분하지 않다.5)

---

5) 그에 대한 증언이 있다. 한 고등학교 교장은 다음과 같이 증언했다.
   "'통합'이라는 단어는 마법의 주문 같은 역할을 하고 있다. 모든 사물이 공화국의 질서와 평화 속에 들어가기 위해서는 그 단어를 낮게 읊조리기만 하면 된다. 또한 그 단어는 어느 정도의 의미를 가져야만 한다. 사람들이 우리에게 통합에 대해서 말할 때, 사람들은 무엇에 대해 말할 것인가?"(Jacques Croizuer, professeur de philosophie au lycée de Dammarie-les-Lys, "Les rebelles de la mondialisation", Le Monde, 16 janvier 1998)

실제로 정해진 가치들이 다른 문화 혹은 타자의 문화에서 나타난다면, 그 가치들은 반발을 불러일으킬 수도 있다. 우리는 지금 양자의 도식 속에 있다. 이때 타인과의 대화는 지배 혹은 항복일 수밖에 없다. 혹은 자기 자신의 정체성을 타인에게 강요하거나 자신의 정체성을 포기하는 일일 수밖에 없다. 그러나 혼혈에서 일어나는 일은 완전히 다르다. 혼혈은 몸들이 서로 겹치면서 일어나는 대화이다. 그것은 양자 간의 대화가 아니라 한 사람, 다른 한 사람, 그리고 그들을 닮았고, 그들이 만나서 태어난 사람들 간의, 즉 삼자 간의 대화이다. 완전한 대화가 사람 간의 대화가 되려면 두 대화자가 의견을 따를 만한 제삼자가 필요하다는 것을 기억하자. 제삼자가 존재하지 않는다면, 그것은 양자 간의 대면일 뿐이다.

대화처럼 문화 간의 만남에 대해서 생각하는 것은 우리가 그 대화에 그 대화가 진정한 사람 사이의 일이 되기 위해 요구하는 차원과 조건을 제공한다는 것을 말한다. 그 대화는 일상적인 수다로 이루어지는 대화가 아니다. 이때의 말은 사고 전체, 그리고 정체성 전체를 파괴할 뿐이다. 그 대화는 제삼자를 포함한 양자 간의 교환이다. 이때 제삼자는 교환의 장에는 없지만 그 교환을

가능하게 하고 성공으로 이끈다. 제삼자인 '그(il)'는 '나
(je)'와 '너(tu)'를 연결한다.

　　대화 중에 그(il) 혹은 그녀(elle), 그것(cela), 그녀들(elles),
그들(ils)과 같은 것들은 제삼자로서 우리의 만남에 닫힌 전
체 밖이나 그 전체에서 제외되어 있는 것들을 지시한다. 그
러니까 우리의 의사소통에 속해 있지 않다는 것을 말한다.
제3의 위치 정확히 말하면 그, 그녀, 그러한 사실, 여기에 없
는 사람, 없는 물건, 우리가 대화의 주제로 삼고 있는 사람과
사물, 모두 제삼자로서 우리의 대화에 배제되어 있기도 하
지만, 포함되어 있기도 하다.[6]

　　그리고 혼혈의 예찬자인 미셸 세르(Michel Serre)는 다
음과 같이 덧붙이고 있다. "혼혈은 신체를 기르기 위해
서뿐만 아니라 가르치기 위해서도 가치가 있다. 혼혈은
여기서 교양 있는 제삼자라고 불린다." 이것은 어떤 '그'
에 대한 교육, 가르침, 수련과 관련된다. '그'는 스승 혹
은 학생인 '나'와 '너'를 초월하여 '나'와 '너'의 대화를
지휘한다. 결국 '그'가 '나'와 '너'의 지배를 받는 것은 아

---

6) Michel Serres, *op. cit.*, p. 82.

니다. '배제된 제삼자'는 여기서 논리적인 개념을 말하는 것이지, 사회적 배제를 뜻하는 것은 아니다. 이 배제된 제삼자는 대화자들 사이의 대화를 가능하게 해준다. 제삼자의 측면, 지금 존재하는 제삼자가 없이, 두 사람 사이의 대화는 존재하지 않는다. 미셸 세르가 교육에 대해서 말한 것은 보다 폭넓게 완전한 교육에 적용될 만하다. 그리고 우리에게 있어서는 문화 간의 대화에도 적용된다. 이 대화는 자주 구체적으로 오랜 기간의 진보 전체, 즉 교육으로 나타난다. 그것은 단지 양자 간의 노력으로 만들어진 것이 아니다. 그렇다면 그 대화는 아무런 소득도 없고 폭력적인 대면이 되었을 것이다. 완전한 대화, 그러니까 문화 간의 대화에 제삼자가 필요하기 때문에 제삼자로 인해 그 대화는 가능해지고 풍요로워지기도 한다.

혼혈은 제삼자이다. 혼혈은 개인이며, 문화적 요소 혹은 상황이다. 혼혈은 제삼자로서 대화에 개입하고, 그 대화를 가능하게 한다. 두 대화자 중 어떠한 누구도 제삼자로서 혼혈보다 높은 위상을 가지지 못한다. 사실 대화는 그 대화의 주인공들에게 그들의 대화가 낳을 새로운 존재가 실제로 존재하고, 그를 받아들일 수 있을 때

만 가능해지고 풍요로워질 수 있다. 새로운 언어, 새로
운 경험, 새로운 관계, 공통적인 무엇이 구축된다. 그것
은 상호인정의 열매이며 교환으로부터 도출된 상황 혹
은 창조물이다. 그때 대화자들 서로가 서로를 인정할 것
이고 동시에 그들은 서로에게 새로운 존재가 될 것이다.
그래서 문화 간의 대화에서 제삼자인 혼혈은 그 대화 내
에 실재하든 안하든, 대화 주인공들의 교류와 변모를 가
능하게 해준다. 그 교류로부터 태어난 자, 즉 혼혈 아이
는 새로운 혼합이며 새로운 문화이다. 이것이야말로 폭
력으로부터 빠져나올 수 있는 유일한 출구이다.

고대사회는 여성들을 납치하고 교환하면서 폭력적 상
황에 대처했다. 우리 사회들은 전쟁에 대화라는 해결책
을 제시한다.[7] 그러나 단순한 대면으로 축소된 대화는
폭력적 상황을 발생시킬 뿐이다. 그 대화는 별로 소득
없다고 치부되는 양자 교환의 경제에서 나타난다. 그리
고 그러한 경제에 새로운 것의 자리는 없다. 그리고 주인
공들의 변화도 없다. 그렇지 않으면 서로 대화 주인공들
의 입장만 강화될 뿐이다. 그런 대화는 일시적일 수밖에

---

7) Pierre Clastres, *Archéologie de la violence, la guerre dans les sociétés
primitives*, Paris, L'Aube, 1997.

없는 합의를 이끌어낸다. 그러한 대화는 에너지가 어떠한 방향으로 향하는지 가리키지 않는다. 한 마디로 그런 대화는 치명적인 양자성에 갇혀 있다. 그러나 인생은 삼자적인 것 혹은 그 이상의 것, 다니 로베르 뒤프르(Dany-Robert Dufour)의 표현8)에 따르면 삼위일체적인 것이다. 뒤프르는 양자적인 것과 삼자적인 것 사이에서 우리 사회의 생존을 위한 관건을 선택했다. 이러한 관점으로, 혼혈은 문화 사이의 대화에서 일정한 영역일 수 있다. 그 영역을 통해 만남은 가능할 수 있다. 우리 사회들이 되어가고 있는 다문화사회들을 위해, 그 영역은 미래를 알려줄 배제된 제삼자를 형성할 것이다. 혼혈은 개인이건 집단이건 다문화사회를 통해 약속되고 만들어질 열매이다. 그러나 정확히 말해, 그 열매는 지금 존재하는 다양한 문화 중 어떤 문화에도 속하지 않는다. 그 열매는 이런저런 문화에 따라 이름이 붙여졌고, 이런 저런 문화를 가리키기도 하지만, 바로 거기서 변질이 되기도 한다. 비르질 엘리존도(Virgil Elizondo)는 그것을 다음과 같이 적고 있다.

---

8) Dany-Robert Dufour, *Les mystères de la Trinité*, Paris, Gallimard, 1990.

혼혈은 기원이 되는 어떤 집단의 범주에서 적절히 정의되지 않는다. 혼혈의 정체성은 어떤 유일한 역사와 한 유형의 기준에 들어가지 않는다. 우리는 '둘-사이'의 사람들이다. 왜냐하면 우리는 우리의 이중적인 기원들이 가지고 있는 요소들을 포함하고 있다. 우리는 온전히 이 두 기원 중 하나로만 규정되지 않는다. 이 둘 사이는 우리에게 창조성이라는 경이로운 잠재력을 제공한다.[9]

'둘-사이'의 공간들

만약에 우리가 원한다면, 삼자적인 관계로 된 혼혈의 새로운 공간이 형성될 가능성이 나타난다. 이때 이 가능성은 이미 구축된 기준 사이에 끼어들게 되고 소속들에 혼란을 일으킨다. 새로운 장소에서 창조성이 나올 수 있다. 새롭다고 할 수 있는 이유는 그 장소들을 이전에 존재하던 소속들로 환원해서 생각하는 것이 불가능하기 때문이다. 혼혈은 그 혼혈의 기원이었던 것들이 재생산되는 일을 말하지 않는다. 그 영역들이 또 새롭다고 할

---

9) Virgil Elizondo, *op. cit.*, p. 156.

수 있는 이유는 미래에 열려 있고, 그 영역들이 갖게 될
얼굴을 예측할 수 없기 때문이다. 예술은 우리가 보았던
것과 같이 그러한 출현에 우위를 두는 분야들 중 한 분
야이다. 음악·패션·실용미술은 매일 눈앞에서 우리의
커다란 기쁨을 위해 그 형태·색깔·멜로디를 뒤섞고 있
다. 요리도 마찬가지다. 그리고 보다 넓게 많은 친구, 가
족사회적 관계들은 공통된 삶의 그물을 짜고 있다. 그
관계들이 더 가까워질수록 삶은 혼혈이 되어 가고 있다.
다문화적인 것은 생생히 살아서 사회의 형태를 변화시
키고 있다.

그러한 변화가 갖출 형태들을 예측할 수 있는가? 문
제는 때로 확대된다. '어디까지 그것이 진행될 것인가?'
라는 질문은 이 상태를 인정한다는 것을 말하지만, 오랜
두려움을 감추는 질문이기도 하다. 여기서 지금까지 알
려지지 않았던 집단의 삶과 형태, 가치의 선택들이 갑자
기 나타난다. 예를 들어 가족과 종교의 관습이 그런 경
우이다. 상호문화적인 것과 혼혈의 이름으로 그 관습들
을 받아들이고 지지해야 하는 것인가? 아니면 그 형태
를 트집 잡아 거부해야 하는 것인가? 우리는 테일러가
자신의 에세이에 마지막으로 이 문제를 거론했고, 동일

한 한 모델에 모든 것을 획일화하는 것과 집단이 자신의
관점 내부에 갇혀 있는 것 사이에 중립적인 출구를 만들
려고 했던 것을 기억하고 있다.10) 우리는 사실 새로운
길이 될 그 '중도(中道, voie moyenne)'를 검토하기 위해서
몇몇 기준들을 사용할 수 있을 것이다.

　문화들의 만남에서 발생하는 형태들의 첫 번째 특징
은 그 형태가 새롭다는 것이다. 그러나 우선 그 새로움
은 때로 부정적인 것으로 여겨진다. 그 이유는 혼혈이
자신을 낳은 부모 중 어느 것에도 속하지 않기 때문이
다. 혼혈은 양쪽 어디서부터로도 인정받지도 인정되지
도 않는다. 결국 첫 번째 반응은 거부이다. 실제로 그 양
쪽의 각각은 자신에게 갇혀 관습과 관습, 행동방식과 행
동방식, 가치와 가치가 서로 대립할 위험을 안고 있다.
우리는 여기서 다시 양자적 관계, 즉 단순한 대면을 보
게 된다. 민주주의가 가져 온 것은 다른 것이다. 민주주
의의 보호 아래, 중요한 문제는 삼자관계가 될 수 있다.
그것은 한 영역상에 있는 다양한 문화들 간의 삼각관계
에 관한 것이고, 이때 그들의 만남을 통해 새로움이 태

---

10) Charles Taylor, *op. cit.*, p. 97.

어난다. 이렇게 만들어진 대화로 인해 두려움은 없어지고, 현실의 무게로부터 벗어나, 민주주의의 가치들을 가져올 수 있다. 그리고 민주주의도 더 가까워질 수 있다. 대화의 열매인 혼혈은 구체적으로 가능한 것들을 낳는다. 혼혈은 변화를 가능하게 하는 역동적인 힘을 가지고 있다. 민주주의적 삶은 미래에 열려 있고, 아직 알려지지 않은 다른 가능성들에 열려 있다는 가정도 할 수 있다. 그런데 정확히는 그것이 바로 부족한 점이다. 최근 몇 년 동안 도시외곽의 분쟁과정에서 수백 번 들었던 다음과 같은 말을 보자. "우리는 여기서 미래가 없다. 우리는 가능성이 없다. 우리는 만들고 시도하고 싶지만, 그 길은 가로막혀 있다." 분쟁을 해결하기 위해 차이 밖에 우선 어떤 가능성과 이미지가 열려 있는 것인가? 어떠한 보조금 혹은 어떠한 제재도 그 폭발을 막을 수 없다. 인간들 자신이 그들의 창조성의 길을 찾지 않고, 인간들을 대화와 변모하는 인정 속에 존재할 수 있게 하는 제삼자인 혼혈과 만나지 않는다면 말이다.

만약 우리가 위에서 내세운 모델들, 특히 공동체의 시민성을 제시하고, 문화적 배타주의를 개인의 선택으로 생각하는 모델을 고려한다면, 이런 대화를 사용하는 것은 그리 어려운 일이 아니다. 혼혈은 모든 시민이 그렇듯 존재할 권리가 있다. 배재와 폭력이 존재한다는 것은 불완전한 민주주의의 징후, 오랜 불평등의 잔재, 시민적 가치, 혹은 교육의 부재를 나타낼 뿐이다. 성공한 통합은 그런 까다로운 일을 제거하는 데 목표를 둔다. 왜냐하면 다양한 문화적 전통에 대해 민주주의는 중립을 유지하기 때문이다. 민주주의는 특별한 관계의 유형을 설정한다. 그 관계의 유형은 기존 문화에 의해 발생한 전통적 관계, 즉 가족·종교·종족의 관계 전체와 경쟁한다. 이렇게 발생한 사실들은 법과 충돌하지 않는다면 민주주의와 관계를 갖지 않는다. 바로 이 사실이 시민성 교육의 중요한 일상적 문제점들을 보여주는 것이다. 이런 의미에서 법은 특별한 방식으로 혼혈을 인정해야 할 필요는 없다. 법이 이런 저런 특별한 집단을 인정해야 할 필요는 전혀 없다. 민주주의로 인해 우리는 종교, 성별, 혹은 종교적 관계와 정치적 관계를 명확히 구분할 수 있게 되었다. 민주주의 법의 힘은 정확히 그 법이 어떠한 특수성도 인정하지 않는다는 사실로부터 정당화된다. 법은 모두에게 동일하다. 법은 '눈먼 사람(aveugle)'처럼 피부색·나이·출신의 차이를 가리지 않는다. 법은 모든 시민을 동등하게 대한다. 어떤 집단의 우선권을 인정하는 것은 또 다른 불평등을 초래하고, 어떤 집단을 그들이 가진 특수성 속에 가두어버리는 일이다. 즉, 이는 민주주의의 종언을 말한다. 이런 의미에서 혼혈의 국가, 정당, 정치집단은 존재할 수 없을 수도 있다. 민주주의적 인정은 시민으로서의 개인에 대한 인정이다.

남은 것은, 정확히 말해 일상적인 상황에서, 어떤 역설이 발생하는 일이다. 한편으로 민주주의는 추상적인 원칙이다. 다른 한편으로 일정한 지역의 민주주의는 구체적인 형태를 띤다. 민주주의는 사회적·정치적 형태로 구체화되는데, 그 형태들은 역사·전통·문화적 유산의 요소들에 결부된 것들로, 그 자체가 다양한 혼혈의 결실이다. 요약하면 민주주의가 구체적이라는 것을 활용하는 일일 뿐이다. 민주주의는 법적·정치적·사회적 형태들과 같이 구체적인 것에서, 어떤 업무에 사용되는 원칙으로 나타난다. 민주주의는 화학의 원소들처럼 분리 가능한 것이 아니다. 민주주의는 한편으로는 국가, 한편으로는 법이라는 특수한 모습을 가졌다. 국가는 일정한 영토 위에서 일정한 순간에 주어진 어떤 선택을 표상한다. 법은 그것이 전통으로 나타난 것이다. 그래서 위험한 것은 이 역설로 선택한 한 부류에 따라서, 법이 다른 법들과 충돌하거나 그 부류를 나타내는 그 자신의 표현들로 인해, 다른 문화들과 충돌하지 않는다는 것이다. 이로부터 법과 법, 관습과 관습이 대립하는 분쟁들이 발생하고, 민주주의 한가운데서 결국 구제국들의 흔적들이 다시 드러나게 된다. 그리고 여러 이분법적인 말들이 논쟁들에서 횡행하게 된다.

유일한 출구는 현존하는 두 가지 요소들을 뛰어넘는 제3의 관계를 향한 공간을 여는 것이다. 즉, 무엇인가 새로운 것을 건설할 수 있는 곳 말이다. 왜냐하면 민주주의의 법은 단순하게 작성되었다. 다시 말해 공통된 법이 존재하고, 그 법은 모두에게 동일하다. 왜냐하면 그 법은 보편적인 것이기 때문이다. 다른 법, 즉 법이 지향하는 보편성으로부터 민주주의적 법을 구별하는 것은 바로 이런 것이다. 민주주의의 법은 스스로, 지금 그리고 여기서, 인권에 대한 구체적인 전통이기를 바란다. 바로 인권의 이름으로 외국인은 손님으로 대접받고, 모든 인간이 가지는 동일한 권리들을 인정받는다. 일상적인 법에서 통용되는 인권으로 인해 상호인정과 다양한 인간 집단의 혼혈은 가능하다.

이러한 만남은 현재 각 집단이 공통된 민주주의 법을 준수한다는 것을 전제로 한다. 이웃들 간의 공존에 대한 일상의 논쟁이 문제가 되더라도, 종교집단과 같은 대규모 공동체 집단들에 부여된 지위에 문제가 되더라도, 그 형식은 동일하다. 법은 주어진 한 지역에서 그 안에 있는 문화들을 위해 일종의 도구가 된다. 그 도구는 혼혈을 가능하게 할 뿐만 아니라 모든 문화가 추구하는 것, 즉 정체성, 보편성, 폭력의 제어 등을 보장한다. 각 인간 집단은 특수하다. 하지만 동시에 각 집단은 보편적인 것이 되기를 원한다. 요약하면 그 집단은 자신의 구성원들에게 보다 가까워진 인간성을 대변하며, 그 구성원들에게 보편적 인간성에 속하는 존엄성에 대한 감정을 제공한다. 이 친근성과 보편성이라는 두 측면은 개인으로서의 집단이 살아남는 데 반드시 필요하다. 공동의 목표는 바로 인권과 만남, 즉 인정을 가능하게 한 민주주의 법의 구체적인 규정들이 말하는 보편성을 지향하는 것이다. 이 목표에 대한 교육은 항상 장려된다. 왜냐하면 인간은 자신의 특성을 인정받아야만 존재할 수 있기 때문이다. 그리고 사회는 여러 색깔, 다양성, 차이들로 가득 채워져 있기 때문이다. 바로 이것이 사회의 풍요로움이다. 반대로 동일한 존재, 복제인간들의 사회에서 사람들은 살 수 없을 뿐만 아니라 그것은 재앙이다. 따라서 민주주의 법의 보편성 지향과 함께 특수성을 연결하는 작업들이 반드시 필요하다.

새로운 공간들은 특수한 개인의 상황에 스스로 보편적인 지향점들을 적용해 가는 공간이다. 우선 교육의 공간에서는 차이에 대해서 말하고, 그것들을 정착시키고, 그것들을 극복할 수 있어야 한다. 그 공간들은 '남'과 '우리'를 대립하게 하는 두 기둥으로 만들어진 이분법적인 논리들에서 빠져나오게 할 수 있다. '우리' 역시 특별한 문화를 가리키며, 그 문화 역시 보편성을 지향하도록 요구받는다는 사실을 잊어서는 안 될 것이다. 특수성이 두려움 없이 빠져들 수 있는 창조적 공간들은, 그러나 민주주의가 만들어낸 계획의 보편성에 직면해 있는 상태에 머무른다. 그 공간에서 각 개별 집단들은, 그 집단들이 존재한다는 것 때문에, 그 집단들이 현대사회의 사회계약을 받아들일 때, 그들이 원하는 새로움과 자유를 일부 잃을 각오도 해야 한다. 많은 교육자들과 선생님들은 이런 종류의 일들을 규칙적으로 수행한다. 그리고 많은 집단과 조직들은 그렇게 시민사회를 조직한다. 이렇게 조직된 시민사회를 통해 그 구성원들은 거기서 스스로 미래를 건설할 수 있다. 그러한 장소는 집단 사이에 소통을 가능하게 하고, 공동의 목표를 향한 개인의 전진을 가능하게 하는 공동의 공간이 된다.

따라서 목표는 더 이상 추상적인 것도 아니며, 더 이상 한 문화의 지배적 표현이 소수자로 생각되는 다른 문화에 강요되는 것도 아니다. 여러 표현들이 자신의 길만 고집한다면, 그 표현들은 그 길로 갈 수 없고, 부적절한 것이 된다. 이 목표는 민주주의의 보호 아래 일상의 논쟁거리가 된다. 이 목표야말로 개인이 어떠한 차별도 받지 않는 시민으로 인정받을 수 있게 해준다. 그리고 요약하면, 이 개인은 보편적 주체이며, 동시에 개인으로서 자신의 다양한 소속과 자신의 특수하고 구체적인 인성을 조화시킬 수 있다. 관계들, 변동하는 관계들, 혼혈의 관계들, 사회에서 새로운 것을 가진 창조적인 관계들이 이렇게 서로 조직된다. 여기서 불평등하지 않은 혼혈이 형성될 수 있다.

이제 이로부터 더 나아가야 하는가? 다시 말해서 더 큰 단계, 즉 전 세계적 차원에서 혼혈을 상기시켜야 할 필요가 있는가? 헌팅턴(Samuel P. Huntington)은 자신의 저서 『문화의 충격(Le Choc des civilisations)』11)에서 지도 하나를 제시한다. 이 지도에는 민족들의 연합관계, 대립관계들이 자세히 나타나 있다. 이 관계들에서 문화적 정체성의 문제는 가장 중요한 자리를 차지한다. 작가에 따르면 정치적 경계들은 민족이나 문화적 경계 앞에서는 흐려지기 마련이다. 그리고 그에게 있어서 '문화전쟁'은 정치적 전쟁에 뒤따르게 뻔하다.

문화적인 것에 대한 진단과 잠재적인 발전에 대해 기록된 내용은 매우 인상적이다.12) 정체성의 문제가 뚜렷하게 드러나지 않은 상호문화적 교류가 별로 없다는 사실은 일상생활에서도 알 수 있는 일이다. 이 정체성의 문제는 세계화의 경계 없는 정보 때문에, 오늘날 어디에나 존재하고, 흐름 즉 우리 세계를 관통하는 흐름들과 분리할 수 없다. 인간성은 보편화의 흐름 속에 관계하고 있다. 이 흐름에 대해 어떤 집단도 거부할 수 없다. 옛날 고문서들은 신들의 세계에서부터 모든 사실을 정리하고

---

11) Samuel P. Huntington, *Le Choc des civilisations*, Paris, Odile Jacob, 1997. 미국 저서에서 번역한 것임.

12) *Continuer l'histoire*, Paris, Fayard, 2007. 특히 p. 8과 p. 85에서 한 위베르 베들린느(Hubert Védrine)의 언급을 볼 것.

있었다. 현대의 사상들은 마르크스주의뿐만 아니라 우리와 가까이 있는 자유주의 사상도 그 중심을 바꾸었다. 그러나 그들은 여전히 모든 것을 정리하고 있다는 자만심을 가지고 있다. 하나의 중심은 필요하니까 말이다.

그런데 여러 중심이 존재한다. 과거의 중심들은 계속 지속되고 있다. 즉, 그 생명력을 다시 회복하고 있다. 지금의 중심들은 보편주의의 분쟁을 만들어내고 있다. 그 분쟁에는 종교적인·혁명적인·경제적인 혹은 정치적인 것들이 있다. 이 중심들 각각은 보편적인 것을 제시하고 싶어 하는 자신의 주장만을 유지하고 있다. 각자 자신의 특수성을 주장하고 다른 중심들을 배제하면서 살아남을 수밖에 없다. 인간의 보편성에 대한 요구는 세계화에 속한다. 그 요구는 자동적으로 배제의 움직임을 만드는 특수성에서 명확히 나타날 때만 살아남을 수 있다. 여기서 우리는 세계적 차원에서 보편적인 것과 우리가 위에서 개인들에 대해 언급했던 개별적인 것에 대한 역설을 다시 발견하게 된다. 길가에서 마주치는 이웃들은 속으로는 서로를 배제하는 세계들을 품고 있다. 즉, 다가올 전쟁들에 대한 전조들을 품고 있는 것이다.

헌팅턴은 낙관주의자가 아니다. 그는 체계에 따르면서 문화들을 서로 대립하는 고정된 블록들로 생각하였다. 그는 최악의 경우가 발생할 가능성을 극단적으로 보여주고 예측했다. 하지만 그는 '문화전쟁의 중단'이라고 그가 칭한 것에 대해서 고찰한다. 그는 중재 속에서 수단을 찾는다. 그 중재라는 것은 관심을 받지 못하는 어떤 국제기구들에 의한 것이 아니라 '흥미를 끄는 부분들', 즉 상호매개 차원의 중재를 말한다. "이 중재는 이해 당사자들의 친족들로부터 지지를 받는다. 그리고 한편으로 그 동족들과의 동의를 협상할 능력을 가지며, 다른 한편으로 그렇게 얻어진 동의를 그들의 친족이 허락하도록 설득할 능력을 가진다."[13] 자, 이렇게 다시 국제 외교게임에 끼어들게 된 요소들은 지금 현재 집단들의 관계에 속하고, 혼혈의 관계에 속하는 것들이다. 상투적인 말들이 계속되는 가운데 혼혈들은 항상 훌륭한 이중의 요인들로 만들어지는 것 같다. 그러나 여기서는 반대다. 중재가 문제이지, 그 이중의 요인들은 문제가 아니다. 집단들 혹은 개인들은, 그들 자신이 경계면이다. 그 경계면들로 인해 서로 의견이 같지 않은 같은 편들의 의

---

13) Samuel P. Huntington, *op. cit.*, p. 325.

사소통이 이루어진다. 이것이 바로 평화에 대한 대가이
다. 다른 말로 전쟁의 대체물, 그것은 바로 관계들이다.
이 관계들은 문화의 경계들로 조직된 것이며 혼혈로 만
들어진 것이다. 그 관계들로 인해 다른 공간을 만들 수
있다.

1989년, 우리는 한 대학 세미나에서 전 세계의 다양한
거대문화들 전체 속에서 나타나는 '인권'에 대한 표현을
연구했다. 왜냐하면 모두들 그 표현을 따르고 있기 때문
이다. 현존하는 인권에 대한 문서들은 통합적이기까지
한 종교적 전통들로부터 만들어진 것이고, 마르크스주
의로부터 유래한 것이며, 또한 유럽 혹은 미주 대륙으로
부터 유래한 것이었다. 그러나 각자는 그것들을 자신에
게 유리하게 해석했으며, 보편적인 동일한 목표가 천주
교·이슬람·자유주의 혹은 마르크스주의와 같은 자신의
문화적 전통 속에서 구체화될 수 없다는 것을 보여주려
고 노력했다. 이러한 발견은 회의주의나 나태함에 이르
게 만들 수도 있다. 마치 이런 일을 절대 이루지 못하는
유엔 포럼에서 이루어지는 토론에서 볼 수 있는 것처럼
말이다. 그러나 이 발견이 중요한 사실을 보여준다. 모
호하게라도 인류는 적어도 1948년 유엔 선언에서 구체

화된 '인권'이라는 공통된 표현의 원칙을 수용한다는 것이다. 그리고 사람들은 그것이 공통된 목표라는 것도 받아들인다. 이 공통된 목표에 어떤 것도 정면으로 거부할 수는 없다. 이렇게 어떤 교환과 어떤 말은 전면적인 전쟁과 같은 것이 없기 때문에 가능한 것이 된다. 그 선택은 『혼혈 혹은 미개(Métissage ou barbarie)』[14]라는 책이름에 나타나는 것일까? 일견 문화들은 폐쇄된 실체로 여겨지기도 하고, 전쟁을 일으키기도 한다. 긴 전쟁으로 말미암아 문화의 종말 자체를 초래할 수도 있을 그런 전쟁 말이다. 혹은 문화들은 그 문화가 변형될 위험과 사라질 수도 있는 위험을 감수하면서도 상호인정과 다른 문화와의 교류를 수용하기도 한다. 그러나 이는 새로운 문화를 만들어낸다. 이런 저런 가정 속에서, 한 문화가 혼혈을 수용한다는 것은, 그 문화의 소멸의 위험을 감수하는 것이기도 하지만, 스스로 생존을 이어가는 길이기도 하다.

즉, 이런 것이 바로 혼혈이다. 다시 말해 혼혈은 사회적 관계가 가진 역설을 극단까지 밀고 간다. 혼혈은 다

---

14) René Duboux, *Métissage ou barbarie*, Paris, L'Harmattan, 1994.

른 문화, 외국인과의 교류, 그리고 최대한의 모든 교류, 다양한 단계의 교류들을 모두 있는 그대로 보여주는 역할을 한다. 항상 불확실한 가운데서도 혼혈은 아름다운 정돈 속으로, 그리고 이미 예견된 사회적 관계의 조화 속으로 미끄러져 들어간다. 혼혈은 매우 경직된 정체성들을 부드럽게 풀어주는 역할을 한다. 혼혈은 기존에 존재하는 소속들을 새롭게 재조정한다. 그 자체로 혼혈은 사회 속에서 활력을 주는 요소이다. 즉, 사회를 앞으로 나아가게 하는 요소인 것이다. 그 자신이 존재하는 것만으로도 혼혈은 다른 공간을 열어놓는다. 혼혈은 개방의 기회를 제공하며, 그 보상을 충분히 지불한다. 혼혈이 두려움과 매력, 욕망의 두 얼굴을 함께 가지고 있다는 것을 놀라운 일이 아니다. 지리학의 지도에 좁게 그어진 경계선에 아주 넓고, 솔직히 말해 모호하고 포착할 수 없는 공간이 겹쳐져 있다. 그것은 바로 인간들 자신이 짜놓은 관계의 공간이다. 그 공간은 환상, 꿈, 그들이 가상으로 만들어 놓은 상징의 공간이다.

제8장 상징적인 것들

전혀 완성되지 않은 불안한 움직임 속에서 사회적 관계들이 서로 조화를 이루었을 때, 끊임없는 타인과의 만남이 불러일으킨 놀라움, 우려와 같은 일련의 감정들은, 말하기는 어려웠지만, 각 개인 속에서 반향을 일으키고 있었다. 이렇듯 우리는 우리 사회의 모습에서 숨겨진 얼굴 같은 내적 세계에 살고 있다. 그 내적 세계는 말로 표현할 수 없는 세상이 아니라 말이나 행동에서 나타나는 것이기 때문에 개인적인 세계라고 할 수 있다. 어떤 극단적인 지점, 거의 소통할 수 없는 그런 지점을 지나 우리의 정체성에 도달했기 때문에, 그 지점은 '나'를 말할 수 있는 계속해서 샘솟고, 닳아 없어지지 않는 지점이 되어 버린다. 그러나 다른 반대의 극단적 지점을 통해 그 세계를 표현하는 언어와 상징들은 우리와 우리의 집단, 우리의 가족 혹은 우리나라 사람들에게 공통된 것이다. '나'라는 것과 '우리'라는 것, 그들 간의 끊임없는 교환은 각자에게 서로 그렇게 정리되고, 우리의 정체성과 우리 집단의 정체성을 구조화하는 거대한 집단 상징들을 통해 세계를 정돈한다. 그 상징들은 우리 속에 살고 있다. 그리고 그 상징들은 부지불식간에 우리가 사용하고 있는 것들이다. 그 상징들은 우리 안에 배어 있는 것들이다. 우리가 존재하면서부터 말뿐만 아니라 행동·태도와 같은 상징들은 우리를 둘러싸고 있고 성장하도록 했다. 상징의 세계는 각자가 살고 있는 세계를 구성한다. 그것은 각자가 지지하고 있는 견고한 토양이며, 자신의 안전과 자신의 꿈이 머무는 곳이며, 자신의 걱정과 즐거움이 머무는 장소이다.

외국인과의 만남은 이러한 견고함과 안전성을 갑작스럽게 뒤흔든다. 그 토양이 꺼지는 것과 같다. 전례 없이 오늘날, 여러 삶의 기준들은 더 이상 확실하지 않는 것 같다. 세계화의 역설이 바로 여기에 있다. 세계는 날이 갈수록 하나가 되어 가고 있는데, 각 개인에게 자신의 세계는 그 항상성을 상실한다. 왜냐하면 타인의 존재는, 다른 곳에서 다른 방식으로 사물들을 구축해가고 있고, 다른 상징의 세계에 살고 있기 때문이다. 그것들은 어디에 정착하고, 우리는 어디에 위치하고 있는가? 미 대륙의 발견은 아마도 역사적으로 없었던 가장 커다란 상징적 충격이었을 것이다. 물론 가장 비극적인 것이기도 했다.[1] 그러나 이러한 만남은 예가 될 만한 어떤 것들을 가지고 있다. 왜냐하면 그 만남이 혼혈을 출현시킬 것이기 때문이다. 그것은 만남의 당사자들 서로에게 충격이었다. 그리고 사람들은 그 새로움과 그 무자비한 폭력성에 놀라면서 그 교류를 수없이 기술했다. 그 교류를 접하는 다양한 태도들이 나타난다. 이 태도들은 자신의 권리를 강하게 주장하고, 타인의 상징 세계를 과감히 짓밟았던 콘퀴스타도르(Conquistador)의 확신에서 카베차 드 바카(Cabeza de Vaca)와 같은 반 콘퀴스타도르적 태도까지 다양했다. 카베차 드 바카는 오늘날 텍사스가 된 곳의 여러 부족들을 6년 동안 돌아다닌 후에 왕에게 다음과 같이 편지를 썼다. "이 모든 사람들은 좋은 대우를

---

1) Nathan Wachtel, *La vision des vaincus*, Paris, Gallimard, 1992를 참조할 것. 또한 Serge Gruzinski, *La colonisation de l'imaginaire, Sociétés indigènes et occidentalisation dans le Mexique espagnol, XVIe~XVIIIe siècle*, Paris, Gallimard, 1988을 참조할 것.

받아야 합니다. 그것이 보다 확실한 길이고, 거기에는 어떤 다른 길도 없습니다."[2] 그리고 그를 평가했던 사람들 중 한 사람의 말을 따르면 "우리가 바다 반대쪽으로부터 배웠던 모든 것. 우리는 그것을 거부했다. 우리의 안녕과 타인들의 안녕을 위해 우리에게 남은 유일한 것. 그것은 우리가 어머니의 품 안에서 배웠던 것들이다."[3]

다문화주의 사회에서 일상적인 만남은 별로 극적이지 않은 것 같다. 그러나 폭력적인 일들이 발생하지 않아서 그 만남은 같은 구역들에 이르러서, 동일한 개방성을 획득한다. 예를 들어 인종차별이 우리 민주주의 사회에서 반복적으로 발생한다는 것은 어떻게 설명할 것인가? 법, 교육, 광범위하게 확산된 정보가 있음에도 불구하고 이런 일은 발생한다. 만약 그것이 최종적인 사실이 된다면, 그 차별은 케케묵은 두려움을 동원하고, 비이성적인 환상을 끄집어내며, 이성적인 것에 대한 연구에 의해 우리가 완전히 척결했다고 믿을 수 있었던 유령들을 다시 깨

2) Cabeza de Vaca, *Relation de voyage*, Paris, Actes Sud, 1979, p. 185.

3) Haniel Long, *La merveilleuse aventure de Cabeza de Vaca, suivi de Malinche*, Préface de Henry Miller, Paris, Pierre-Jean Oswald, 1970, 미국서적에서 번역한 것임.

운다. 자신이 인종차별주의자가 아니라고 생각하는 사람, 그리고 진정 그렇게 되고 싶은 사람은 이제는 없어졌다고 믿었던 행동들이나 태도들이 자신 안에서 다시 불쑥 나타나는 것을 보게 된다. 그 증거는 지하에 아직 분명히 밝혀지지 않은 구역들이 존재한다는 것이다. 그 구역은 정확히 우리 사회의 변화들이 충돌하는 근본적인 상징의 지역들이다. 각 만남이 이렇게 다양한 차원에서 일어나고 있다. 합법적인 형태로 범위가 정해져 있긴 하지만, 그 만남은 합법적인 결과를 낳지는 않는다. 그 만남은 우리의 정체성이라고 할 수 있는 이미지·가치·태도 전체를 동원한다. 그 만남은 이미지·가치·태도와 같은 것들을 교란하고, 충돌시키고, 마지막으로 우리 상징세계에 중대한 문제를 일으킨다.

불확실한 이미지들

만남의 첫 번째 효과는 자신과 타인의 이미지들을 불확실하게 만들어 버린다. 나는 얼마 전에 몬트리올 주변 지역에서 아주 이상한 장면이 일어나는 것을 보았다. 화려하게 치장된 수레의 행렬, 다양한 색깔의 천들이 바람

에 휘날리는 모습, 여러 피부색의 군중들이 있었다. 그
것은 인디안 공동체의 행렬이었다고 사람들이 나에게
말해주었다. 그 인디언 공동체는 그 지역을 대표하고 있
었고, 그 행렬은 그들의 수호자 중 하나를 기리는 것이
었다. 모두들 그 공동체의 남자들과 여자들을 매일 사무
실에서, 학교에서, 노점에서 지나칠 것이다. 이웃들, 즉
시민들은 여기서 문득 자신이 그들과 다른 사람이라는
것을 느끼게 되고, 다른 세계에 이르게 된다. 다시 말해
서 피하게 된다. 그리고 치장되고 꽃을 던지는 아이들에
둘러싸인, 노래를 부르고 웃고 있는 군중들이 뒤따르는
그 이미지는 길 한가운데를 거닐고 있었다. 반면 행인들
은 놀라거나 무감각하게 자신들에게 분명히 호기심을
끄는 그 장면을 바라보고 있었다. 우리는 놀람과 두려움
이 뒤섞이는 것을 느끼고 있었고, 우리가 금지된 장면을
보는 것 같은 그런 마력도 느끼고 있었다. 그들은 서로
바라보면서도 멀어져 갔다. 그렇게 서로 노골적으로 시
선을 돌리고, 그렇게 무관심을 느끼고 있었다. 그들은
거기서 무엇을 깨달았을까? 오래된 이국적 장면, 공공의
평화에 대한 소리 없는 위협, 아마도 지나친 축제의 분
위기를 느꼈을 것이다. 반면 그 행렬은 조용하고, 자신
의 권리를 보장받으며 지나가고 있었다.

여기서 다문화적인 측면들이 가장 분명히 드러난다. 원칙적으로 그 측면들은 별로 중요하지는 않았지만, 존재하는 것이다. 그 측면들은 사생활에 속하는 것이다. 그러나 우리는 그것들을 그냥 지나칠 수는 없다. 예를 들어 무슬림들의 결혼, 중국인들의 새해 첫날이나 파티마의 노트르담 성당 축제를 위해 행렬을 짓는 포르투갈 공동체 같은 것들 말이다. 다문화적 측면들을 개인은 이웃의 일로 알고 있다. '그들'은 라마단을 치르고, 키푸르 축제를 즐긴다. 사람들은 그것에 대해서 이상함, 심각한 어떤 것, 즐거움 등을 느낀다. 하지만 "그것은 그들의 일이지 우리와 관계가 없는 일이다". 그렇게 진행이 되고 있다. 이것은 공공생활이나 직업적인 삶에서도 마찬가지다. 다양한 흐름, 즉 가족적인 것, 조직적인 것, 종교적인 흐름들이 집단적인 삶의 다른 측면이 되는 것이다. 그 흐름들은 정체성을 풍요롭게 만든다. 그 흐름들은 어떤 특별한 집단이나 전통에 결부되면서 '나'와 '우리'를 말할 수 있도록 해준다. 그 흐름들은 각자에게 가장 확실하고, 존재하는 데 가장 필요한 구역을 구성한다. 우리 사회의 다문화적 성격을 상기하는 것은 단지 같은 지역에 공존하는 매우 다양한 집단들을 확인하는 일만은 아니다. 그와 함께 그 일은 집단 속의 개인이 특별한 삶의 형태를 주창하고, 자신의 정체성을 구성하는 것에 대한 느낌, 행동양식, 몇몇 고유의 관점들을 소유하고 공유하는 일이다. 여기서 사회적·공적 다양성은 개인적인 차이들을 말하며, 그 차이들은 서로 독립된, 서로 배제하는, 서로 대립하는 상징적인 세계가 그만큼 존재한다는 것을 말한다.

그런데 이러한 요소들은 다문화적 만남들에 의해 문제시되고 위협받으며 고난을 겪게 된다. 왜냐하면 차이는 쉽게 질 낮은 것이 되기 때문이다. 적어도 서로 인정하지 못하는 상태에서는 말이다. 우리는 그것을 축제를 기록해 놓은 달력으로 보게 된다. 각 집단은 자신의 고유한 시간체계를 따른다. 유태인들의 축제가 있고, 천주교의 축제가 있으며, 무슬림의 축제가 있다. 여기에 점점 다른 종류의 달력도 추가되고 있다. 그것들은 공화국 공동의 달력 내부에 존재하는 것이다. 그러나 정확히 각 개별 달력들 중 어떤 것도 모두에게 해당하는 것은 아니다. 그리고 우리나라에 있었던 종교적인 시간이었던 상징적인 시간의 리듬과 시민의 시간 사이에 존재하던 예전의 조화는 매일에 녹아들어 있었다. 하지만 이 조화는 정체성에 중요한 조건이 되는 요소이다. 오늘날 다양한 달력의 분리는 서로에게 어떤 노스탈지아, 때로 어떤 고통, 또 때로 어떤 위협으로 나타난다. 기준 상실과 정체성 상실의 위협. 그래서 정체성과 관련된 담화들은 예전의 단일함을 되찾고자 하고, 잃어버린 조화를 복구하고자 하고, 통일된 세계를 회복하고자 한다. 자신의 폐쇄성을 희생하고서라도 말이다. 그러나 그것은 헛된 시도이다. 왜냐하면 알다시피 이제부터 우리는 다양한 세계를 살고 있기 때문이다.

상징적인 존재를 나타내는 각각의 지점은 불확실한 장소이다. 이미지들은 들끓는다. 시간의 견고함, 공간의 견고함, 관계의 견고함과 같은 보장된 견고함은 깨지기 쉬운 것이 되어 버렸다. 상징의 세계는 동요하고 있다. 정체성은 부러진 상태가 되어 있다. "나는 여기에도 저기에도 존재하지 않는다." 매우 자주 들을 수 있는 이 문장은 여러 세계에서 주변인이 된 사람들의 정체성이 분열되고 있다는 것을 증명한다. 이 문장은 자주 볼 수 있는 은밀한 상처를 증명하기도 한다. 이번에는 문화와 관련된다. 다른 것이라고, 차이가 있는 것이라고 규정하는 전체적인 낯설다는 느낌처럼, 문화를 외부에서 보는 시각은 아니다. 그것은 내부에서 경험한 문화와 관련된다. 그 문화는 고유한 정체성을 부여하고, 그 문화가 없다면 내가 '내가 존재하는 사실'에 대해 말할 수 없다. 그런데 '내가 존재하는 사실'은 자신의 통일성을 상실했다. 그리고 다른 표현으로 여기 있는 나는 나 자신에게 낯선 것이 되어 버렸다. 각자의 내부에는 문화들의 분쟁이 만드는 긴장감이 깃들어 있다.

긴장은 그것을 발견한 사람에게 고통스럽고, 때로 폭력적인 것이다. 그때 새로운 것이 어떤 영역에 도달한다. 그 사람에게 그가 고려하는 것의 어떤 특징들은 거부할 수 없는 것처럼 보인다. 정확히 말하면 그것은 지금까지 자신의 정체성을 구축하고 있던 것들이다. 그러나 멀리 있는 사람들에게 있는 것이었던 긴장은 이미 자신의 영역에 존재한다. 조금 혹은 모호하게, 그는 그가 맞이한 새로 도래한 것에 의해 위협감을 느낀다. 그들이 모두 주인공이기 때문에 문제가 된다. 사실 이러한 긴장을 비켜갈 방법은 없다. 확실성의 성곽 속에 자신을 유폐하지 않고서는 말이다. 그러나 모두들, 여러 방식들로 문화들 간의 분쟁 한가운데에 서게 된다. 왜냐하면 어느 날 고정된 경계는 붕괴되었기 때문이다. 예를 들어 서로 다른 집단에 속한 신랑·신부 사이가 결혼할 때, 혹은 아이들이 다양한 세계를 발견하게 되는 학교에서 그런 일들이 일어난다. 고심·보호·두려움·환상 등이 계속되고 있다는 것을 듣는 것으로 충분하다. 각자에게 심문 당하고 위협 받는 자신의 정체성에 대한 이미지가 나타난다. 일상에서 선잠이 들긴 했지만, 완전히 잠들지 않은 지역은 게토와 같은 것과 차이가 조금만 드러나도 화들짝 깨어난다.

이러한 긴장들로부터 혼혈은 가장 격렬하게 격앙되는 곳이다. 혼혈은 자신 내부에 긴장을 마치 개인적인 상처처럼 지니고 있다. 엘리존도(Elizondo)라는 용어를 다시 사용하는 데 있어 자신의 무정체성은 문화들이 맺는 관계의 폭력을 번역한 것일 뿐이다. 그러나 그 무정체성은 그것을 둘러싼 환경과 함께 어떤 반향을 일으킨다. 찢어진 상처는 삶의 중요한 부분들에 자신의 흔적을 남기고 있다. 그 분야들에서 위협은 가장 심하게 느껴질 것이고, 저항이 자리 잡게 될 것이다. 구체적으로 세 분야를 들 수 있다. 결혼과 가족, 종교와 관습, 요리와 가정 내의 생활이 그것들이다. 저항의 분야들은 바로 혼혈의 분야들이다. 사람들은 그것들을 열심히 추적해서 찾아내고 있다. 그들 주위의 상징세계는 정교해지고 있다. 이 분야들은 태도의 장소이며, 첫 번째 행위의 장소이다. 이들은 태어나면서부터 자신의 집단에 통합된 활발한 성인이 되려고 하는 어떤 어린이를 모델화한다. 그 장소에서는 커 가는 아이가 자신의 차이를 발견하고 확인하게 되고 단절을 수행하게 된다. 위에서 언급한 세 가지 분야들은 신체에 영향을 준다.

신체라는 쟁점

이미지가 불확실하다는 것은, 모두가 이해 당사자이기에 한 쪽이 다른 쪽을 인지하는 방식에서 신체의 이미지가 불확실하다는 것이다. 신체는 '쟁점이 되는' 궁극적인 문젯거리이다. 상징은 최종적으로 여기에 근거하고 있다. 정체성의 교류, 즉 문화의 혼혈이 이루어지는 곳도 바로 여기이다. 이 지점에서 폐쇄적인 일들이 일어나고, 이상주의들이 충돌하고, 폭력이 발생한다. 우리가 겪었던, 혹은 갑자기 발생한 신체의 모호함은 전례 없이 오늘날 만남을 요구한다.

왜냐하면 다른 것을 만나는 일은 경계를 뛰어넘는 일

이기 때문이다. 그리고 항상 이것은 신체적인 경험이다. 요리와 언어, 몸짓과 행동 전체를 통해서 신체는 이 만남에 참여한다. 좋은 뜻에서 말한 것이라도 외국인의 언어는 우리에게 모국어만큼 편안하지는 않다. 억양이나 표현 같은 차이를 드러내는 최소한의 것들은 항상 있기 마련이다. 그리고 이국적인 요리의 매력은 때로 기대하지 않은 효과를 내기도 한다. 물론 여기서 처음 겪는 경험들은 의사소통이 새롭게 발견한 것들과, 새로운 광경에 개방되고 있다는 것을 깨닫게 해준다. 그리고 동시에 우리에게 신체적 한계를 보여준다. 개인에게 신체는 자신의 특성에 대한 경험을 의미한다. 신체는 모든 것을 다할 수 없고, 모든 언어들을 다 말할 수 없으며, 모든 가능한 것들을 다 시도할 수 없다. 신체는 분명하게 인류에게 항상 차이가 있다는 것을 깨닫게 해준다. 그 중에 가장 우선할 수 있는 것은 지리적 차이와 신체적 차이이다. 상호문화적인 것에 대한 열망은 물질적 가능성에 의해 절제되고, 신체의 시간과 공간에서 인간의 모든 시도를 특징짓는 모호함에 맞닥뜨리게 된다.

사실 순수한 신체의 경계는 다른 경계들처럼 열려 있기도 하고 동시에 닫혀 있기도 하다. 신체는 그 특수성과 구체성 속에서 사회적 관계를 건설하는 장소이다. 개인의 신체는 타인과 교류하는 장소이고, 동시에 자신의 정체성을 발견하는 장소이며, 다른 사람들과의 교환의 장소이며, 동시에 극복할 수 없는 견고함에 갇혀 있기도 하다. 지리적 혹은 사회적 경계를 뛰어넘는다는 것은 개인의 정체성을 드러내는 일이 된다. 우리는 자기 자신을 '다른 곳'에서 발견하고, 외국인을 통해 우리 자신에 대해서 알게 되기도 한다. 따라서 순수한 신체와 사회적 관계 사이에서 우리의 '세계 내 존재'를 지배하는 상징의 교환들이 수행된다. 고전적인 사고에서 매우 오랫동안 그랬던 것처럼 개인의 순수한 신체, 즉 다른 것들로부터 고립된 그 자체로 폐쇄되어 있는 단자는 집단 그리고 사회에 대립시킬 수 없다. 이 집단과 사회는 동시에 신체에 이미지, 상징, 태도 혹은 금지된 것들을 갖고 있는 타인과의 관계의 언어를 작동시킨다. 우리는 그것을 '신체를 갖춘다'고 하고, 우리는 동사 '만지다(toucher)'를 '내 친구 건드리지마!(Touche pas à mon pote!)' 같은 표현에 사용한다. 신체와 사회의 경계는 이렇게 서로의 영향 속으로 들어간다. 동일한 코드와 단어들이 한 분야에서 다른 분야로 거쳐 간다. 이 코드와 단어들은 각 분야에서 같은 놀라움을 일깨우고, 같은 공포감을 읽어낸다.

이러한 과정은 외국인과 만나는 경우에 극단적인 것이 된다. 그때 사회적·정치적·문화적 경계가 순수한 신체의 경계와 영향을 주고받는다. 그래서 차이들은 극단적으로 강조된다. 그러나 그 차이들은 왜 이렇게 자주 위협적인 것으로 경험되었는가? 어떻게 이러한 과정들이 이다지도 부정적인 의미를 가지게 되었는지 설명할 수 있는가? 왜 외국인과의 만남은 두려움이나 거부를 불러일으키는가? 그리고 민주적 가치들에 대해 교육한 지 수십 년이 지난 후에 또 다시 신체적 존재 속에서의, 즉 신체로서의 타인에 대한 거부를 바탕으로 한 배제의 담론이 유행할 수 있는지 어떻게 설명할 수 있는가?

사회적 배제의 어휘는 사실 신체접촉에 관계된 어휘이다. '우리 지역' 혹은 '그들의 지역'과 같은 지리적인 공간에 관계된 표현 옆에 신체에 대해서 말하는 의미, 그리고 특히 순수한 신체에 대한 생각을 담고 있는 일련의 다른 표현들이 서로 만난다. 우리는 이미 '혼혈(sang mêlé)'과 같은 '피의 순수성'에 관한 표현들을 본 적이 있다. '순수한 민족(race pure)', '언어의 순수성(pureté du langage)' 등도 이런 예에 해당한다. 여기에 '종족의 순수화(purification éthnique)'와 관계되는, 슬프게도 현재형이 된 단어들을 추가해야 한다. 각 표현들은 자신의 역사를 가지고 있다. 몇몇 표현들은 치욕과 고통의 흔적을 남기고 있었다. 그들이 미치는 영향은 아직 현재형이며, 그들의 파괴적인 영향은 지금도 계속 이어지고 있다. 이데올로기로 형식화된 도시에서, 완전한 권리를 가지고 있는, 정치를 규정하는, 서로를 발견하기 위해서는 더 이상 나아가지 말아야 한다. '피의 순수성'을 어떤 이들은 이상적인 것으로 생각한다. 예를 들어 16세기 레콩키스타(Reconquista)[4]가 끝났을 때 스페인처럼 말이다. '종족의 순수성'은 나치 이데올로기의 중심 요소들 중 하나였고, '종족의 순수화'는 우리가 아는 한에서는 유럽에 아직 지지자들이 있으며, 다른 대륙 역시 마찬가지이다. 이런 잔혹한 상황은 삐뚤어진 상징 세계가 열어 놓은 깊은 수렁을 여실히 보여준다.

일상생활의 표현과 태도는 이런 세계로부터 멀리 떨어져 있는 것처럼 보인다. 하지만 이 표현들은 동일한 상징의 근원을 가진다. 이 조롱 섞인 표현들, 이 표현들

---

4) (옮긴이) 레콩키스타(Reconquista)는 718년부터 1492년까지, 약 7세기 반에 걸쳐서 이베리아 반도 북부의 로마 가톨릭 왕국들이 이베리아 반도 남부의 이슬람 국가를 축출하고 이베리아 반도를 회복하는 일련의 과정을 말한다.

은 아직 보이지 않는 미세한 선으로 한 집단은 순수하고 다른 집단은 순수하지 않은, 두 집단으로 나누어진다는 인류의 생각을 의미하고 있다. 이러한 도식화는 끊임없이 열거되고 있다. 왜냐하면 순수성, 특히 깨끗함은 기호들로 표시되기 때문이다. 그래서 외국인들은 더럽고, 잘못 입고, 잘못된 행동양식을 가지고 있고, 잘 말하지 못한다고 언급된다. 신체에서 도덕에 이르기까지 이 생각은 별 차이 없이 적용된다. 즉, 외국인들은 게으르고, 제대로 교육받지 못했으며, 잘 정돈되지 않았다. 그리고 결국 그들은 타락했고 위험한 존재들인 것이다. 또한 외국인의 존재는 '오염'의 위험을 나타내는 것이다. 문란하다고 거부당한 그들의 풍속은 더러운 것을 전염시킬 수 있고, 그 때문에 피해야 할 것이다. 이 모든 표현들은 모든 일상 대화 속에 만연해 있거나 어떤 문학에서도 만날 수 있다. 즉, 이 표현들은 스테레오 타입을 반영한다. 이 스테레오 타입은 우선 신체적인 도식들을 의미하고, 개인의 신체에서 사회적 관계에 대한 언어행위에 이르기까지 뒤죽박죽되어 있다. 이것은 단순한 언어유희 혹은 우리가 가볍게 여길 수 있는 표면적인 스테레오 타입과는 관계없는 일이다. 그것은 일상 언어 속에서 타인과의 관계의 질, 순수한 그 자신의 것으로서 타인의 정체성에 대한 존경과 관련된 것이다. 이러한 도식은 순수함의 코드, 오점, 건강, 타락, 종국에는 행동양식과 정신을 문제 삼는다.

순수함은 "인간 자체를 걸고, 절대적인 것을 추구하는 일"[5]이다. 이것은 뒤섞이지 않은 정체성을 추구한다는 것을 뜻한다. 어린 아이에게는 너무 일찍 그 정체성이 그 신체에 새겨진다. 그 아이의 정체성의 특징은 순수하다는 것이다. 어린 아이는 순수함/깨끗함을 오랜 학습을 통해 습득한다. 그 학습은 아이에게 자기 신체를 자기 신체에 대한 제어, 자신과 사물, 그 자신과 타인들 즉 물신들 사이의 혼동에서 탈출시키는 조건이다. 존재한다는 것은, 즉 분리된다는 것이며, 자신의 몸과 타인의 몸사이의 경계를 인식할 수 있다는 것, 즉 매혹적이면서도 위협적인 결합에 대한 걱정으로부터 탈출하는 것을 말한다. 순수함이라는 것은 자신을 제어하는 것과 같은 말이며, 완벽함과 동일한 것이다.

따라서 종교들이 순수함으로 이상적인 어떤 것을 만

---

5) Sylvain Matton (dir.), "La Pureté, quête d'absolu au péril de l'humain", coll. *Morales*, n° 13, Paris, Éditions Autrement, 1993.

든 것에 놀랄 필요가 없다. 관습적인 순수함은 신의 세계와 인간의 세계를 구분 짓고, 신성한 것과 세속적인 것의 경계를 긋는다. 사회적 순수함은 전통적으로 사회 자체의 계층과 조직의 기반 위에 존재한다. 정신적인 순수함은 정신적이고 동시에 정체성을 갖춘 존재의 쇄신으로 나타난다. 적어도 서양의 모든 교육에서 순수함에 대한 의미는 현대 지형에서 그런 방식으로 여겨진다. 이 순수함은 때로 성적(性的)인 분야로 환원되는데, 이것은 신체, 즉 자기 자신 혹은 타인의 신체에 대한 존경이 된다. 그리스도주의에서 순수함은 신과 타인에 대한 경의의 관계를 구성하는 사랑, 자선의 관계를 유효하게 하는 조건이다. 몇 세기 동안 지속되어 온 고대의 교리들은, 정확하고 극단적인 순수함에 대한 교육을, 발전시켰다. 그것이 극단적인 이유는 그 교육이 대체할 수 없는 것이기 때문이다. 순수함에 관해서라면 임시변통의 어떤 것이 존재하지 않는다. 불순함으로 지은 죄는 그 자체로 심각하게 여겨진다. 그것이 정확한 이유는 그 교육이 해야 할 일, 다시 말해 피해야 할 일을 구체적으로 적시하고 있기 때문이다. 그리고 사고 그 자체에 이르기까지 불순함으로 이끄는 모든 경우를 자세히 적어 놓은 텍스트가 있다. 순수하다는 것과 불순하다는 것의 코드는 존재 전체를 포괄하고 있다. 순수하다는 것은 정체성에, 즉 자신이 내부에 가지고 있는 바로 그 정체성에, 밀접하게 연결되어 있다.

일상적인 언어행위는 서양에서 계속 순수함과 백색 순결함을 연결하고 있다. 프랑수와 드 메데로스(François De Medeiros)가 보여주는 것처럼 설교에 근거한 식민/문명은 백색 순결함에 연결된 순수함의 환상을 정신 속에 뿌리 내리게 한다.

아프리카: 아에티옵스(Aethiops). 이 먼 고장의 거주자들을 가리킨다. 이 단어는 기원은 그리스어이다. 이 '불타는 얼굴'이라는 의미는 인간의 피부에 내린 검은 색과, 그가 꺼지지 않고 계속해서 불을 뿜어대는 그들이 살고 있는 땅 사이의 관계를 강조한 것이다. 중세의 인간 사고에 미친 기독교 세계의 영향은 아에티옵스의 순수한, 그리고 순수하지 않은 땅 위에, 그리고 천국과 지옥의 하늘에 있는 인간들에게 미리 예정된 운명의 이분법에 대해 작용하는 상징적 기능을 쉽게 상상할 수 있다. 아에티옵스(Aethiops)는 그래서 상상 속에서 사람들이 불타는 지옥으로 이끄는 검은 죄악이 구체화된 것으로 나타난다.[6]

이러한 도식이 바뀌는 데는 오랜 시간이 걸렸다. 여기에는 일련의 연속된 고리가 있다. 즉 순수함, 빛, 정신, 백색의 순결, 이들은 각기 검은색의 흉악함, 물질주의, 모호함, 불순함과 대립한다. 또한 지난 시절에 인디언과 흑인을 괴물들이라고 규정하던 설교도, 현대 유럽이 피의 순수함을 내세웠다는 사실도, 그 연속된 고리가 매우 뿌리 깊은 것이었고, 지속적인 것이었다는 점을 증명하고 있다. 고비노(Gobineau)는 우리가 앞서 본 것처럼 그것을 뛰어넘었다. 그에게 인간사회들을 특징짓는 것은 그 사회에서 진행된 타락의 과정이다. 그에 따르면 혼혈 때문에 타락한 민족들이 존재하고, 그 민족들은 타락했다는 사실로부터, 순혈의 민족적 가치를 가지지 못하며, 순혈의 가치를 가진 민족들에게 지배당해야 한다.

신체-정신의 도식은 순수한 것과 불순한 것, 순결한 것과 타락한 것 사이의 분리를 강화하는 결과를 낳는다. 비가렐로(G. Vigarello)[7]의 말에서, 우리는 그런 플라톤의

---

6) François De Medeiros, *L'Occident et l'Afrique* (*XIIIe~XVe siècle*), Paris, Karthala, 1985, p. 45.

7) Georges Vigarello, "Découvert, toujours pas révélé", in "Le Corps", *Le Monde de l'éducation*, n° 260, juin 1998, p. 28.

도식을 끄집어낸다. 아직 언어에 이에 대한 흔적이 남아 있다. 신체에 영향을 미치는 것은 정신적인 것에 대립되는 물질적인 것들의 측면으로 정리된다. 왜냐하면 불순하고 타락한 타인은 마치 세속적인 존재, 거친 존재로 여겨지기 때문에 인간들 사이의 만남은 정신의 작품이며, 자기보다 못한 사람들에 대한 배려의 작품일 수밖에 없다. '상호문화적'이라는 표현은 그 자체로 타인을 만난다는 것이 문화적인 차원에서 이루어지는 것을 말한다. 즉 그것이 마치 어떤 식으로 보면 멸균작업을 거치는 정신의 작업으로 이해되는 것이다. 이때 인간 간의 별로 숭고하지 않은 다른 측면들은 중시되지 않는다.

어떠한 의심도 없이, 플라톤이 신체를 '정신의 감옥'이라고 생각하는 오래된 전통이, 그 정당성을 상실했다. 신체는 여기서 이중으로 거부당한다. 신체로 인해 확실한 모든 지식 전체는 의미의 감옥에 갇혀 모호해져 버리고, 가능한 모든 도덕은 쾌락의 유혹을 거치면서 사악한 것이 된다. 우선 진정한 사고는 거절된다. 그것은 신체에 결연히 대립하고, 완전히 홀로, 그리고 각 '실체에 대한 추적'(페돈, Phédon)을 더 잘 할 수 있도록 스스로 다른 것과 뒤섞이지 않도록 규정된 결과물이다. 이것은 숭고한 단계에서의 의식과 불안한 저항 상황에 있는 신체를 가리키고 있다. 그 신체는 진리와 선의 여정에 장애물이다. 신체로 어떤 '조직'보다는 '살(chair)'을 만드는 천주교의 전통은 자기 방식대로 이러한 배분을 다시 반복한다. 모든 해방의 시도는 이 전통을 극복해야 할 것이다.[8]

우리 사회를 안전하게 만드는 일은 순수함과 관련된 욕구와 두려움을 비워 버리지 못한다. 아마도 이 욕망과 두려움은 오늘날 다른 얼굴로 나타나는 것 같다. 위생적인 것, 신체적 접촉, 냄새, 미생물에 대한 두려움은 쉽게 고문서의 순수함에 대한 집착을 대신하고 있다. 그러나 특히 외국인에 대한 두려움은 유아적 태도, 즉 개인화와 분리에 대한 욕구에 관계되어 있다. 줄리아 크리스테바(Julia Kristeva)는 다음과 같이 쓰고 있다.

사실 외국인은 죽음, 여성, 혹은 사악한 충동보다는 끔찍한 우려를 자아내지는 않는다. 하지만 인종혐오에 대한 '정치적' 감정들이 때로 무의식적으로 우리가 강렬(unheimlich)한, 영어에서는 이상한(uncanny), 그리스어에서는 '낯선(xenos)'

---

8) Georges Vigarello, *op. cit.*, p. 29.

으로 표현되는, 공포에 질린 환희를 포함하지 않는다는 것은 매우 확실하다. 우리 속에 외국인이 불러일으키는 매혹적인 거부에는 비인격화라는 의미에서 낯선 것에 대한 걱정스런 부분이 있다. 프로이드가 이런 비인격화를 발견했고, 그 비인격화가 우리의 욕망과 타자에 대한 유아기적인 두려움을 묶는다. 이 타자에는 죽음이라는 타자, 여성이라는 타자, 제어할 수 없는 충동이라는 타자가 있다. 외국인은 우리 자신 안에 있다. 우리는 우리의 무식과 대항하여 싸우고 있다. 우리의 불가능한 '깨끗함'에 비춰진 '깨끗하지 않음'과 말이다.9)

우리가 보기에는, 외국인과 관계된 스테레오 타입들의 극단성과 폭력성을 설명하는 사고의 심층에 이러한 생각이 뿌리박고 있는 것 같다. 인종주의는 최종적으로 개인 신체의 통합성에 관련된 유아기적인 두려움 속에서 그 원동력을 찾는다. 타인은 그가 타인, 즉 '다르다'는 이유만으로 두려움을 주는 존재로 여겨진다. 타인은 두려움을 주는 존재, 즉 파괴의 위험을 주는 존재이다. 그러자 최소한의 차이도 폭력을 불러일으킨다. 그것이 피부색의 차이 혹은 성적인 차이라도 말이다. 따라서 지배

---

9) Julia Kristeva, *Étrangers à nous mêmes*, Fayard, Paris 1988, p. 283.

/욕구의 관계가 설정된다. 그 관계는 폭력성 위에서 만들어진다. 그리고 지구의 다양한 대륙에서 최근 벌어지고 있는, 분쟁을 발생시킨 집단적인 폭력사태가 그런 지배/욕구의 관계를 증명해준다. 우리는 예전 태도들이 다시 도래하는 상황에 놓여 있다. 리쾨르(Ricoeur)는 이를 다음과 같이 언급하고 있다. "불순한 것에 대한 걱정은… 존재의 감소, 즉 개인적 핵심의 상실을 겨냥하고 있다." 그리고 "더러운 오점에 대한 표현은 유사 도덕의 비열함을 가리키는 유사 육체적 감염의 대조효과에서 일어난다. 이러한 모호함은 개념적으로 표현되는 것이 아니라 불순함의 표상에 붙어 있는 반육체적, 반윤리적 두려움의 특징 자체 속에서 의도적으로 경험되는 것이다."10) 그 두려움은 그에 따르면, 원시적인, 윤리와 육체의 분리 이전에 존재한다. 이 두려움은 어떤 측면에서는 '선윤리적(pré-éthique)'인 성격을 나타낸다. 바로 이 말의 성과로 두려움을 극복하게 되었고, 그 두려움을 정화하게 되었다.

  사회적 관계와 신체에 부여된 것이 서로 겹쳐졌을 때,

---

10) Paul Ricoeur, *Finitude et culpabilité*, partie 2, La symbolique du mal, Paris, Aubier, 1993, p. 33.

건강·질병·타락과 같은 단어들은 사회와 타인과의 관계에 대한 판단을 강요하는 범주가 된다. 이 범주들은 우리가 이미 만났던 이분법적 논리의 특징들을 다시 들여온다. 우리는 건강하거나 아프다. 이와 마찬가지로 우리는 유색인종이거나 백인이다. 순수하거나 불순하다. 간단하게 말하면 사귈 만하거나 위험하다. 이러한 범주들의 매개자, 주체의 개인적인 정체성과 통합성들은 즉각적으로 다른 사람, 타인, 외국인들과의 관계에 대한 거부와 연결된다. 어떠한 언어행위를 통한 매개도 불가능하다. 기초적인 이데올로기가 대화를 대신한다. 인정은 이원론의 장애에 부딪힌다.

역사는 인간집단이 세계에 대한 시각, 순수함에 대한 사고와 결부된 태도 위에서 자신들의 정체성을 건설한다는 것을 증명한다. '청교도(Puritains)'는 우선 완고한 종교집단을 가리킨다. 16세기 말 영국에서 나타난 이 집단은 칼뱅(Calvin)이 주창한 것으로, 그 중 몇 명의 신도들이 17세기 초 미 대륙으로 이주했다. 그러나 '청교도의(puritain)'라는 형용사는 계속해서 타인들과 세계에 관련한 태도들을 의미했다. 이 태도는 도덕 혹은 계율의 엄격함에 대한 요구, 통합성, 즉 '순수성'에 대한 요구를 말한다. 막스 베버가 분석한 청교도적 경험의 역사적 형태 속에서, 이 태도는 사회적 관계 전체에 적용된 합리성의 한 형태로 해석된다. 막스 베버는 그 태도의 일관성을 보여주었으며, 종교와, 그 태도를 통해 형성된 경제적인 것 사이의 관계를 조명했다.11) 그는 거기서 현대 자본주의의 근원 중 하나를 보고 있다. 그의 설명을 따라가면서 메를로-퐁티는 그 태도가 가진 논리를 밝히고 있다. 이성적인 논리, 사회적 관계 전체를 지배하는 신성화된 실리주의자의 논리가 그런 것이다. 다음을 보자.

그가 주인이 아닌 초자연적 종을 대면했을 때 가지는 인간의 두려움은 세상에서 청교도의 활동에 결정적인 영향을 미친다. 그리고 명백한 역설에 의해 신과 인간의 거리가 존중되기를 바라는 마음에서 인간은 신성함과 종교적 의미에 실용성과 편의를 부과하게 되고, 여가와 가난의 가치를 절하하며, 이 세계를 이용함에 있어 엄격한 금욕적 자세를 취한다. 세계의 선에 대한 칼뱅주의자들의 존중에서, 존재와 절대의 관계 전체는 서로 밀접하게 공존할 수 있게 된다.12)

---

11) Max Weber, *L'éthique protestante et l'esprit du capitalisme*, Paris, Plon, 1964.

12) Maurice Merleau-Ponty, *Les aventures de la dialectique*, Paris, Gallimard,

절대적인 것에 대한 군건한 책임으로 생각되고 경험되었던 신과의 관계는 타인들과 세계와 맺는 관계를 변형시킨다. 사회적 관계는 더 이상 인간 공동체의 관계들이 아니다. 그 관계는 도구성이라는 용어로 사고된다. 세계는 인간의 활동 영역이 된다. 즉 더 이상 상징의 배경이 아니라 우리가 활동하는 장소가 된 것이다.

시간과, 타인과, 세계와, 우리가 가지는 생명의 연결을 끊으라는 명령을 받았을 때, 칼뱅주의자는 시적인 낭만에서 벗어나는 것, 마법과 같은 일에 벗어나기와 같은 탈신화 쪽에까지 이르렀다. 맹목적인 걱정 때문에, 피조물과의 박애적인 관계 속에서 긴장 완화는 불가능하다. 그 피조물, 그것은 사람들이 일할 때 필요한, 사람들이 변화시키는, 사람들이 신의 영광을 나타내기 위해서 조직하는 물질이다.[13]

이렇게 사람들은 논리의 고리를 가지게 된다. 이 고리는 종교적이고 도덕적인 순수성으로부터 존재의 합리화라는 매개를 통해 세계를 미신에서 벗어나게 하는 일에

1955, p. 22.

13) Maurice Merleau-Ponty, *op. cit.*, p. 23.

까지 이른다. 사회적 관계 전체는 변형된 형태로 남아 있다. 결과적으로 그 관계 변화의 결과는 개인주의, 타인들과 맺는 관계의 도구화, 상징 세계의 점진적 소멸로 이어지는 주체의 강화로 나타난다. 인간은 이후 효율성이 인간 공동체에서 가장 우선시되는 작용의 논리가 된 타인들과 세계의 외부에 위치한다. 이 관점에서 타인은 사회적 효용성에 따라 분류되고 인지된다. 사실상 그 효용성은 피부색이나 한정된 출신 집단의 소속일 수도 있는 외부의 기호와 관련해서 분류된다. 이렇게 고안된 순수성은 인간들의 분류기준을 제공한다. 그래서 순수성에 대한 욕구는 극단적인 차별에 이른다.

이 논리들, 즉 청교도적인 논리는, 메를로-퐁티의 분석에 따르면, 위에서 역사적으로 본 드 메데로스가 주창한 것과 동일하다. 이 논리들은 주어진 순간에, 주어진 집단의 세계관과 행동들을 지배하던 상징의 연결을 설명한다. 그 논리들은 역사의 열쇠들 중에 하나를 제공하고 어떻게 자본주의와 인종차별주의가 오랫동안 서로 결탁해 왔는지 보여준다. 자본주의와 인종차별주의의 뿌리에 순수성을 강조하는 동일한 종교적 태도가 존재한다. 여기서 백색의 지배는 그 두 이념들이 사상적으로

정당화한 것들 중 하나이다.14)

이에 대해 사람들이 말하길, 사물들은 별로 분명히 구
분되어 있지 않고, 오래전부터 진화해 왔다. 만약 기꺼
이 맞아주었던 땅이 있다면, 그것은 미 대륙이라는 것과
노예들의 해방을 위한 십자군은 19세기 영국의 프로테
스탄트 출신이라는 사실을 되새기는 것은 마땅하다. 그
러나 메를로-퐁티는, 순수함에 대한 욕구로부터 상징들
의 합리성과 탈낭만주의적 태도를 매개로 타인에 대한
차별에 이르는, 논리적 관계에 대해 우리 관심을 불러일
으키면서 근대성의 형상들 중 하나를 밝히고 있다. 이러
한 논리는 뿌리 뽑는데 오랜 시간이 걸린다. 역사의 오
랜 시간 속에서 그 논리들은 계속 효과를 발휘하면서,
아직 미묘하게 행동들과 결정들에 개입한다. 분명한 종
교적 기준들이 없이, 이 논리의 결합이 계속 오늘날 아
직까지 언어행위와 태도들에, 인간집단들 사이의 관계
에도 작용하고 있다. 이렇듯 아메리카 대륙은 텍사스에

---

14) Martin Marty, *Righteous Empire, The protestant experience in America*,
New York, Dial Press, 1970 참조. 또한 Conrad Cherry (Éd.), *God's new
Israé'l, Religious inerpretation of American Destiny*, Englewoods Cliffs,
Prentice Hall, 1971. 이 두 저작은 어떻게 이러한 순수성의 논리가 사실에 깃들
어 있는지 분명히 밝혀주는 예를 제공한다.

서 캘리포니아에 이르는 선을 통해 둘로 나뉘어 있다. 이 선의 남부에서는 혼혈이 허용된다. 심지어 환영받는 일이다. 북부에서는 그것은 거부된다.[15] 오늘날 이 선은 급격히 흔들리고 있다. 그리고 거의 모든 대도시에 혼혈은 계속되고 있다. 그러나 사고방식은 아직 후진적이다. 물론 법에서는 사라졌지만, 차별은 정신 속에서 그 효과를 계속 발휘하고 있다. 'WASP의 사고방식'[16]은 규탄받고, 유감스럽게 생각되기도 하지만 학교와 일터, 지역 사이에 아주 미묘한 장벽들을 만들면서 계속 유지되고 있다. 이 사고방식은 미 대륙의 경계를 넘어서고 그 출신지에 따라 나누어진 집단들을 넘어서서 효과를 발휘하고 있다.

현재 진행되고 있는 재발견

그런데 혼혈이 그런 것들을 부수고 있다. 아이가 태어

---

15) 대륙 남부와 북부의 대립에 대해서는 포르투갈어로 된 책을 번역한 Vianna Moog, *Défricheurs et Pionniers*, Paris, Gallimard, 1963을 참조할 것.

16) WASP은 "White, Anglo-Saxon, Protestant"의 약자이다. 이 표현은 오늘날 보통은 매우 조롱 섞인 뜻을 가진다. 이 표현은 우리가 설명한 청교도의 논리에서 기준으로 사용된다.

났을 때, 누구도 그가 어떤 사람일지 모른다. 그 아이 안에 지구의 전 세계를 가리키는 선들이 서로 교차하는 일이 별로 없다고 해도, 그 선의 계속성은 역사의 요동으로 사라지고 있다. 혼혈아는 단지 자신의 존재로 인해 이분법적인 논리와 대립을 무력화한다. 그 아이는 문자 그대로 자신의 몸 안에 지금까지 의심받지 않은 가능성들을 간직하고 있다. 그 아이는 기호의 세계를 다시 열어놓는다. 드 포우(De Pauw)가 상상한 것과는 반대로 다양성은 없어지지 않는다. 정체성의 다양성이 증가하는 것처럼 말이다. 모든 유산들은 서로 교차한다. 현대 도시의 길거리에서 그 교차는 끊임없이 증가한다. 그리고 어떠한 사람들도 자신이 '순수하다'고 주장할 수 없게 된다.

왜냐하면 혼혈은 우리가 기준으로 삼았던 이분법적인 논리들을 뛰어넘고 있기 때문이다. 혼혈은 공통된 인간을 만나기 위해 차이를 상대적인 것으로 만들어 버린다. 혼혈은 인간들 사이에 놓인 장벽들이 임의적이라는 것을 보여준다. 혼혈은 본래 사회적 차별과 정체성들을 만들기 위한 주장들을 헛된 것으로 만들어 버린다. 혼혈은 순수함과 건강의 이데올로기 위에서 구축된 사회적 배열들을 거부한다. 혼혈은 그런 시각의 비일관성, 위선을 밝혀냈다. 이는 그 태어난 아이가 법 혹은 관습이 대립시키고 분리된 상태를 유지하기를 원한 많은 축들을 사소한 것으로 만들어 버리기 때문이다. 이 아이는 자신의 존재 자체로 주어진 질서와 그 아이를 정당화하는 상징적인 것을 문제시하게 된다.

문화에서 혼혈의 가치를 중시하는 것은 전복의 증거이다. "검은 것은 아름답다(Black is beautiful)"라는 마틴 루터 킹(Martin Luther King)의 말이 그렇고, 비록 광고에서라도 모든 색깔들이 서로 하나가 되기를 호소하는 일이 그렇다. 이러한 가치 중시는 인간의 보편성을 만드는 다른 방식을 말하고 있다. 그 보편성은 고비노가 원했던 것과 같은, 부당하게 생리적이라고 일컬어지는 질서 위에서가 아니라, 인간 고유의 방식으로 수용된 차이 위에서 구축된다. 즉 토그빌이 생리적인 것에 대한 반박으로 내세웠던 인권과 자유계약에 의해서 성립된다. 혼혈은 우리 다문화사회에서 인간의 모험과 민주주의 프로젝트의 요구가 가지는 예측 불가능성에 대한 영원한 경종이다. 그래서 상호문화적인 것은 시간과 공간의 한계, 즉 신체적 조건이 인간에게 부과하는 한계들을 극복할 수 있는 것으로 보이게 한다. 혼혈은 무기력한 이상주의 속에서 그 한계들을 거부하는 것이 아니다. 이런 의미에서 혼혈은 상호문화의 패러다임이다. 혼혈은 인간성의 길을 열어놓는다.

이렇게 상호문화가 구축되는 공간이 형성된다. 느리게 움직이는 정체성이 부각되는 근원적인 힘들과 민주주의적 관계에 대한 의지 사이에서 말이다. 이곳이 바로 인정의 공간이다. 실제로 경계는 나누지만, 상징은 결합한다. 그래서 인간 모두에게 공통적으로 인간적 박애주의에 대한 인식이 다시 생겨날 수 있다. 욕구와 폭력은 서로 뒤섞여 있다. 그러나 여기서는 인간성을 구축하는 방향으로 진행하게 된다. 장례식 앞에서는 그들의 피부색이나 출신에 상관없이 모두들 만난다. 서로 다른 몸짓과 말로 표현되기는 하지만, 인간의 거대한 상징적인 것들은 인간들 서로에게 영향을 주기 시작한다. 그리고 종국에는 공통된 인간성에 감화한다.

혼혈은 이러한 교류에서 가장 우선시되는 장소이다. 스페인의 자식이며, 잉카의 왕자인 잉카 가르실라소 들라 베가(Inca Garcilaso de la Vega)처럼 혼혈은 충분히, 그리고 어떤 측면에서는 두 개의 문화, 즉 다양한 인간성들 내부에 접근한다.17) 이와 똑같이 서로 다른 언어를 사용하는 부모로부터 태어난 아기는 처음부터 이중 언어교육을 받을 것이며, 이 언어들 사이에 통역은 필요하지 않을 것이다. 그는 완전히 두 개의 세계에 발을 들여 놓으며 살게 된다. 그는 각 언어로 된 시를 이해한다. 그래서 그에게 서로를 넘나드는 것은 그리 힘든 일이 아니다. 비르질 엘리존도(Virgil Elizondo)가 "나는 두 개의 세계에 속해 있다. 그것은 나에게 더 많은 가능성을 부여한다."18)라고 말한 것도 여기에 해당한다. 언어, 가상의 것, 신체는 이렇게 이분법적인 세계를 벗어나는 탈출을 제공한다. 정체성은 소속으로 축소되지 않으며 내부로부터, 즉 그 두 세계의 결합을 방해하고 있던 깨진 한 세상으로부터 솟아오른다. 정체성과 관련된 결함은 풍요의 원천이 된다. 신세계는 다름 아닌 혼혈이다.

---

17) Inca Garcilaso de la Vega, *Commentaires royaux sur le Pérou des Incas*, Paris, Maspero, 1982, 스페인어로 된 책을 번역한 것임.

18) 멕시코는 우리에게 상징적인 재발견의 좋은 예를 제공한다. 그 예는 la Vierge de Guadalupe라는 인물인데, 그는 인디언이면서 천주교 신자이다. Virgil Elizondo, *Guadalupe, mother of the new creation*, New York, Orbis Books, 1997을 참조할 것.

언어는 일상적인 재발견의 장소이다. 프랑스의 공식적인 둘레를 벗어나고 나면, 프랑스어는 색이 칠해지고, 원래의 모습을 유지하면서 귀를 즐겁게 하는 리듬, 문법 혹은 억양들 흡수한다. 퀘벡어에서, 아프리카의 프랑스어에서, 우리에게 가까이 있는 랩에서, 프랑스어는 퇴보되지 않고, 계속 생명을 유지하며, 음률의 쇄신을 일으킨다. 사전은 그것을 증명한다. 문학상(文學賞) 역시 마찬가지이다. 여기서 환상이라고 여겨지는 순수한 언어와, 삶과 미래를 채우고 있는 실제 언어 사이의 선을 포착하는 것은 불가능하다.

축제도 마찬가지이다. 혼혈을 통한 전복은 오래 전부터 진행 중이다. 아프리카를 출발해 미 대륙에 노예들과 함께 도래한 재즈의 음률은 서양세계에 이어 전 세계를 사로잡았다. 오늘날 라이유(raï)[19]와 제3세계의 음률들은 서양에서 확산되고 있으며, 도처에서 다른 리듬과 느낌을 신체에 제공하면서 예술적인 표현들을 분출하고 있다. 그리고 지금 큰 축제건, 일상적인 축제건, 축제 자체가 결정적인 선택들을 그려 보여주고 있다.

---

19) (옮긴이) 라이유: 알제리에서 시작된 현대 대중음악의 일종.

그런데 축제 자체도 변모하고 있다. 혼혈들은 거대한 집단적 폭발, 즉 스포츠와 정치의 폭발이다. 그러나 그것은 옥타비오 파즈(Octavio Paz)가 주창한 혼혈과는 다른 혼혈로부터 일어난다. 멕시코의 축제는 그에게 정체성이 없는 사람들의 외로움을 숨기는 가면일 뿐이다. 신체들이 구성하는 공동체는 경기 혹은 행진을 할 때 외로움이 아니라. 그것은 다른, 새로운, 지금 태어나고 있는 세계를 가리킨다. 그 세계는 화해된 인간성의 세계이며, 미래를 대면할 수 있는 세계이다. 무감각해진 사람들의 영토 위에 축제를 즐기는 사람들이 도래하고 있다. 그들은 춤을 추고 춤출 줄 모르는 사람들을 춤추게 만든다. 그들은 잃어버린 웃음을 되찾아주었다. 그들은 우리가 위대한 음악이라고 부르는 것과 의심할 바 없이 대단한 것들을 만들어 그 음악에 섞인 알 수 없는 리듬·소리·음률을 가지고 왔다. 이렇게 혼혈은 관용적 상징들을 산산조각 낸다. 혼혈은 이미 주어진 상징들의 이분법 체계와 아주 잘 훈련된 신체들을 무력화시킨다. 그러나 혼혈은 그들이 발생시킨 다른 상징적인 것들 모두를 보여주고 빛나게 한다. 혼혈은 경계를 넘도록 강요한다. 우리가 유럽에서 보는 국가의 경계들 말이다. 종교의 경계도 마찬가지다. 높은 숭엄함을 지닌 가톨릭은 최근 이러한 말들로 가톨릭과 이슬람 사이의 대화를 주지시키고 있다. "우리는 문명의 혼혈이 순진한 생각이 아니라 이민들, 무역 관계, 혹은 여행으로 증명된 실제 작용하는 역사적 과정이라고 생각한다. 우리가 이민정책을 정의할 필요는 없다. 그러나 가톨릭 신자들과 무슬림들은 유럽과 중동에서 같이 살아가고 있다. 이탈리아와 같은 국가에서 이들 간의 결혼은 활발한 속도로 진행되고 있다. 이러한 혼혈은 실제적인 것이지 우연한 것이 아니다. 공동체와 공동체 간에, 신념과 신념 간에, 언어와 언어 간에 대화가 가지는 위험을 감수하는 것보다 더 실제적인 것은 없다."[20] 세계화로 인해 새로운 상징들이 나타날 수 있다. 이 상징들은 복식·요리·음악·춤을 통해서 일상생활에 개입하고 있다. 그러나 얼굴 혹은 시선들, 어떤 상징이 더 나은 것인가? 놀라운 것은 상징들이 그 얼굴과 시선에 각기 영향을 주고 있다는 것이다. 새로운 보편주의, 혼혈의 보편주의, 신체들의 보편주의는 정복의 보편주의를 보다 유익한 방식으로 대신할 것이다.

---

20) Cardinal Angelo Scola, in *Le Monde*, 19 mars 2005.

제9장 기억

타르당-마스크리에(Ysé Tardan-Masquelier)와 장-이브 바지우(Jean-Yves Baziou)가 지적[1]한 것처럼, 기억은 과거와 미래 사이의 통로이다. 우리는 시간의 선상에서 끊임없이 이 끝에서 저 끝으로 가고 있다. 우리는 이 양극단을 끊임없이 고쳐가면서 우리 안에서 과거를 기준으로 미래를 상상한다. 이 통로는 세계화 시대에는 보다 확대된다. 이제는 인류 전체의 미래로부터 지금 우리 집단의 미래를 분리할 수 없다. 우리는 매일 정보가 우리에게

---

1) Ysé Tardan Masquelier et Jean-Yves Baziou, "Souffrances de la mémoire, mémoires de la souffrance", in Michel Meslin, Alain Proust, Ysé Tardan-Masquelier, *La quête de guérison, Médecine et religions face à la souffrance*, Paris, Bayard, 2006, chap. XIII, p. 299.

우리가 거대한 세상에 살고 있다는 것을 상기시켜 주기를 원할 수도 있다. 경제위기와 같은 전염병은 국경을 넘고, 지구온난화는 오늘날 모두의 문제이다. 우리 사회들은 어디로 가는가? 지구는 어디로 가고 있는가?

혼혈은 어디로 가고 있는가? 혼혈은 인류조직 속에서 미래에 대한 약속과도 같이 과거의 폭력과 힘들을 증언하는 곳으로, 항상 유동적이라 포착할 수 없는 것처럼 보인다. 과거가 증언한 것에 따라 이름을 붙인 것이지만, 그러나 이미 미래에 있다. 혼혈은 인정된 소속들을 혼란에 몰아넣고 영토의 경계, 삶의 방식과 사고, 가치들의 경계들을 뛰어넘고 있다. 혼혈은 감정들, 관습들, 신체들과 같은 상징들을 뒤섞어 놓고 있다. 혼혈은 우리를 어디로 몰고 가는가? 개인들, 즉 서로를 인정하는 사람들, 주목받으려고 하는 또 다른 사람들을 향해 가고 있다. 그러나 또한 집단을 향해 가고 있다. 집단은 역시 유동적이다. 그 집단들이 구축된 영역의 경계들 가운데에 존재하고 있다. 그 집단은 잊히길 열망하며, 공동체의 익명 속에 녹아들기를 열망한다. 하지만 이는 불가능하다. 그 모습들은 지워질 수 없다. 신체의 기호들이 거기 있기 때문이다. 그리고 타인들은 그것들을 읽고, 거울

속으로 변형된 이미지들을 가두어 버린다. 혹은 반대로 그 기호들을 자랑스러워하며, 그들이 가진 중간자적 입장 속에서 미래에 대한 약속을 보기도 할까? 어디서 이 기제를 멈추게 해야 할 것인가? 이 기제는 반드시 필요하지만 제어할 수 없는 것이다. 어떤 사람에게는 낙인이지만 다른 사람에게는 창조성이다. 모든 이들이 관계되어 있는 일이다.

혼혈에 대해서 말하면, 그 지점에서 끊임없이 분열하는 우리 사회들의 심각한 대립이 나타나고 있다. 혼혈에 대한 입장을 정하는 것은 우리가 위에서 보았던 것처럼 오늘날의 인류, 내일의 인류, 즉 인류에 대한 입장을 정하는 것이다. 적어도 순수하고 확실한 자신의 집단에서, 내일의 인류를 꿈꾸는 것, 개인에게 특히 타인들에게 더 하층에 자리를 부여하는 것은 이 모든 차별을 정당화하게 만드는 일이다. 지구상의 모든 민족들이 치른 대가에도 불구하고, 순수한 것들이 세상을 지배한다는 거대한 환상은 그 폐해를 계속 확산시키고 있다. 그리고 순수한 것으로 여겨지는 많은 방법들이 존재한다. 순수함을 무시하는 것은 최악의 무절제를 도와주는 일이다. 토그빌에 의해 제안된 민주주의에서의 느린 교육이 이러한 위

험을 변화시킬 수 있다. 그러나 어떻게 미래와 관련하여
혼혈을 위치시킬 것인가? 그 후유증은 남아 있다. 그 잔
재는 결국 성숙한 인류 속에서 사라져야 할 것이다. 혹
은 반대로 미래의 기회 그리고 그 모델은 생리적일 뿐만
아니라 문화의 보편적 혼합을 향해 나아가는 경향이 있
다. 혼혈에 대한 시각들은 점진적 소멸과 거대한 유토피
아 사이에 분포하고 있다. 그리고 쇠락과 폭발 사이에
분포하고 있다. 인간 역사의 오랜 시간 속에서 몇 세기
의 식민지 기간과 같은 짧은 순간 대한 망각과 혹은 반
대로 그 시간이 고통스럽지만 결정적인 전조였을 것이
라는 보편적인 약속에서도 분포하고 있다.

바스콘셀루스 혹은 우주적인 유토피아

혼혈에 대한 메시아 신앙론이 존재한다. 호세 바스콘
셀루스(José Vasconcelos, 1882~1959)는 아마도 그 중 가장
훌륭한 대표자일 것이다. 이 놀라운 인물은 멕시코의 정
치인이었다. 그는 1920년에 교육부 장관을 역임했다. 그
는 대단한 작가였으며 사상가였다. 그는 당시 지배적이
었던 실증주의에 반대했다. 그는 자신의 국가를 위해 미

(美)와 정신에 대한 철학을 제안했다. 그의 유려한 저작에서 바스콘셀루스는 우리에게 우주적 종족이라는 뜻의 「La raza cosmica」[2]라는 제목을 붙인 50페이지 정도의 짧은 논문을 남겼다. 이 예언적인 텍스트는 그가 그렇게 되기를 바라는 내용을 담고 있으며, 그 목적은 미래를 향해 열려 있는 것이다.

그는 우선 다음과 같이 고백하고 있다. "이 책이 주장하는 바는 지구의 다양한 인종들이, 기존의 각 민족의 선택으로 구성된 새로운 형태의 인간을 형성할 때까지 매번 더욱 더 섞이기를 바라는 것이다."[3] 그리고 인간 역사의 거대한 자취에서 어떤 여정, 보다 정확히는 그가 그 역사가 되리라고 생각했던 것을 가상으로 재구성하는 일을 시도하자고 주장한다. 이 여정은 같은 기원으로부터 인종의 다양성, 혼혈, 상호번영을 향해 나아가는 사물의 현재 상태를 설명하는 것을 목표로 한다. 그래서 초기에 혼혈은 잃어버린 대륙 아틀란티스와 같은 신비스러운 장소이기도 했지만, 그로부터 다양한 타인들이

---

2) José Vasconcelos, *La raza cosmica*, Mexico, Espaza-Calpe, 1948.

3) José Vasconcelos, *op. cit.*, p. 9.

발생하는 최초의 인종이기도 했다. 개별 종족들은 자신의 풍요로움과 개별성을 가지고 있다. 아시아인들은 자기 조직의 의미를 가지고 있고, 아프리카인들은 자신의 예술적 능력을 가지고 있고, 미 대륙 인디언 종족들은 자신의 출신 대륙과 매우 가까이 존재하고, 이미 모든 도덕을 갖추고 있었다. 결국 백인들의 임무는 가교 역할을 하는 것이었다. "백인은 모든 유형과 모든 문화들이 서로 녹아들 수 있는 그런 상황으로 세상을 몰아넣었다. 백인에 의해서 정복되고, 우리 시대에 만들어진 문명은, 모든 사람들이 선조들과 과거를 완전히 극복해서 얻은 열매인 다섯 번째 보편적인 종족으로 규합하기 위하여 물질적·정신적인 기반을 제시했다."4)

이 변화를 이끈 두 집단, 앵글로색슨과 라틴인들, 다른 말로 영국인들과 스페인 사람들은 유럽에서 서로 맞붙기 시작했다. 그들의 다툼은 미 대륙에서도 계속되었다. 그리고 예를 들어 나폴레옹이 미국인들에게 루이지애나를 매각한 사실은 이 투쟁의 이면에 자리 잡고 있다. 따라서 멕시코와 라틴아메리카의 책임은 매우 막중

---

4) José Vasconcelos, *op. cit.*, p. 16.

했다. 그 임무는 "역사에서 전례 없는" 것이다. 그 투쟁은 멕시코에서 인디언과 백인이 서로 교류했지만, 앵글로색슨인들은 인디언들을 파괴했다는 사실로 인해 더욱 격화되었다.

우리는 이제 'mundo uno'의 단계, 즉 세계 단일화의 단계에 도달하고 있다. 이 단계는 '전 세계 최고의 통합 종족'인 혼혈을 만든 스페인의 식민지화 덕분이었다. 이 '신성한 임무'를 위해 모든 조건들은 우호적이었다. 기후도 그렇고 다른 모든 자원들도 마찬가지였다. 예를 들어 아마존은 미국인들의 손에 맡기지 말아야 하는 지역이다. 그리고 생리적·사회적·정치적인 요인과 정신적인 요인들도 그러했다. 이러한 과정을 이끄는 것은 'la ley del gusto', 즉 욕구의 법칙이었다. 그것은 과학의 법칙과는 다른 법칙이었다. 과학이 변화하는 것에 비해 그 법칙은 영구적인 것이었다. 이는 바스콘셀로에게 가톨릭 사상과 결합한 사랑의 힘과 관련된 것이다.

이 과정은 세 단계로 진행된다. 첫 번째 민족 간의 교류의 단계는 물질적인 것이다. 이 단계는 전쟁에 해당하며, 폭력을 만연하게 한다. 두 번째 단계는 지적 혹은 정치적인 것이다. 이는 이성에 근거한다. 세 번째 단계는 정신적인 혹은 미적인 것이다. 이 단계는 창조성과 아름다움에 대한 감정을 발전시킨다. 이는 교육에 근거한다. 이 세 번째 단계는 오늘날 시작되고 있다. "지금의 상황은 종족들이 맺는 성적(性的) 관계의 발전을 장려하고 있다." 그에게 이 사실은 자신의 가정에 도움이 될 만한 것을 예기치 못하게 제공한다. 그는 그것을 마땅한 이름이 없어서 '미래종족'[5]이라고 불렀다. 미래 종족은 우월한 종족을 말하는 것이 아니다. 바스콘셀루스는 다윈·고비노·니체 등에게 반기를 들고 있다. 그는 다음과 같이 결론을 짓고 있다. "우리는 미 대륙에 신인류의 모든 요건을 가지고 있다. 오직 대륙의 에스파냐 지역이, 인류의 보편적인 시대를 시작하는 거대한 시도를 위해 반드시 필요한 정신적인 요인들, 인종과 지역을 모두 가지고 있다."[6]

유토피아는 이룰 수 없는 꿈인지도 모른다. 'raza'라는 단어는 프랑스어에서보다, 멕시코의 언어에서 보다 넓

---

5) José Vasconcelos, *op. cit.*, p. 10.

6) José Vasconcelos, *op. cit.*, p. 52.

은 의미를 가지고 있다. 이 단어는 생리적인 의미에서 멈추지 않는다. 이 단어는 민족·국가, 출신지 전체를 포괄하는 집단을 가리킨다. 여기서 집단이라는 것은 유일한 것이다. "멕시코인들은 멕시코 민족이다."라는 말을 보면 그것을 알 수 있다. 그리고 이 집단은 정확히 말하면 혼혈로 규정된다. 요약하면 남미에서 일어난 일은 인류 총체성을 알리는 일이고 시작하는 일이었다. 왜냐하면 혼합은 바스콘셀루스가 뜻하는 집단들, 종족들의 혼합이었고, 이는 사상과 종교의 혼합이었다. 그리고 혼합은 생리학적이고 정신적인 혼합이었으며, 미래로 나아가는 길이었다.

그런데 바스코셀루스는 고비노에 반대하고 있는 것인가? 정확히 그렇지는 않다. 그것은 반대로 고비노의 일종일 것이다. 그의 말은 전체적으로 같은 가정에 속하지만, 그것으로부터 나온 결론은 대립되는 것이었다. 그들 서로는 역사가 설명하는 유일한 원칙을 찾고 있다. 전자는 후자처럼 '종족'으로, 그들이 이해하고자 하는 것에 중요 해법이 되는 개념을 만들었다. 고비노는 그가 밝힌 과정에서 피할 수 없는 결함을 발견하게 되었다. 바스코셀루스는 진보와 찬란한 미래가 자신이 꾸는 꿈의 투명한 무늬를 통해 알려지는 것을 보고 있다. 바스코셀루스는 종족의 개념을 고비노에 비해서는 단연 폭넓게 받아들이고 있지만, 그는 그 개념이 완전히 설명적인 개념을 구성하는데 머무르고 있다. 그러나 그는 생리적인 요소로 구성된 종족의 개념만을 본 것이 아니라 정신적인 요소로 구성된 종족의 개념 역시 살펴보았다. 게다가 그러한 개념을 가지게 된 것은, 자신의 비전에 따라 닳아빠진 스테레오 타입들을 자기만의 것으로 만들고, 강화하는 과정에서였다. 그 과정에서 그는 다소 앞서 나아간 종족을 분류했다. 이때의 분류기준은 그들이 출발한 곳에서의 거리가 아니라, 알려진 목표를 그들이 얼마나 달성했는지에 따라서였다. 이렇게 어떤 민족들은 다른 종족들에 비해 뒤쳐져 있다고 선언되었다. 여기서 생물적인 선입견들은 종족에 자동적으로 덧붙여질 정신적 차원을 그 종족들에게 빠르게 만들어 주었다.

어려운 것이 이런 것이다. 우리는 일원론자의 사고 안에 머물러 있다. 다시 말해서 유일하고 보편적인 세계에 대한 설명의 원칙을 찾아보자고 주장하는 사고 안에 머물러 있다. 바스코셀루스의 낙관주의적·정신적 시각에서 확대되고, 고찰된 개념이라고 할지라도, 인종의 개념이 역할을 희망할 수 없다. 저절로 얻어지는 진보는 없다. 그것은 타락 이상의 것이 아니다. **La raza cosmica** (우주적 인종)은 환상이다. 무엇보다도 위험한 환상이다.

그러나 일단 바스코셀루스의 사고에서 멈추어야 했다. 우수한 휴머니스트 편에서, 그 개념으로 인해, 우리는 실제로부터 꿈을 분리해내는 가느다란 맥락을 발견할 수 있다. 우리가 이러한 주제를 다루자마자 거의 자동적으로 유토피아가 솟아오른다. 그와 함께 위험도 드러난다. 라틴아메리카의 역사는 이 유토피아의 광풍으로부터 영향을 받았다. 그것은 때로 파괴적인 것이기도 하다. 식민지화가 시작되자마자 첫 번째 성 프란시스코 성직자들이 뉴 스페인(Nouvelle-Espagne)로 떠나면서, 그들은 조아킴 드 플로르(Joachim de Flore)를 염두에 두고, 새로운 예루살렘을 건설하려는 욕구를 가지고 있지 않았을까? 미 대륙에서 유토피아는 역사를 동반한다.[7] 그러나 이것은 아메리카 대륙에서만 있었던 일은 아니다. 시대와 상관없이 모든 문명들은 스스로 인류의 구원자이기를 바랐다. 이상향, 꿈, 메시아사상이 그런 것이다.

---

7) Jean Servier, *Histoire de l'Utopie*, Paris, Gallimard, 1967 참조.

현실은 끊임없이 이런 반복되는 환상을 거짓이라고 반박하고 있다. 그리고 계속해서 민족들 간 만남들의 한계를 상기시키고 있다.

바스콘셀루스의 환상은 이러한 사실과 대립하지 않는다. 훌륭한 에세이에서 이브-샤를르 그랑제(Yves-Charles Grandjeat)는 우리에게 멕시코와 미국의 국경에서 매우 활발하게 일어나는 혼혈에 대한 연구를 제시한다. 그 책의 제목은 『아츨란 도둑맞은 땅, 약속의 땅. 치카노 민족의 이동(Atzlàn, terre volée, terre promise. Les pérégrinations du peuple Chicano)』[8]이다. 사례 연구로서 이 책은 1960년대 멕시코와 미국 사이에서 있었던 혼혈 신화의 생성에 대해 설명하고 있다. 지식인들과 예술가들의 작품인 치카노 민족의 신화적 기원에 대한 이야기는 수많은 이민자들에게 영향을 끼친다. 그 이민자들에게 이야기는 그들의 정체성에 대한 담론을 제공한다. 지구상에 없었던 그들에게 그 이야기는 아츨란에 대해 이야기한다. 그것은 역사를 기록하기 이전에 존재했기 때문에 최초의 땅이

---

8) Yves-Charles Grandjeat, *Aztlàn, Terre volée, terre promise, les pérégrinations du peuple Chicana*, Paris, Off-Shore: Presses de l'École normale supérieure, 1989.

며, 이제는 만날 수 없는 선조들의 땅이다. 그 땅은 더 이상 존재하지 않는다. 즉, "우리가 살고 있는 이 땅은 우리의 것이고, 아틀란은 그렇지 못하다." 그 땅은 모든 도덕을 갖추고 있다. 이 땅은 미래를 위한 모든 희망의 대상이다. 그러나 우리의 땅과 아틀란의 땅 가운데 있는 것은 부족, 부재, 폭력이다. 두 가지 탈출구밖에 없다. 신화적 황금시대의 향수에 갇히거나, 계속 다가올 충만함을 향해서 나아가거나 하는 것이다. 그리고 그랑제는 이 무한한 움직임이 어떻게 계속되는지, 힘을 잃어 가는지 보여주려고 노력했다. 추방자는 전혀 고정된 정체성이 없는 자이다. '나는 도망친 자이다'라는 말은 이렇게 혼혈의 정체성을 정의한다. 끊임없는 이동·도피, 정치적 혹은 허황된 꿈을 쫓는 계속된 이동이 그러하다. 그것은 바스콘셀루스의 메시아적인 새로운 인종이 아니라 사실 끊임없는 방황일 뿐이다. 이 방황 속에서는 정체성과 인간관계를 상실한다. 그랑제는 이렇게 확실한 증거를 가지고 혼혈의 메시아사상을 무력화시켰다. 하나의 민족과 하나의 정체성, 허무함 속에 고정되어 있는 미래를 존재하게 하는 것은 불가능하다. 이 미래는 당연히 불안정하고, 지속될 수 없다. 그랑제는 바스콘셀루스를 미망에서 깨우고 있다.

회귀

혼혈로 하나의 대상, 완전한 대상, 인간 역사의 보편적 열쇠, 한 민족 혹은 모든 민족을 구원할 목적을 가진 메시아주의를 구성한다는 것은, 궁극적으로 혼혈을 모든 대상이 모든 물질과 관심이 비워진 상태, 종이로 만들어진 형형색색의 만화경, 빈 꿈의 조개껍질이 되게 하는 것이다. 그리고 오늘날 우리 사회를 위해 의미 있는 일을 할 수 있다는 사실을 소홀히 지나치는 일이다. 왜냐하면 오늘날 혼혈은 도망가는 자가 아니다. 혼혈은 '도래'하는 자이다. "나는 그 나라를 나의 나라를 만들고 싶다"라는 말은 최근 시위에서 질문을 받은 학생 중 한 사람이 말한 것이다. 그것은 더 이상 메시아적인 꿈이 아니라 시도해야 할 것이다. 즉, 문화 간의 만남과 상호 침투를 발생시킬 의지의 문제이다. 만약 그 단어를 다시 검토한다면, 그것은 바로 조명해야할 어떤 사실의 징후 때문이다. 그것은 감춰진, 혹은 무시된, 혹은 완전한 규모를 갖추지 못한 대상에 대한 징후가 아니다. 오히려 과정에 대한 방향지시이다. 다시 말해서 변형의 기제 혹은 기제들이다.

만약 고비노와는 반대로 혼혈이 생물학 혹은 문화와 같은 다양한 분야에서 서로 필연적인 관계없이, 적어도 한 분야에 의해서 다른 분야가 규정되지 않고 사용된다면, 그것은 사물의 본성에 있는 '무엇'인가가 아니라 그 사물의 작동 '방식'에 영향을 미쳤기 때문이다. 혼혈은 어떤 상태가 아니다. 혼혈은 움직임을 가리킨다. 우리의 입장에서 그것은 사회적 관계의 변형과 관련된 것이다. 그 과정은 문화 속에서 인류의 다양성과 보편성에, 개인들과 집단들의 정체성에, 그리고 그 변형과 함께, 어느 정도는 존재하는 폭력에 관계한다. 우리는 여기서 우리가 시작하면서 밝힌 문화의 세 가지 측면을 발견한다. 그 각 지점들에 대해서 혼혈을 대상이 아닌 과정으로 이해하는 것은 단어의 의미를 뒤바꾸고, 그 단어를 통해 동시대의 상황을 밝힐 수 있게 되는 것이다. 부정적인 것, 최소한 의심스럽고 부차적이었던 혼혈은 긍정적인 것이 된다. 말에서 혼혈은 사람들이 자신에게 부여하는 표상들과 관계한다. 혼혈은 인간들의 상호관계를 명명하고 가리키며, 존재하도록 만들고, 그로 인해 변모하게 만든다. 근세기의 역사에서 근대성의 효과 중 하나로 나타났던 것이 바로 이 과정이다. 이 과정은 개인들과 집단들에서 진행되는 변화를 의미한다.

실제로 근대성이 혼혈을 명명했다. 그 혼혈이라는 단어와 '인종'의 특징들에 따라 인간들을 분류하는 정신적 도구들 전체가, 유럽과 식민지가 확대되던 근대의 새벽에 나타난다는 것은 주목할 만하다. 사람들은 다른 인간과, 더 이상 환상을 가질 수 없는 새로 발견된 문명들을 대면했다. 그러나 그 문명들은 인류의 통일과 인간의 보편성에 대한 문제가 발생하는 다양성과 차이들 속에서 실재한다. 우리는 그 문제를 발생시킨 논쟁에 대해서 알고 있다.[9] 그런데 강요된 보편적 인류에 대한 생각은 추상적이다. 혼혈의 개념으로, 새로 이민들과, 그 보편성 속에서 식민지화 때문에 확대된 현실적인 다양성이 통합될 것이다. 혼혈의 개념은 근대의 보편적 인간 개념에 상관관계가 있다. 이 개념으로 인해 구체적인 상황은 이 개념의 추상적인 보편성과 연결될 수 있다. 혼혈은 분명히 인간이지만 혼합된 인간이다. 고비노는 이 시각을 극단적으로 체계화시키려고만 했다. 이 극단적 체계화는 인류 내부에서 차별을 통해 혼혈을 통합하려는 것이다. 왜냐하면 규범과 같은 말을 결정하는 사람들은 자신의 보편적 인간개념에 대해 어떤 의심도 없다.

---

9) Tzvetan Todorov, *Les morales de l'histoire*, Paris, Grasset, 1991 참조.

차별을 통한 통합은 집단 내부에 경계의 망을 그려놓는다. 사회조직에서 차이들이 명명되고, 상처가 나타난다. 이런 일은 어쩔 수 없는 일인 것처럼 보인다. 왜냐하면 이 일들은 공통된 인간성을 나누어 갖기 위해서는 치러야 할, 치르게 되는 대가이기 때문이다. 이 공통된 인간성은 인정은 되지만 싸구려로 치부된다. 우리가 위에서 본 것처럼 색깔은 그런 차별의 기호였다. 그러나 구분 선들은 불안정하며, 색깔과 관련된 계산으로 셈법에 지배받는 세계 속에 그 선들을 고정시키려고 하는 것은 헛된 일일 뿐이다. 기제는 내부로부터 침식된다는 것과 그 기제가 증진하려고 주장하는 보편성은 의심스러운 것이라는 점이 그 증거이다. 이렇게 유동적인 경계선들에, 혼혈은 균열을 드러낸다. 이러한 지질학적 결함은 사회조직들이 은밀하게 품고 있는 것과, 그 조직들이 명백히 되풀이 되는 관용적인 담론들 아래에 감추어둔 것을 드러내게 된다. 여기서 구분들은 실패하고, 기원들에 대한 이야기는 경로를 벗어나며, 기념 추도는 허상, 혹은 추잡스러운 일로 바뀐다. 부서진 정체성들의 개방, 즉 정체성들이 기억되지 않는 일이 생긴다.

거기서 폭력, 외부의 폭력이 발생할 뿐만 아니라 정체

성의 상처도 발생한다. 사람들이 살고 있는 땅과 관련된 것일지라도, 그들의 기원과 관련된 것이라도 보다 폭넓게는 자신의 이미지, 타인들이 우리에게 주는 이미지, 다른 사람들로부터 받았지만 자신으로부터도 받은 자기가 자신에 대해 갖고 있는 이미지에 관계된 것일지라도, 정체성에서 발견된 첫 번째 측면은, 사실 결핍의 측면이다. 모든 이야기·노래·시들은 이 결핍, 경험한 폭력, 그리고 그 결핍이 촉발시킨 반항을 이야기한다. 지리적인 경계가 그 상징일 수 있다. 그 경계는 땅 위에, 존재 안에 깊이 퍼지는 균열을 새겨 넣는다. 그 경계는 마치 영토 내에서 제도화된 기억처럼 그 균열을 강화한다. 그 기억은 지도상에서 분명하고, 경계를 나타내며, 잘 그려져 있고, 차별하고 있다. 총체적으로 이 사실은 진짜 있는 일이다. 외국인들에 대한 스테레오 타입은 그 균열을 다르게 표현하는 것이다. 이러한 사실은 개인적으로 비극적인 경험까지도 될 수 있다. 왜냐하면 혼혈 아이는 완벽히 자신의 부모를 닮을 수는 없기 때문에 신체, 언어, 육체적 흔적, 행동들은 그 균열을 더욱 자세히 규정할 수 있도록 해준다. 그 아이는 양쪽에서, 즉 모든 쪽에서 거부당한다. 혼혈들은 증가하고 있다. 그 증가를 계산할 수 없을 정도이다. 엘리존도는 이중의 혼혈에 대해서 말한다. 스페인과 아즈텍, 그리고 멕시코와 북아메리카 간의 혼혈들이 그것이다. 어떤 사람들은 쿠바인, 히스패닉, 북아메리카인 사이의 삼중의 혼혈[10]을 이야기한다. 다르게 말하면, 모든 일이 다 이런 식으로 일어난다. 마치 모든 새로움이 폭력적인 첫 번째 만남, 즉 그로부터 혼혈이 태어났던 첫 만남을 부활시키는 일처럼 받아들여진다. 첫 번째 상처, 언어는 끊임없이 상처를 이용한다.

그래서 존재의 시작점에 폭력이 있고 결함이 있기 마련이다. 이 폭력과 결함이 있다는 사실이 일상적으로 인간들의 정체성을 규정짓는 연속성에 결국 단절을 만들었다. 그 시작은 알 수 없다. 시간의 선은 벽을 만든다. 기원에 대한 기억은 갑자기 사라진다. 그래서 이 결함을 뛰어넘고 극복하고 위치시키고 거부하기 위한 거대한 노력이 시작되고 있다. 우리는 그 결함을 이상화시킬 수 있다. 바스콘셀루스는 여기서 인디언 여성을 위해 스페인 군인들이 취한 배려의 효과를 이해한다. 그 배려는 거부될 수 있다. 자신의 아이를 더 잘 통합시키기 위해 그 아이들에게 그 조상의 말을 쓰지 못하게 하는 그런

---

10) Roberto S. Goizueta, *Caminemos con Jésus*, New York, Orbis, 1995.

부모들에게는 말이다. 배려는 분명히 조금은 불편한 형태로 존재할 때도 있다. 역사가들은 그 배려의 생성과 신행을 복구할 수 있다. 남은 것은 분열이 현재의 상처로 존재한다는 것이다. 그리고 그 분열된 상태를 해결하려면 그 분열이 어디로부터 왔는지 보여주는 것으로 충분하지 않다. 왜냐하면 그 상처는 끊임없이 언어, 외모, 차이를 주지시키는 행동, 다른 사람들과 같지 않다는 사실에 의해 계속해서 다시 활성화되기 때문이다. 이러한 상처는 바로 보이는 외모 이외에도 불법성, 수치, 죄의식에 대한 감정 때문에 내면화된다. 그 기원들을 밝히기는 불가능하다. 담론은 보이는 그대로의 외적 모습을 부인하려고 한다. 주변으로 부터 칭송 받는 통합은 자기 자신 안에서 다시 살아난 긴장을 은폐하지 못한다. 여기서부터 그 은폐가 갑자기 찢어져 드러나고, 그 근본적인 결함이 밝혀질 위험이 있을 때, 폭력사태가 발생한다. 그 자신 안에서 그 결함을 극복할 사람이 있는 반면에, 계속 거기, 외부에 있으면서, 결함을 떠올리게 만드는 사람들이 있다. 모든 전통적인 어휘와 혼혈의 범주는 근본적인 상처를 떠올리게 하는 역할을 한다. 그 어휘와 범주들은 우리가 정복 민족이 아니라 피정복 민족이라는 것을 다시 말하고 있다. 그리고 우리가 패배로부터 태어났다고 말하고 있다.

그러나 지금의 전복은 그 중심에 부러진 상처가 있다. 전복은 그 상처를 인정한다. 그 상처는 새로운 정체성의 지지점이 된다. 사람들이 경험한 폭력, 패배, 부러진 상처들은 공통된 인간성 속에, 즉 구체적인 인간의 보편성 속에서 자리를 제공한다. 그리고 합법적인 위치를 갖는다. '말콤X'는 자신의 노예 이름을 거부했다. 아무도 모르는 이름을 자신의 정체성으로 삼았다.[11] 이름의 부재는 새로운 이름에 대한 긍지가 된다. 단어들의 의미는 변화하고, 여백과 무시의 표현들은 합법적인 단어들이 된다. 예를 들어 치카노, 우리에게는 뵈르(beur) 혹은 블랙이라는 단어들이 그렇다. 집단은 그 자신에 대해 가지고 있는 인식을 스스로 부수고 다시 만들어낸다. 색깔의 단계에 따라 각자는 이 제국들 내에 부여된 자리·역할·정체성을 부여받았다. 종족의 기원, 성, 종교들은 각각 이 정체성을 구성하는 요소들이고, 우리가 위에서 보았던 것처럼 지배 집단에 의해 보장된 정체성과 비교하여 가치절하된다. 이런 한계가 풀린 것은 민주주의가 도래

---

11) *Malcom X speaks*, New York, Grove Press, 1965.

하면서부터이다. 이 민주주의 속에서 개인은 자신이 가진 특수성들을 독립적으로 인정받는 시민이 된다. 성·종교·종족은 더 이상 시민의 정체성을 규정하는 데 개입하지 않는다. 그것이 시민사회에 차이와 그 차이를 중시하는 생각과 관련하여 자신의 자유를 되찾게 해준다. 또한 인간이 가진 차이의 풍요로움도 되찾게 한다. 사회는 이렇게 어떤 사회, '무지개', 즉 다양한 색깔을 가진 사회가 된다. 거기서 차이는 더 이상 불평등으로 변모될 것을 걱정하지 않아도 된다. 구성된 공동체 혹은 설정된 상황을 테일러의 어휘로 '인정하는 것'보다 전복을 위한 사회운동을 가능하도록 만드는 것이 더 중요하다. 차이, 부러진 상처, 결함을 인정하는 이 운동은 그 사회를 인정하고, 그 운동을 통해 새로운 것에 문호를 개방한다. 이렇게 구체적인 존재들이 서로 만날 수 있고, 문화들이 서로 간섭하고, 상호작용하는 공간이 나타난다. 이 혼혈의 공간에서 새로운 정체성이 나타날 수 있다.

기억은 이렇게 회복된다. '뉘우침'과 같은 단어들, '기억의 정화'와 같은 단어들은 이런 것들을 말하려고 한다. 불완전한 방법으로라도 말이다. 왜냐하면 기억은 두 가지 단면을 가지고 있다. 기억은 집단의 정체성과 개인의 정체성을 보증한다. 그리고 집단과 개인의 정체성에 연속성을 부여한다. 그 연속성을 통해 이 정체성들은 시간과 공간 속에서, 행동하는 데 필요한 자신의 좌표를 찾는다. 이렇게 우리의 선조들은 행해 왔고, 그래서 우리는 지금 여기에 있다. 우리가 이 선조들의 발걸음을 이어간다는 것은 우리에게 보장된 일을 하는 것이다. 기억에 대한 모든 의식들은 끊임없이 정신과 신체에 그 명령을 자리 잡게 한다. 기억이 없다면 사회생활도, 개인생활도 없다. 그러나 동시에 기억의 무게는 매우 무거워질 수 있다. 그래서 과거의 사건은 계속 참아내야 할 상처로 현재에 영향을 미친다. 유아기의 사건은 우리를 계속해서 폐쇄적으로 만든다. 우리가 행해 왔던 일들의 실패와 결함이라는 장애물은 끊임없이 우리의 자유를 구속한다. 나아가 성공과 물려받은 거대한 유산의 무게는 우리에게 우리의 힘을 넘어서기를 강요하고, 우리의 생각의 끝에서 우리가 자신에게 할 수 있거나 원하는 것과는 다른 것이 되기를 요구한다. 전통은 가장 높고 가장 까다롭기까지 해서 꼼짝 못하게 하는 납으로 만든 망토로 자신을 드러낸다. 모든 뉘우침과 기념의식들은 최초의 상처에 대한 고통을 다시 살려내고, 죄의식 혹은 무능력의 쓴맛을 강화한다. 기억은 만약 그것이 무엇인가 변형시킬 수

있는 것이 된다는 조건하에서만 활력을 가진다. 바로 그
점이 실제로는 불가능한 사료편찬작업과 같은 기억의 순
수한 재생산과 기억을 차별화하는 것이다.

세계화 속에서 기억들은 서로 대립하고 충돌한다. 왜
냐하면 이로 인해 얼마 전까지 적이었던 사람들이 서로
만날 수밖에 없기 때문이다. 경계들이 넘어진다. 갑자기
어제의 적들은 함께 일하고 살아가도록 요구 받는다. 혼
혈의 존재는 바로 그런 현상에 대한 증거이고, 그 열매
이다. 혼혈은 정복자의 아들이며, 피정복자의 아들이다.
혼혈은 살아 있고, 혼혈은 현재와 과거에 분리되어 있던
것들을 연결한다. 모든 기념의식이 그것을 나누어 놓고
있다. 그 기념의식이 그것을 과도하지 않게만 제어할 수
있다면 말이다. 다시 말해서 과거의 복원이 아니라 현재
와 미래의 복원에까지만 혼혈의 성과를 허락하는 것이
다. 그 과거에 충실한 것 자체가 현재와 미래의 변형을
가져오기 때문이다.

폭력은 자연스럽게 사라져갔다. 그러나 폭력은 자리
를 잡고 있었으며, 그것이 인정되었을 때, 스스로 변모
할 수 있다. 과거의 사건들은, 그 사건들의 폭력성이 어

떤 것이었을지라도, 아직 남아 다른 형태를 띠고 있다. 상처는 현재에도 있다. 혹은 흔적도 그렇다. 그러나 그 상처는 이제부터 양지로 나온다. 그것은 의지의 효과이다. 그 의지의 도구는 기억을 재구성하는 이야기가 될 것이다. 모든 기억은 폭력의 기억이다. 그러나 그 폭력은 이미 지나왔고 극복되었다. 극단적으로 말이다. 그렇지 않다면 죽음이 승리한 것이다. 인간과 폭력조차도 의미 없는 것으로 존재하고 있었을지도 모른다. 기억은 그것이 아무리 고통스러운 것일지라도 우리가 살아있다는 증거이다. 폭력은 승리할 수 없으며, 인간이 보다 강하다는 증거이다. 기억은 아직 생생한 상처와 같이 고통스러운 것이고, 때로 인지할 수 없는 것이기도 하고, 사라져 버리는 것이기도 하다. 그러나 그것은 현재 존재하는 것이며, 그것이 존재의 깊은 곳에 우리가 감히 가볍게 스쳐지나 갈 수 없는 상처의 영역을 설정하고, 집단 속에서 우리가 말할 수 없는 상처의 주제들을 표시해 놓는다. 그 주제들은 이름도 없지만 세대에서 세대로 전해진다. 그 주제들은 대화와 침묵, 결정과 정지들의 순서를 정한다. 이렇게 무거운 짐을 지고, 앞으로 나아간다는 것은 불가능하다. 기억하는 순간에, 그것들은 다시 표면으로 드러날 수 있고, 현재의 것이 될 수 있다. 그것들과 함께 그들이 주는 감정의 부담, 오랫동안 갖고 있던 폭력들이 다시 나타난다. 하지만 그 폭력은 투명한 것이 되었고, 예방된 것이며, 이제는 폭력에 대한 두려움은 없다. 그래서 미래를 열 수 있게 된다. 니그로 정신(negro sprituels)을 담은 단조로운 음악들은 우리에게 그 예를 제공한다. 그 노래들은 가슴을 울린다. 그리고 지금 여기에 있는 우리에게 고통을 지금 존재하는 것으로 느끼게 해준다. 노예생활로 인해 그들의 인간성이 파괴되었던 것들에 대해 말할 수 없고, 표현할 수도 없는 그런 고통을 말이다. 그러나 그들의 목소리는 울림을 준다. 그리고 그 목소리를 다시 들으면서 인류가 폭력과의 전쟁에서 전리품으로 얻어낸 희망의 보장과 확실함을 따라가고 있다.

부러진 상처를 양지로 끌어내는 것이 과거를 기억하고, 책 속에서 예전의 모습을 배우는 것과는 다르다는 사실이 남아 있다. 가상의 말들, 시들, 노래들만이 전혀 회피하지 않았던 것을 현재 존재하는 것으로 만들 수 있다. 예술작업은 여기서 결정적인 역할을 한다. 차이와 교차, 그리고 혼합을 다시 확인하는 것은 가능한 조화와 극복된 폭력을 증언한다. 추상적인 보편적 개념을 적용하면서가 아니라, 인간의 동일한 조건이라는 옷을 입은 구체적인 다양한 모습을 중시하면서 이런 일이 가능하다. 같은 말들, 우선 혼혈이라는 단어는 같은 문제점을 가리키지만, 그것들을 다른 방향으로 이끈다. 추상적인 것을 구체적인 것으로 차별을, 그 가치를 인정하는 것으로 말이다. 기억은 여기서 미래를 해방시킨다. 기억은 미래에 대한 기억이다.

미래는 예견할 수 없는 것

현재 상황의 새로움은 이 전복을 가능하게 했다. 그것은 필요한 일이다. 우리 사회의 다문화적인 상황은 영토 내에 존재하는 집단의 수와 그들 사이에 상호작용을 증가시켰다. 분배의 선들, 즉 집단들, 전통들, 문화들 사이의 경계는 끊임없이 다시 그려지고 있다. 그리고 경계들 간의 상호간섭은 증가되고 있다. 이제 더 이상 식민제국 시대에 압축되고 구성된 집단들은 중요하지 않다. 오히려 다른 형태들이 주목받게 된다. 그 형태들은 현재 존재하고 상호간섭하고 있다. 또한 겉보기에는 일시적이고 지역적인 것으로 보인다. 그러나 동시에 그 형태들은 인구를 증가시키기까지 하고 있다. 상호문화적인 것은 어디에나 존재한다. 그리고 그와 함께 많은 형태의 문화적 혼혈도 존재한다. 그래서 차이, 혼합, 그리고 혼혈이 역사적 형태에서 극단으로 밀고 간 폭력에 관계된 문제들이 여기저기 확산되어 존재하고 있다.

차이, 혼합, 그리고 폭력은 어떤 측면에는 인류가 끔찍이 무서워하는 것들이다. 개별사회들은 끊임없이 그것들을 결합하고, 위험하지 않게 그 차이가 존재하도록 사회적 관계를 유도하고, 그것을 사회 내에 자리 잡도록 폭력을 제거하고 있다. 그러나 동시에 보편적인 것에 열려 있지 않은 채로 그 이름을 부여 받기에 충분한 존재는 없다. 타인과의 만남과 미지의 것에 대한 위험을 감수하는 일도 그렇다. 혼혈은 여기서 가능한 통로의 표지판과 같다. 끊임없이 정체성들, 경계들, 계획들을 문제 삼는 장소 자체가 인간성 안에 있기 때문이다. 수면 위에 일렁이는 물결과 같이 혼혈은 동요하는 인간 집단들과 사회들을 가로질러 가고 있다. 사회와 집단들은 그러한 동요를 무시하려고 해도, 자신으로 인해 발생할 일을 걱정하고 두려워하고 있다. 지금 일어나고 있는 전복으로 인해 반대로 우리는 집단과 사회들을 마주 바라보게

된다. 그리고 혼혈에 열린 다문화성의 잠재성들을 보게
된다.

사전적으로 말하면 서로 다른 인종들의 부모로부터
태어난 아이가 바로 혼혈이다. 혼혈은 종족적으로, 문화
적으로 서로 다른 부모로부터 태어난다. 아이가 부모와
다르다는 의미는 서로가 충분히 닮지 않았다는 것이다.
그러나 동시에 그들 부모들의 만남이 예기치 않은 새로
운 것을 갖고 있다는 것이다. 문화에 있어서도 같다. 엘
리존도의 말을 들어보자.

새로운 정체성은 부모들이 자신의 출신에서 가지고 온 문
화도, 그리고 자신이 살고 있는 새로운 국가의 문화도 제거
하지 않는다. 반대로 그 새로운 정체성은 관련된 각 문화에
서로 상대방 문화가 가진 가능성들을 열어주면서, 그 두 문
화 모두를 풍요롭게 만든다. 새로운 정체성은 그 중 어떤 문
화도 파괴하지 않고, 오히려 확실히 그들 모두를 풍요롭게
해준다.[12]

---

12) Virgil Elizondo, *op. cit.*, p. 154.

탄생, 새로움. 그것은 단지 사랑스러운 은유가 아니다. 왜냐하면 우리가 보았던 것처럼 문화 간의 만남은 그 조직의 합리성을 문제 삼는 것이 아니라 가상의 일, 상징적인 것, 궁극적으로 신체를 문제 삼기 때문이다. 혼혈 아이는 그 부모들이 어쩔 수 없는 세계의 장래를 가지고 태어난다. 그 아이는 기존 세계의 종언을 알린다. 새로움은 여기서 일단 경계의 새로움은 아니다. 그리고 정립된 새로운 질서를 강요하는 혁명의 새로움도 아니다. 문제가 되는 전복은 거대한 유토피아에 의해서 주창된 전복이 아니다. 혁명·유토피아·체제들은 여기서 장벽에 부딪친다. 왜냐하면 이들 모두는 정해진 이런 저런 형태로 앞으로 다가올 미래를 규정하고자 하기 때문이다. 인간의 탄생이 가져올 일은 규정할 수 없다. 말할 수 있는 유일한 일은 빠를 수도 늦을 수도 있지만 새로움이 우리가 이미 구축되었다고 믿는 것을 문제제기를 할 것이라는 점이다.

이것이 바로 혼혈에 대해 사람들이 주저하는 이유이다. 그래서 그 존재만으로 혼혈은 경계를 상대적인 것으로 만들고, 정체성과 가치들에 의문을 갖게 한다. 그리고 이미 구축된 질서에 의문을 제기한다.

우리는 여기서 속지 말아야 한다. 다시 말해 여기에는 정말 전복이 있다(그 대혼란은 기존의 생각과 가치들에서 일어나며, 기존 질서가 전복되는 정치적 대혼란을 말한다). 그때 거의 두 세기 동안 멀리 떨어져 있던 한 담론은 단순한 지리·종족적인 이동을 통해 중심 담론에 결합한다. 그리고 서구 내부에 현대 혼혈로 인해 만들어진 문화적 틈을 설명하기 위한 중심 담론에 자리 잡게 된다.[13]

과거와 관련된 것의 전복. 미래와 관련된 생성. 이것은 하나의 동일한 시도가 가져오는 두 가지 측면이다. 한편으로 사고, 가치제도에 관련한 작업은 혼혈에 따라 끊임없이 재조정, 재수정되면서 폐지된다. 다른 한편으로 삶의 방식, 관계의 형태, 표현, 언어들의 수용은 끊임없이 일어난다. 그것은 상호문화적 만남의 중심, 즉 삶의 근원으로부터 일어나며, 그리고 사회가 생존하는 데 반드시 필요한 사고와 제도가 정립된 중심의 풍요로움으로부터 일어난다. 또한 신체, 꿈, 존재의 시, 그리고 사고의 합리성, 조직들 사이에서 일어난다. 이들은 전혀 서로 어울리지 않는다. 오히려 그들 간의 긴장으로부터

---

13) Michel Lalonde, *op. cit.*, p. 121.

움직임이 만들어진다. 문화의 경계들에서 형성된 혼혈은 그 긴장을 다시 되살리고, 그 움직임을 열어놓는다. 인종의 목록으로부터 문화의 목록으로 진행하면서 혼혈은 실제로 폭력과 관련해서 커다란 변동을 나타낸다. 차별과 불평등의 장소였던 것은 변모하고 있는 인정, 보편성, 새로운 정체성의 장소가 된다.

그렇게 함으로써 혼혈이 드러내 놓은 것은 공통의 인간성과 결합한다. 우리의 현대사회는 점점 어떠한 고착된 관점도, 구조도, 혹은 지배집단도 없다는 것을 인식하게 된다. 최종적인 정체성은 존재하지 않는다. 개인에게도, 집단에게도 말이다. 오직 미래를 향해 열려 있다는 사실이 중요한 지금·여기 존재할 뿐이다. 인간성을 고착시키고자 하는 것은 과거의 폭력, 혹은 미래의 유토피아 속에서 그것이 어떤 것이든 간에 그 인간성에 사형을 선고하는 것이다. 왜냐하면 과거는 그것이 아픈 것일지라도 이미 지나간 일이고, 기억은 궁극적으로 미래를 만드는 삶의 힘이 솟을 수 있도록 과거에서 치명적인 사실을 제거하는 기능을 하기 때문이다. 우리는 끊임없이 우리가 무엇이 될 것인지, 그리고 우리의 사회가 어떻게 될 것인지를 정의하고자 한다. 그러나 이번에는 역사,

그 짧은 기억은 우리에게 어떠한 미래의 표상도 그것을 실제 발생시킬 수 없다는 사실을 우리에게 가르쳐 준다. 그것이 굉장히 놀라운 일일지라도 그것은 꿈에 머무를 뿐이다. 꿈이 역할이 없다는 뜻이 아니다. 꿈은 혼혈로 태어난 아이가 새로운 존재가 되는 지금 여기의 계획들을 위해 우리에게 동기를 부여하고 우리에게 힘을 주는 역할을 한다. 어떠한 인위적인 금 긋기도 그것이 모든 것을 정리한다고 주장할 수 없다. 왜냐하면 그 존재 자체에서, 그 혼혈은 다른 것이고, 예견할 수 없는 일이기 때문이다. 예견할 수 없는 혼혈. 혼혈은 그래서 인간 조건에 해당한다. 혼혈은 인류의 한 패러다임이다.

결론

　패러다임. 이 단어는 보통 모델과 동의어로 정의된다. 이 단어는 그리스어 'Paradeigma'에서 유래했다. 이 단어는 실제로 모델, 건축의 설계, 회화나 조각의 모델을 의미한다. 이 단어는 'deigma'를 지시한다. 이 단어는 보이는 것, 삶의 표상이나 기호를 말한다. 우리가 보여주고 있는 것 역시 어떤 지시·가정·예측이다. 아테네에서 이 단어는 과일과 야채들의 진열대, 시장, 바자회를 의미했다. 레비나스에게 패러다임이라는 것은 "자신의 역사로부터 해방된 한 구체적인 대상이 의미할 수 있는 가능성"[1]이다. 혼혈은 패러다임을 만든다. 즉, 혼혈은 하나의 예시처럼, 예술가의 모델처럼, 두드러진 이미지처럼, 하나의 전형처럼 우리 사회가 가지고 있는 것을, 그것이 어디를 향해 가야 할지, 그리고 어떻게 가야 할지 드러내 보여주며, 나열하고 가시적인 것으로 만들어준다. 혼혈은 결국 인류가 가야 할 방향을 가리킨다.

혼혈은 따라서 인류 전체를 위한 의미를 가지고 있다. 그런데 어떤 의미를 말하는가? 혼혈은 인류를 마치 대양의 파도처럼 휩쓸고 지나간다. 그 물결은 결코 멈추지 않고 항상 움직이고 있다. 바로 타자들이야말로 그들이 무시하고 싶은 것들을 타자로 명명한다. 그들은 차별적인 구분을 자행한다. 혼혈은 혼혈이 깨닫게 만드는 구체적 내용이 어떤 것이든, 따르는 공간이 어떤 것이든, 관계된 집단들이 어떤 것이든, 차별을 의미한다. 다시 말해 어떤 소외를 말한다. 사회적 차별, 정신적 차별 같은 것들 말이다. 일단 '혼혈'이라는 단어는 사회 속에서 어떤 균열을 상기시킨다. 사회라는 직물조직이 찢겨진 것을 말한다. 혼혈은 노동의 차이와 구분뿐만 아니라 과소평가, 비합법성, 그것이 존재하지 말아야 할 상황을 의미하기도 한다. 혼혈은 인간 공동체 자체에 대한 배반을

---

1) *Encyclopædia Universalis*, article Paradigme 참조.

의미한다.

　이러한 차별은 그 희생자들에게는 비밀스런 상처가
된다. 때로 그 상처를 고백하는 이들도 있다. 하지만 어
떤 것은 고백할 수 없는 일처럼 보이기도 한다. 마치 이
희생자들을 죄인으로 만드는 기제가 작동하는 것처럼
보이며, 그 기제는 불신을 경험한 사람들을, 어이없이
더 외곽으로 밀려나게 하는 데에도 역할을 하는 것 같
다. 이러한 상태로부터 끊임없는 계산의 게임이 작동된
다. 분류·보상·협박들은 각기 이 게임에 이용되는 것들
이다. 이 게임은 그 게임이 시작된 근본적인 균열을 계
속 남겨두고는 있지만 그것을 감춤으로써 계속될 수밖
에 없다.

　바로 여기서 갑자기 보편적인 인류가 반응한다. 왜 인
간이 된다는 것이 그 자신 안에 극복해야 할 균열을 품
고 있다는 것을 뜻하는가? 그리고 누가 실제로 일어난
어떤 상황에서 빠져나오기 위해서, 이 계산의 게임에서
함정에 빠지지 않았는가? 자기 자신을 부정하기 위해서
는 차라리 그것을 인정하는 편이 낫다. 그러나 인정한다
는 것은 여기서 인정받는다는 것을 전제로 한다. 그리고

법적 혹은 정치적 인정뿐만 아니라 기억과 말을 서로 나누는 것도 필요하다. 바로 이 지점에까지 테일러가 바라던 인정을 밀고 가야 한다.

그래서 균열은 극복될 수 있다. 그리고 혼혈 아이의 존재는, 새로운 존재가, 태어나고, 새로운 민족처럼 그 옛날에 말하던 신세계에서 태어날 수 있다는 증거가 된다. 이때 혼혈 아이에게는 보편적인 것이 될 수 있고, 새로운 정체성을 가질 기회가 주어진다. 처음에는 배척당하던 것이 새로운 영감이 된다. 그들의 행로에서 전복을 겪었던 사람들은 무시당했던 것을 분명히 볼 수 있게 해준다. 혼혈은 어쩔 수 없이 자신의 역사 속에서 다른 이들에게서 가려져 있는 것들을 맞닥뜨려야 한다. 상처받은 정체성의 감추어진 골절은 새로운 정체성이 딛고 일어나는 지점이 된다.

그 지점은 인간의 모든 관계가 지닌 것, 즉 차이, 교류, 폭력의 위험을 분명히 보여주게 된다. 이데올로기, 제도, 상징적인 것들은 앞서 제시한 것들과의 관계를 통해 자리를 찾아야 한다. 그리고 미래가 열린다. 이 미래는 앞서 설정되는 것은 아니다. 아무 것도 강요나 금지를 주장할 수는 없다. 그것이 미래 세대들이라도 말이다. 왜냐하면 그것은 혼혈의 열매이기 때문이다. 열매, 생각으로 만들어질 수 없는 것, 아이가 그런 것처럼, 어떤 생성이다.[2]

혼혈은 존속할 것인가? 어휘에서는 사라질지도 모른다. 혼혈은 근대에 인종, 피부색, 종족적 기원을 차별과 연결하면서, 새로운 의미를 가지게 되었다. 사람들은 그런 혼혈의 의미가 사라지기를 바랄 수도 있다. 그리고 사람들은 점점 민주주의 교육을 통해, 불평등과 무시에 더 이상 조종 받지 않는 사회들이 존속할 수 있기를 희망할 수 있다. 민주주의에 제국의 흔적은 남아 있고, 이 의미에서 그 끝이 보이고 있다. 차별은 사라졌고, 그래서 혼혈이라는 단어는 자신의 긍정적인 측면을 유지하기 위해서 조롱 담긴 자신의 의미를 스스로 비워낼 수도 있을 것이다. 혼혈이라는 단어는 보편성과 그 보편성이 표현된 현상에 연결된 인간의 다양성을 증명한다. 다양하고 열려 있기 때문에 정체성에 대한 단어는 풍부하다. 그 단어는 교환·만남·생성에 의한 집단과 문화의 지속

---

2) 프랑수와 라팡틴느(François Laplantine)와 알렉시 누스(Alexis Nouss)는 혼혈에서 어떤 존재의 '종족'을 보게 된다. 그 종족은 특히 현대사회에 영감을 주는 데 적합한 '무엇이 될 수 있는 역동성'을 제공한다. *op. cit.*, p. 111 참조.

적인 역동성을 표현한다. 그러나 일차적 의미를 이차적 의미가 압도하려면 그 전투는 일상적인 것이다. 그것은 단어의 미래 이상이다. 그것은 중요한 이 전투의 미래이다. 인류는 그 전투의 끝을 결코 볼 수 없을 것인가? 우리는 인류가 더 이상 그런 폭력의 지배를 받지 않기를 희망하고 있다.

혼혈로 인해 문제가 되는 것은 인간들이 사회적 관계를 생각하는 방식과 연결된다. 그 사회적 관계는 문제의 시작이다. 그것은 불균형한 형태를 띠고 있다. 다시 말해서 차이로 점철되어 있다. 시간선상에서 아이를 낳는 부모들과 그 부모가 낳은 아이들 사이의 나이 차이들이 그것이다. 신체에 관계하고 인류가 '남자와 여자'라고 부르는 성별의 차이들이 그것이다. 그 차이는 공간과 문화에 관계하고, 지구상에서 자신의 태어난 장소에 따라 각자를 특징짓는 종족의 기원 차이를 말한다. 사회적 관계의 조절은 지금까지 이 불균형·차이·불평등을 변화시키고 있었다. 그리고 불평등한 질서가 전통·종교, 즉 과학에 의해 합법화된 사회의 모델들을 구축하는 데 있다. 종족의 다양성, 즉 인류의 풍성함은 이렇게 불평등으로 변형되었고, 한 쪽이 다른 쪽을 지배하는 일을 강제하게 되었다. 그렇게 고안된 사회적 관계는 차별적인 것일 수밖에 없다. 그러나 우리 사회들이 오늘날 경험하고 있고, 목표로 하고 있는 민주주의라는 단절로 인해 인류의 다양성은 다른 방식으로 자리 잡게 되었다. 그것은 보편적인 무기력함 속에서 이루어지는 것은 아니다. 거기에는 생리적으로는 사실인 것처럼 보이는 것까지 전제로 하는 문화적인 '카페오레화(caféaulaitisation)'는 없었다. 그리고 그것은 보편적인 모든 색깔들이 다 뒤섞인 커다란 페인트 통을 의미하는 멜팅 팟을 의미하지도 않는다. 다른 이미지들은 이미 나타나기 시작했다. 우리가 앞서 상기했던 '무지개' 혹은 광고의 '유나이티드 컬러스(United Colors)'들이 그것들이다. 엘리존도가 선호하는 이미지는 '스튜-팟(Stew-pot)'의 이미지이다. 이 스튜-팟은 맛 좋은 스프가 은근히 끓고 있는 솥이다. 이는 뒤섞이는 것, 천천한 맛의 변화, 그리고 필수적인 온도의 변화를 말한다. 그리고 시간도 마찬가지이다.

혼혈은 빠르게 개인적인 모험들로 진행되고 있다. 그러나 집단적인 폭력과 역사를 구성하는 거대한 유목으로 진행되고 있다. 우리가 살고 있는 나라들 안에서도 무의식적으로 혼혈은 보수적인 성향을 가지고 있고, 그 안에서 지리적 이동과 지각변동도 일어난다. 그리고 혼혈은 우리가 살고 있는 사회를 모르는 사이에 변형시키고 있었다. 상황은 갑자기 몇 십 년 사이에 세계화 때문에 완전히 다른 것이 되었다. 이민 노동자들을 불러왔던 경제적 문제, 이전에 잘 볼 수 없었던 비율로 계속해서 사람들을 추방했던 전쟁의 문제, 단 몇 시간 만에 지구 이쪽에서 저쪽으로 이동하고, 실시간으로 정보를 제공할 수 있도록 하는 기술의 문제로 인해 이런 일이 벌어진 것이다. 그래서 대재앙 이상으로 받아들이기에는 너무 하찮고 무시당하고, 혹은 너무 느린 것은 이제 일상이 되어 버렸다. 그리고 지구 저편의 타인은 이제 이웃이 되었다. 시간의 다양한 속도들은 서로 융합되고 혼혈의 시간은 우리의 일상적인 시간이 되었다. 혼혈은 세대로 보면 너무 느린 것이지만, 문화교류에 있어서는 즉각적인 것이다. 그 결과는 막스 베버가 기술의 이분 논리 속에 갇힌 어떤 인류에 대해 언급한 '철의 새장(Cage d'acier)'이 될 것인가?[3] 혹은 혼혈이 예기치 않게 발생한 것은 몇몇 사람들이 언급한 기술의 신제국에 갇혀 있을 때 과연 문제가 될 것인가?

---

3) Max Weber, *op. cit.*, p. 246.

세계화 속에 그려지는 것을 대하면서, 우리의 사고의 범주들은 지속적인 조정을 요청한다. 민주주의 도래는 사회들을 오랫동안 구조화했던 씨족 혹은 종족의 개념들을 구태의연한 것으로 만들어 버렸다. 이 민주주의와 종족관계의 해체는 오늘날 당연한 것처럼 보인다. 그 해체는 하지만 잠시 개별주의로의 회귀로부터 위협받고 있다. 또한 그 작업은 끊임없이 계속될 것이다. 새롭고 예기치 못한 상황들은 많아졌고, 도전은 새로운 차원으로 변신했다. 이 긴급한 일은 더욱 심각해져 가고 있다. 민주주의적 관계에 지불해야 할 비용을 생각하고, 그 뿌리와 관련된 일들을 다시 고려해야 한다. 동일한 영토에서 함께 살 수 있는 기반을 새롭게 생각해야 하고, 동일한 사회계약을 수용하려는 이유에 대해서 새롭게 생각해야 한다. 유사한 집단들과 유사한 상황들 속에서, 같이 존재해야 하는 보편적인 범주로서, 일상에서 공들여야 하는 작업으로서 말이다. 지속적인 교환 속에서 기억은 만들어진다. 폭력은 극복되며, 사회는 '조직'된다.

여기에 인정이 도래한다. 선한 의지 혹은 유연함의 표명으로서, 민주주의적 관계 구축의 요구로서 말이다. 그러나 인정은 끝까지 추진해야 할 일이다. 남녀 개인에게,

자신의 정체성에 유일하고 양도할 수 없는 측면들이 구성될 때까지 말이다. 변모하고 있는 인정은, 주어진 장소에서, 서로 민주주의적 계약들을 체결하는 인간들과 문화들을 생성한다.

지리학은 자신의 권리를 회복한다. 과거에서 출발점으로서, 선조들의 영토에 대한 향수로서뿐만 아니라 미래를 건설하기 위해 조직된 많은 유산들이 집중된 영토로서 말이다. 그때부터 예견하는 일이 중요하다. 신화와 같은 과거, 즉 더 이상 움직일 수 없는 전통 혹은 헛된 순수함, 모든 국가주의자 혹은 통합주의와 같은 위험을 바라보는 일은 아닐 것이다. 오히려 인간 사이의 가능한 만남들과 반드시 일어나는 혼혈을 향해 시선을 돌리는 일일 것이다. 따라서 역사는 끝난 것이 아니다. 반대로 역사는 계속해서 쇄신하고, 새로움을 만드는 운동은 끊임없이 새로 발생한다. 예견할 수 없는 일이었을 것이다. 인간의 계속된 범람이 서로 뒤섞이고, 다른 인간들이 만들어지고, 지구라는 땅 위에 거대한 사회와 문화의 다양성이 나타나는 것 말이다. '세계화의 얼굴', 오늘날은 혼혈의 시대이다.

Repères bibliographiques

Amselle Jean Lou, *Logiques métisses, anthropologie de l'identité en Afrique et ailleurs*, Paris, Payot, 1997.

Depestre René, *Le métier à métisser*, Paris, Stock, 1998.

Elizondo Virgil, *L'avenir est au métissage*, préface de Léopold Sédar Senghor, Paris, Marne–éditions Universitaires, 1987.

Gruzinski Serge, *La colonisation de l'imaginaire, Sociétés indigènes et occidentalisation dans le Mexique espagnol, XVIe-XVIIIe siècle*, Paris, Gallimard, 1988.

Laplantine François, Nouss, Alexis, *Le Métissage*, Paris Flammarion, 1997.

Laplantine François, Nouss, Alexis, *Métis-sage, de Arcimboldo à Zombi*, Paris, Pauvert, 2001.

Laplantine François, *Le métis culturel*, Internationale de l'imaginaire, Nouvelle série, n° 1, Paris, Maison des cultures du Monde, 1994.

Meslin Michel, Proust Alain, Masquelier Ysé (dir), *La quête de guérison, médecine et religions face à la souffrance*, Paris, Bayard, 2006.

Schnapper Dominique, *La communauté des citoyens, sur l'idée moderne de nation*, Paris, Gallimard, 1994.

Taylor Charles, *Multiculturalisme, différence et démocratie*, préface d'Amy Gutmann, traduit de l'américain, Paris, Aubier, 1994.

Todorov Tzvetan, *La Conquête de l'Amérique, La question de l'autre*, Paris, Seuil, 1982.

지은이 소개

지은이 자끄 오디네(Jacques Audinet, 1928~2016)

• 프랑스 메츠 대학(Université de Metz), 파리 가톨릭 대학(Institut catholique de Paris) 명예교수

• 미국과 캐나다 다수의 라틴 아메리카 국가에서 강의

• 텍사스 Mexican American Cultural Center de San Antonio에서 연구 활동

• 주요 저술 『Temps du métissage』(1999) 외 다수 논문

옮긴이 소개

옮긴이 이산호

- 파리 8대학 문학박사
- 중앙대학교 유럽문화학부 교수
- 중앙대학교 다문화콘텐츠연구사업단(한국연구재단 지정 중점연구소) 공동연구원
- 주요 저술 『다문화의 이해』(공저, 도서출판 경진, 2009), 『다문화주의』 (공역, 도서출판 경진, 2010) 외 다수 논문

옮긴이 김휘택

- 파리 10대학교 언어학박사
- 중앙대학교 창의ICT공과대학 융합교양학부 교수
- 주요 저술 『다문화의 이해』(공저, 도서출판 경진, 2009), 『한국사회의 소수자들: 결혼이민자』(공저, 도서출판 경진, 2009) 외 다수 논문

다문화주의: 세계화와 혼혈

Le visage de la mondialisation: Du multiculturalisme au métissage

© (주)글로벌콘텐츠출판그룹, 2017

1판 1쇄 인쇄__2017년 03월 20일
1판 1쇄 발행__2017년 03월 30일

지은이__자끄 오디네
옮긴이__이산호·김휘택
펴낸이__양정섭

펴낸곳__도서출판 경진
　　　　등록__제2010-000004호
　　　　블로그__http://kyungjinmunhwa.tistory.com
　　　　이메일__mykorea01@naver.com

공급처__(주)글로벌콘텐츠출판그룹
　　　　대표__홍정표　편집디자인__김미미　기획·마케팅__노경민
　　　　주소__서울특별시 강동구 천중로 196 정일빌딩 401호
　　　　전화__02) 488-3280　팩스__02) 488-3281
　　　　홈페이지__http://www.gcbook.co.kr

값 15,000원
ISBN 978-89-5996-530-4 93300

※ 이 책은 본사와 저자의 허락 없이는 내용의 일부 또는 전체의 무단 전재나 복제, 광전자 매체 수록 등을 금합니다.
※ 잘못된 책은 구입처에서 바꾸어 드립니다.
※ 이 도서의 국립중앙도서관 출판예정도서목록(CIP)은 서지정보유통지원시스템 홈페이지(http://seoji.nl.go.kr)와 국가자료공동목록시스템(http://www.nl.go.kr/kolisnet)에서 이용하실 수 있습니다.
(CIP제어번호: 2017004666)